Paul Schlenther
Gerhart Hauptmann

SEVERUS Verlag

Schlenther, Paul: Gerhart Hauptmann. Leben und Werk eines der bedeutendsten deutschen Vertreter des Naturalismus. 2018
Neusatz der Ausgabe von 1912
ISBN: 978-3-96345-016-7

Umschlaggestaltung: Annelie Lamers, SEVERUS Verlag
Umschlagmotiv: www.pixabay.com

Bibliografische Information der Deutschen Nationalbibliothek: Die Deutsche Nationalbibliothek verzeichnet diese Publikation in der Deutschen Nationalbibliografie; detaillierte bibliografische Daten sind im Internet über https://dnb.de abrufbar.

Der SEVERUS Verlag ist ein Imprint der Bedey & Thoms Media GmbH,
Hermannstal 119k, 22119 Hamburg

SEVERUS Verlag, 2018
http://www.severus-verlag.de
Gedruckt in Deutschland
Der SEVERUS Verlag übernimmt keine juristische Verantwortung oder irgendeine Haftung für evtl. fehlerhafte Angaben und deren Folgen.

Paul Schlenther

Gerhart Hauptmann
Leben und Werk eines der bedeutendsten
deutschen Vertreter des Naturalismus

MIX
Papier aus verantwortungsvollen Quellen
Paper from responsible sources
FSC® C105338

Editorische Notiz:
Der Text der vorliegenden Edition beruht auf der Ausgabe:
Paul Schlenther: Gerhart Hauptmann. S. Fischer Verlag, Berlin, 1912.
Die Orthographie wurde behutsam modernisiert, grammatikalische Eigenheiten bleiben gewahrt. Die Interpunktion folgt der Druckvorlage. Der Inhalt ist im historischen Kontext zu lesen.

Inhalt

Vorwort 3

Heimat und Schulzeit 5

Zwischen zwei Künsten 17

Totgesagte Poesie 32

Sonnenaufgang 39

Zwei Familiendramen 61

Die Weber 74

Komödien 82

Weltweh und Himmelssehnsucht 92

Florian Geyer 101

Rautendelein 126

Heimkehr 144

Der arme Heinrich 156

Wieder daheim 166

In die Ferne 189

Der Narr in Christo 203

Bis auf weiteres 209

1912   Photographie E. Bieber, Berlin

Vorwort

Als diese Schrift vor fünfzehn Jahren zum ersten Mal erschien, musste sie bei der »Versunkenen Glocke« Halt machen, denn bis dahin war der Dichter auf der Höhe seines Lebens gelangt. Ich schloss damals mit den Worten: »Wir sind des Kommenden gewärtig«. Seitdem ist viel und Schönes gekommen. Ich darf nun auch davon sprechen. In der ersten, ältern Hälfte habe ich viel geändert, manches weggelassen. Es fehlen Zitate aus dem »Promethidenlos«, eine genaue Analyse der Liebesszene im Drama »Vor Sonnenaufgang«, eine eingehende Darlegung der historischen Quellen zu »Florian Geyer«. Auch Polemiken konnten wegbleiben, wo kein Streit mehr ist. Nach wie vor wendet sich diese Schrift weniger an die Zunft als an jenes Volk, das seine Dichter liebt und mit ihnen auch menschlich verkehren will.

1. November 1912

Der junge Gerhart und sein Vater Robert Hauptmann

I

Heimat und Schulzeit

Am 15. November 1862 wurde im schlesischen Kurort Obersalzbrunn dem Hotelbesitzer Robert Hauptmann von seiner Ehefrau Marie, geborenen Straehler, ein Sohn geschenkt, der am Neujahrstage 1863 in der Taufe die Namen *Gerhart* Johann Robert erhielt. Herr Robert Hauptmann besaß in Obersalzbrunn als Erbstück der eigenen Eltern den stattlichen Gasthof »Zur Preußischen Krone«. Er hatte eine der Töchter des fürstlich plessischen Brunneninspektors Ferdinand Straehler geheiratet. So hielten ihn doppelte Familienbande in dem ländlichen Badeort fest. Bei seiner strengen Ordnungsliebe leitete er das Haus, das er beträchtlich ausbaute, so sehr zur Zufriedenheit verwöhntester Gäste, dass ihm die fürstliche Verwaltung eines Tages auch die Pacht des Brunnenhofs und des Kurhauses antrug. Er sagte nicht nein, und so war ihm fast alles, was in Salzbrunn gutes Quartier und gute Pflege bot, eine Zeitlang anheimgegeben. Nach einigen Jahren aber löste er aus eigenem Willen dieses wenig ergiebige Pachtverhältnis auf und begnügte sich mit seiner Preußischen Krone. Der Kurort, dem er 1865 mit Mühe, Kosten und persönlichen Opfern auch die Gasanstalt gründete, dessen Gemeinwohl er hob und förderte, wurde nicht bloß vom deutschen, sondern noch mehr vom polnischen höchsten Adel besucht.

Ems, Reichenhall und andere Konkurrenzbäder lagen in jener Zeit des schwachen Eisenbahnverkehrs den östlichen Magnaten zu fern; an Algier und Ägypten war für Hals- und Brustleidende vollends nicht zu denken. So sammelte sich in den Salzbrunner Hotels ein ebenso anspruchsvoller wie zahlungsfähiger Kundenkreis. Robert Hauptmann und seine tüchtige Frau wussten diesen Ansprüchen zu genügen, ohne die Zahlungsfähigkeit ihrer Gäste auszunutzen. Die Gäste, mochten sie hoher oder niedriger Geburt sein, fanden in ihren Wirten ehrenfeste, an Bildung des Geistes und Herzens nie unter ihnen stehende Leute, die sich über Welt und Leben eine eigne

Meinung gebildet hatten und ohne Zudringlichkeit, aber auch ohne Unterwürfigkeit, mehr bewirtend als bedienend, im wohlgebauten Hauswesen walteten.

Der Herr, der auf mehrjährigen Reisen durchs Ausland manches Gute für sein Gasthaus erfahren hatte, war ein ruhiger, kundiger, weise zurückhaltender Fürsorger und Berater seiner Fremden. Nicht bloß in den kleinen Beschwerden des alltäglichen Badelebens, sondern auch in den größern Dingen der Welt; nicht am wenigsten in der oft so schwierigen Wahl einer labsamen Flasche. Bier galt noch als Plebejergetränk. Wer sich etwas Höheres dünkte oder eine Stunde erhöhter Stimmung genießen wollte, den zog es in die dunkle, heimlich-unheimliche Ecke einer Weinstube. Wen solche Neigung anwandelte, der kam in der Preußischen Krone zu Salzbrunn auf den rechten Platz und bei Herrn Robert Hauptmann an den rechten Mann. Denn alte Weinkultur lag in beiden.

Sein Vater Karl Ehrenfried Hauptmann, der schlesische Weberssohn aus Herischdorf bei Warmbrunn, hatte zwar in jungen Jahren selbst am Webstuhl gesessen und die Not der Brüder, wenn nicht geteilt, so doch erlebt. Aber nachdem er 1815 als Feldwebel aus den Befreiungskriegen heimgekehrt war, hatte er das kärgliche Handwerk verlassen und war in eine Gastwirtschaft eingetreten, wo er viele Jahre als Oberkellner diente. Schon 1824, als ihm sein Sohn Robert geboren wurde, hielt er in Flinsberg den Fremden das eigne Hotel offen. Er hatte von der Herrschaft Schaffgotsch das dortige Kurhaus in Pacht. Als sein Sohn Robert heranwuchs, saß Karl Ehrenfried mit der tugendsamen Hausfrau, einer Warmbrunnerin, schon unter größeren Geschäftsverhältnissen zu Salzbrunn in der Preußischen Krone, die er seit 1832 als Pächter, seit 1839 als Eigentümer besaß. Als Robert aber die Tertia des Schweidnitzer Gymnasiums erreicht hatte und so weit war, selber etwas zu werden, gab ihn der Alte nach Breslau in eine allgemein als musterhaft anerkannte Weinhandlung. Da der wohlbegüterte Mann seinen Sohn gut stellte, durfte der junge Salzbrunner Hotelbesitzerssohn zwar mit der Familie des gestrengen Prinzipals die Mahlzeiten teilen, aber bei der Arbeit im Keller musste er heran wie der erste beste Küferjunge. Er lernte hier Fleiß und Zucht. Beides kam ihm zustatten, als er Herr im eignen Hause ward, und eine liebe Gattin ihm half.

An die Seite des besonnenen, aufrechten Mannes, der vor dem höchsten seiner Gäste den Nacken nicht beugte, aber auch dem geringsten der Kranken gütig und helfend die Hand bot, war ein schlankes, bewegliches Frauenwesen getreten. Zwei unbefangene Naturen hatten sich gefunden. Auch hier schloss sich an des Lebens ernstes Führen die Lust zu fabulieren. Neben das klare Haupt trat ein feuriges Herz, weltkindlich froh, frisch bei der Arbeit des Tages, frei im rechten Wort am rechten Ort und fromm im Glauben an eine ewige Güte und Gerechtigkeit.

Nicht weit von Salzbrunn, wo neben dem Gasthof zur Preußischen Krone die Töchter des Brunnenwarts Straehler aufblühten, liegt Gnadenfrei und Herrnhut. Seit langer Zeit hatte sich hier das Luthertum gegen die eng benachbarte, unablässig werbende katholische Kirche stark und streng zu behaupten. In diesem Kampf faßte der Glaube ans Evangelium tiefer Wurzel als anderwärts. Der Verkehr mit Gott, der Gedanke an ein Leben nach dem Tode ward zum täglichen, nicht bloß sonntäglichen Bedürfnis der Seelen. Gerade das nahe Beispiel katholischer Lebensführung lehrte, daß der Glaube an ein Jenseits den diesseitigen Freuden nicht widerstrebe. Auf dieser ausgleichenden Erkenntnis hatte einst die Pietät des philosophischen Schusters Jakob Böhme zu Görlitz beruht. Sie war als Fruchtsaat durch die Gärten der pietistischen Gemeinden Schlesiens gegangen und hatte auch in Salzbrunner Familien eine Anschauung gedeihen lassen, bei der sich Weltkind und Prophet vertrugen.

In den Straehlers musste diese Lebensanschauung besonders fest fußen; denn einerseits stammten sie aus den Niederungen des Landvolkes, das von Kanzel und Altar mehr oder minder abhängig bleibt; andrerseits standen ihre älteren Generationen im Untertanenverhältnis zum erbeingesessenen Grafengeschlecht. Wenn ein galonierter Leibkutscher die durchlauchtige Herrschaft Sonntags nach der Kirche fuhr, wenn der gnädigen Gräfin eine Kammerzofe zur Abendandacht das Gebetbuch reichte, so stieg aus diesen Verrichtungen ein Weihrauch in die Hirne der Schlossleute und ging auch auf die Nachkommenschaft über, deren Ursprung nicht immer ganz sicher herzuleiten war. In Gerhart Hauptmanns »Webern« hält der Kutscher zur Herrschaft. Er bringt auf eigne Faust vor der Rotte heranziehender Empörer die Kinder des Hauses in Sicherheit. In ihrer blinden Angst flüchtet sich die Frau des Hauses an den Busen dieses treuen Johann. Wenn sich in den Nöten des Lebens zwischen Gesinde und Herrschaft ein solches Band schlingt, so gleichen sich Gegensätze aus. Selbst von einem so wenig sentimentalen Manne, wie dem schlesischen Barchentfabrikanten, wird dem treuen Kutscher das, was er im Augenblicke der Gefahr tat, an den eigenen Kindern vergolten werden. Auch die Familie Straehler, aus der Herr Robert Hauptmann seine Gefährtin holte, hat sich von einer Generation zur andern im Grafenschloss aus geringem Stande langsam emporgehoben. Aus Dienern des hohen Adels wurden Vertraute und Beamte. Langsam entwickelte sich die Untertänigkeit zum freieren Bürgertum. Gesunden Naturen wird ein solcher Entwicklungsgang heilsam sein. Derbe volkstümliche Kraft verbindet sich dann mit höherer Lebensführung. Zum festen Handeln gesellt sich ein feineres Empfinden. Neben anderen Tugenden gedeiht das werktätige Mitleid. Als solch eine gesunde Natur, urwüchsig und derb im Geschäft, mild und edel im Gefühl, haben wir uns die Kronenwirtin von Salzbrunn zu denken, die um ihren gemessenen Eheherrn in Hof und Haus, in Keller und Küche, herumhantierte und umherfabulierte. Mutter Vockerat aus den »Einsamen Menschen« und Herr Siebenhaar aus »Fuhrmann Henschel« sehen ungefähr aus wie Gerhart Hauptmanns Elternpaar.

Als jüngstes unter vier Geschwistern wuchs Gerhart heran. Von der Schwester Johanna und den älteren Brüdern unterschied ihn, freilich nur vor Fremden, ein in sich gekehrtes Wesen. Wenig bedacht auf seinen Anzug, aber mit natürlicher Anmut trat er, ein kleiner, schlanker, blonder Prinz, unter die Dorfjugend. Wenn es ans Spielen ging, so war er mit Leidenschaft dabei; unter den wilden Jungen ein wildester. Mit den Kameraden, besonders in der engern Familie, konnte er von ausgelassenster Laune sein. Als er sieben Jahre alt war, begeisterte ihn die Freude, seine Geschwister nach längerer Trennung wiederzusehen, zu einem Balletttanz, den er aus eigenster Erfindung wie ein Wirbelwind vollführte, und den er dann noch öfter zum besten geben musste.

Wenig oder gar nicht beteiligte er sich am Wirtshausleben im väterlichen Gasthofe, der nur während der Badesaison geöffnet war, und von dessen Restaurationsräumen die Kinder des Hauses ferngehalten wurden. Wenn er später einige Jahre lang zum grundsätzlichen Verächter alkoholischer Getränke geworden ist, wenn gerade die anstößigsten Motive seines Dramas »Vor Sonnenaufgang« vom Zorn über die Trunksucht erfüllt sind, so haben Kindeseindrücke, die der Dichter von Stammgästen der Preußischen Krone empfing, kaum mitgewirkt. Wohl aber sahen die Kinder auf der Dorfstraße so manches, was diesen früh eingeprägten Abscheu gegen Auswüchse der deutschen Zecherlust begründete.

Wie die älteren Geschwister, so kam auch Gerhart in die Obersalzbrunner Dorfschule. Der Lehrer hieß, wie der Lehrer des Ibsenschen Johannes Rosmer, Brendel. Aber ein Ulrik Brendel war dieser Salzbrunner Brendel nicht. Er war ein Schulmeister nach dem Lineal, der den Kindern auch dann noch was beizubringen wußte, als sie Lesen, Schreiben, Rechnen schon bei ihm gelernt hatten. Er führte sie durch Flur und Wald und Feld, über Berg und Tal; aber bei diesen Spaziergängen wies er sie nicht nur auf den Sang der Vögel hin, auf Blumen und Saaten, auf Käfer und Schmetterlinge, sondern zum Entsetzen des armen Gerhart paukte er ihnen auch in Gottes freier Natur die Versregeln der lateinischen Grammatik ein. Für diese Art von Poesie hatte Gerhart Hauptmann nie Verständnis. Von jeher war er das, was man einen schlechten Schüler zu nennen pflegt. Mehr als Lexikon und Grammatik reizte ihn der schöne Glasschrein seines Vaters, der mit Reihen goldbedruckter Bände den Kindern ein Heiligtum des Hauses blieb. Die Kinder fühlten sich geehrt, wenn der Vater ihn öffnete und ihnen bald aus der kleinen Cottaschen Klassikerbibliothek, bald aus guten naturwissenschaftlichen Werken mit weiser Auswahl eins oder das andere zu lesen gab. So lernte Gerhart manchen Abschnitt aus Buffon oder Alexander v. Humboldt früher kennen und würdigen als sein pflichtschuldiges Schulpensum.

Wie wenig ihn das Lernen in der Schule lockte, erwies sich, als er Ostern 74 zu seinen Brüdern nach Breslau in die Pension geschickt wurde, um mit ihnen dort die städtische Realschule erster Ordnung am Zwinger zu besuchen. Er kam nach Sexta, wo es noch leidlich ging; schon ein Jahr später ward er versetzt. Auf Quinta jedoch verweilte er dritthalb Jahre. Der kleine, freie Prinz aus dem Quellenland fühlte sich hier wirklich wie im Zwinger. Er verstand die Stadt und das städtische Leben nicht. Er verstand die Lehrer nicht, die Lehrer verstanden ihn nicht. Die Mitschüler hätten seine Träumereien verspottet, wenn sie bei deutschen Aufsätzen nicht seine Hilfe gebraucht hätten; denn in diesem Fach war er Oberster. Alles andere warf ihn auf die Lotterbank. Auch in den Pensionaten, wo Vater Hauptmann seine Jungen untergebracht hatte, ward Gerhart nicht heimisch, Bruder Carl, dessen wissenschaftlicher Geist zeitig erwacht war, der früher als andere hinter dem schulscheuen Wesen des Kleinen tiefe Anlagen erkannt hatte, sah, wie wenig Gerharts Geist und Gemüt im Zwinger gediehen. Selbst noch jung und unerfahren, wußte er nicht, wie dieses Knabenschicksal zu wenden sei. Aber während er sann und sorgte, wandte sich das Schicksal von selbst.

Daheim in Obersalzbrunn war es mit den Jahren bergab gegangen. Die Zuspitzung nationaler Gegensätze, die zunehmende Bequemlichkeit und Billigkeit des Reisens wies der vorteilhaftesten Badekundschaft neue Wege und Ziele. Salzbrunn verlor seine leistungsfähigsten Sommergäste. Das Kurpublikum verminderte sich an Zahl, noch mehr an Zahlungskraft. Statt der polnischen Magnaten kamen neben armen deutschen Adligen sparsame, um den Pfennig feilschende polnische Handelsleute. Die Pekesche verdrängte der Kaftan. Man wollte nicht mehr gut, sondern billig leben. Der Kronenwirt aber und seine Kronenwirtin hielten nach wie vor auf die wirtschaftliche Ehre ihres Hauses. Sie ließen die Gäste, auch wenn sie billig lebten, gut leben. Zurückblickend auf seine Salzbrunner Tätigkeit durfte sich Herr Robert Hauptmann einmal das Zeugnis geben: »Ich hab nie gefragt, ob es meinen Gästen gefiel, ich hab nie eher geruht, als bis es mir selbst gefiel.« Daß sein Geschmack gut war, haben ihm ansehnliche Gäste seines Hauses bezeugt. So schrieb ihm ein Breslauer Universitätsprofessor beim Abschied auf sein Konterfei:

»Kehr ich einstens aus der Erde moderigem Schlunde wieder –
nur zu Hauptmann, nur zu Hauptmann kehre ich zur Stunde wieder.«

Aber die meisten, die so dachten, kehrten doch nicht wieder. Mochten im Keller drunten die alten teuren Weine als unverzinsliches Kapital lagern, mochte ihnen höchstens mal ein oder der andre reich gewordene Kohlenbauer aus Weißstein und Hermsdorf den staubbedeckten oder drahtbepanzerten Hals brechen, mochte oben auf den

Tischen höchstens noch ein Pilsener Flaschenbier als später Eindringling des Hauses serviert werden: Kost und Unterhalt wurden darum nicht schlechter. Denn der Hausherr meinte, das Tüchtige müsse doch zuletzt zur Geltung kommen. Die weiten, luftigen Säle, die Herr Robert Hauptmann seinen vornehmen Gästen gebaut hatte, aus deren hohen Fenstern es sich so vergnüglich auf den Kurgarten hinübersah, an deren hohen Spiegeln schöne Polinnen vorüberstolziert waren, diese Säle blieben im besten Stand, auch jetzt, da bescheidnere Leute sie kaum zur Hälfte füllten. Der grüne, bewaldete Hügel, an dem das Wirtshaus würdig und wuchtig wie ein Herrensitz emporstieg, wurde nach wie vor von blumenfreundlichen Gärtnerhänden gepflegt. An den Spazierwägelchen zogen Rosse von gutem Geblüt. Der kostbarste Schatz des Hauses aber blieb ungehoben. Die heilkräftige Kronenquelle, die den spätern Besitzer des weitläufigen Grundstücks zum Millionär gemacht hat, für die jetzt durch ganz Europa die Reklame dringt, die Kronenquelle, die schon für Hauptmanns zum Quell des Wohlstandes hätte werden können, war damals eine Pferdetränke. Später läßt Gerhart seinen Fuhrmann Henschel zu Siebenhaar sagen: »Unsere Quelle ist die beste.« Das blieb damals noch unverwertet.

Während die Gäste von einem Umschwung der Verhältnisse in der Preußischen Krone nichts ahnen konnten, und kaum die Ortsinsassen was merkten, sah sich Vater Hauptmann eines Tages genötigt, sein schönes, treu gehegtes Erbgut, das vom Gericht damals auf 250 000 Mark geschätzt wurde, in die Hände der Hypothekengläubiger abzugeben. Nur mit einem kargen Notgroschen, aber mit wohlbehüteter Bürger- und Kaufmannsehre zog er 1877 vom Hofe weg. Wer jetzt in diesen Hof tritt, findet im großen Festsaale zwischen zwei deutschen Kaisern das Bildnis Gerhart Hauptmanns, und an der Einfahrt die Kutscherkneipe heißt »Zum Fuhrmann Henschel«. Wie aber würde Vater Hauptmann erst staunen, wenn er nicht weit von seiner alten Preußischen Krone, nur durch den Kurgarten getrennt, jetzt einen allermodernsten Hotelpalast sähe, der an Größe und Glanz in Berlin seinesgleichen sucht. Die Herzogin von Pleß ließ ihn bauen, um Bad Salzbrunn als Sommer- und Winterfrische wieder in Schwung zu bringen.

Durch Vermittlung des Realschuldirektors Kletke in Breslau erhielt Vater Hauptmann in dem damals neu eingerichteten Bahnhof, der jetzt

Niedersalzbrunn heißt, die Gastwirtschaft zur Pacht. Aber der Erwerb an dieser kleinen Stelle war gering, und es galt, sich einzuschränken. Am wenigsten freilich sollte nach des Vaters Willen die standesgemäße Erziehung der beiden jüngeren Söhne drunter leiden. Der älteste, Georg, hatte die Realschule mit dem Zeugnis der Reife verlassen, hatte längere Zeit daheim dem Vater in kaufmännischen Geschäften zur Seite gestanden und war nun zur Zeit der Krisis in einem großen Hamburger Handelshause tätig. Der mittlere der Brüder, Carl, sollte seine wissenschaftlichen Fähigkeiten noch weiter auf der Schule ausbilden, um sich durch akademisches Studium forthelfen zu können. Das Angstkind blieb Gerhart, der jüngste. Da er auf der Schule nicht mitkam, so ward er, noch lange bevor er das Recht zum einjährigen Militärdienst hätte erwerben können, aus der Schule genommen. Das Abgangszeugnis, das Direktor Meffert und der Ordinarius der Quarta B., Dittrich, am 29. April 1878 unterzeichneten, nennt Betragen gut, Fleiß genügend, macht aber durch die Aufmerksamkeit einen dicken verschwiegenen Strich. Unter den Leistungen fehlt bei Religion die Zensur. Gut ist nur das Zeichnen. Am wenigsten befriedigt das Rechnen. Alle übrigen Fächer halten sich auf der Durchschnittshöhe des Genügenden. Auch Naturgeschichte und Deutsch, die man als Lieblingsfächer Gerharts voraussetzen darf, erreichen keinen höhern Grad. Was sollte aus dem Jungen werden? Unter seinen freien Ausarbeitungen hatten gute Urteile gestanden. In seinen Heften standen lyrische Gedichte und Märchen, die den Einfluß Andersens verrieten. Bruder Carl las diese stillen Sünden, die von der goldnen Mittelstraße der richtigen Schularbeit so weit abwichen. Der Beruf des Kleinen zum Dichter dämmerte ihm auf. Aber wie sollte ein fünfzehnjähriger Bursch, bei dem die Schulweisheiten so locker saßen, von Unterquarta aus deutscher Schriftsteller werden? Auf diese Zweifelsfrage wußte auch der ratende, fördernde Bruder keine Antwort. So kam Gerhart zu Verwandten aufs Land.

Auch die Eltern auf ihrer kleinen Bahnstation, die damals noch den ominösen Namen Sorgau führte, mögen nicht ohne Zweifel in die Zukunft des Knaben geblickt haben, der so vorzeitig aus dem regelrechten Bildungs- und Erziehungsgange deutscher Jugend verschlagen wurde. Aber der Vater pflegte in schwierigen Lebenslagen umso zuversichtlicher und tatkräftiger zu werden; es sollte ihm überdies eine pekuniäre Last abgenommen werden, und – das wußten die Eltern – ihr Kind kam in liebevolle Hände. Der einzige jedoch, der dieses Wechsels ganz froh wurde, war Gerhart selbst. Nun lagen Schulbank und Schulbücher hinter ihm, und vor ihm lag das offene Land. Hinter ihm Staub und Stubendunst, vor ihm Luft, Licht, Leben. Hinter ihm die Zucht, vor ihm die Freiheit. So wenigstens hoffte er, als er in seine »Stromtid« eintrat:

Dem treuen Vater, der ihn hat geleitet, Gibt er die herben Grüße in die Hand. Er kam in den Striegauer Kreis, wo sein Oheim Gustav Schubert zwei Landgüter bewirtschaftete, das Freiherrn v. Tschammer abgepachtete Rittergut Lohnig und eine eigene bäuerliche Besitzung in Lederose. Gustav Schubert war, ebenso wie Robert Hauptmann, mit einer von den Töchtern des Obersalzbrunner Kurinspektors Straehler verheiratet. Gustav und Julie Schubert hatten einen einzigen Sohn, ihren Georg, in strenger Gottesfurcht herangezogen, und der Segen des Himmels schien an diesem begabten Kinde das fromme Tun der Eltern, ihr Gebet und ihre Arbeit, zu lohnen. Georg war der Stolz der engeren und weitern Familie. Man erwartete Großes von ihm. Da plötzlich bewies Gott seinen Getreuesten, daß alles Irdische eitel sei. Eines Tages standen die Eltern am Sarg ihrer Freude. Zugleich standen sie ratlos vor der Unerforschlichkeit des göttlichen Willens. Ihr gläubiges Herz hielt fest zum Himmel, darin sie ihr Kind wußten. Aber ihr Haus hienieden war verödet, und so suchten sie für den seligen Knaben eine Art Statthalter auf Erden. Das sollte kein anderer sein als Georgs junger Vetter Gerhart Hauptmann, der nun in eine streng religiöse Geistesrichtung kam.

In den Jahren der Entwicklung drückte diese Geistesrichtung dem lebhaften Knabengemüt, welches ohnehin zur transzendenten Spekulation neigte, einen so starken Stempel auf, daß Gerhart Hauptmann seither kaum was Größres gedichtet hat, ohne die Macht dieses Gepräges irgendwie und irgendwo spüren zu lassen. Vielleicht hat er in »Emanuel Quint«, wo er selbst als Kurt Simon und seine Tante Julie als die »temperamentvolle Christin« – Frau Oberamtmann Julie Scheibler – erscheint, über diese letzten Dinge sein Letztes gesagt. Überall ist zu fühlen, wie tief und auch wie ungestüm Glaubenssachen den Geist und das Herz des Jünglings aufgeregt haben. Schon im Elternhause war Gott mehr gewesen als ein guter Mann. Im täglichen Tischgebet, das eins der Kinder sprechen musste, wurde seiner gedacht. Und wie Mama Vockerat der »Einsamen Menschen«, so wird auch Mutter Hauptmann in der Preußischen Krone, wenn es nichts zu braten und zu backen gab, Geroks Palmblätter und Lavaters Worte des Herzens gelesen haben. Aber herrnhutische Traktätchen an Berliner Gepäckträger, wie der alte Vockerat, hätte Herr Robert Hauptmann nimmermehr verteilt. Vom Vater hatten die Kinder nie religiöse Äußerungen gehört, sondern nur in ganz entscheidenden Augenblicken des Lebens sein stilles Gottvertrauen bemerkt. Seinem Schwager Gustav Schubert, dem Pflegevater Gerharts, dem Urbilde des alten Vockerat, wäre jene Handlungsweise eher zuzutrauen gewesen, obwohl seinem kindlich ringenden Gemüt, das alle Welt beglücken wollte, seiner »natürlichen Milde« jeder Zug des Eiferers fehlte; und seine Frau, die herzensgute und herzensfrische Tante Julie, der Liebling der ganzen Verwandtschaft, sorgte in ihrer resoluten und werktätigen Art dafür, daß dem christlichen Geist ihres Hauses Zelotisches und Zionswächterisches fernblieb. »Es war«, heißt es von Julie Scheibler, »in ihrer Natur neben allerlei ideellen Rumoren eine nicht gerade derbe, aber gesunde Sinnlichkeit.« Wie in Herrnhut selbst, an das die Bauerntochter Helene aus »Vor Sonnenaufgang« so liebliche Erinnerungen bewahrt, lag auch in Lohnig und Lederose das Hauptgewicht des gottgefälligen Lebens auf der Gemütsseite.

Das Schubertsche Haus war eine weltliche Domäne herrnhutischen Geistes. Hier erholten sich an schönen Sonntagnachmittagen in traulicher Geselligkeit, wohl auch beim Schachbrett, das Onkel Schuberts irdische Leidenschaft war, die Dorfpastoren der Umgegend von ihrer Morgenpredigt, der die Hausherrschaft zuvor andächtig gelauscht hatte. Und wie sich fromme, reine Christenherzen immer am höchsten, am heiligsten, am freudigsten auf den Schwingen der Musik über die Zeitlichkeit erheben, so war auch für die schlanke Tante Julie und deren älteste Schwester, die Respektsperson der Familie, für das kluge Fräulein Auguste Straehler, die ihren verwachsenen Körper am liebsten in Herrnhuter Tracht kleidete, die Musik der herrlichste Lebensgenuß. Beide waren tief musikalisch begabt und gebildet. Frau Juliens

Stimme »war von Schmerz und Inbrunst geheilt und niemals, so weit Emanuel Quint sich erinnern konnte, war der verehrte Name des Heilands, der Name Jesus, wie hier, auf so vollen, reinen und zärtlichen Liebeswellen zu seinem Ohr herabgeschwebt«. So schön wie Tante Julie sang, so wunderschön spielte Tante Auguste auf dem Fortepiano. Neben den kirchlichen Chorälen, wie »O Jesus, süßes Licht«, durchschwirrten dann alte liebe Lieder des Volkes das Haus. Neben Bach und Händel fehlten auch weltlichere Meister nicht. Allgemeiner Liebling war Beethoven. Der junge Gerhart schwelgte in diesen erhabenen Klängen, die ein Zauber der Unschuld umgab, und in denen sich eine freudige Klarheit der musizierenden Frauen aussprach.

Wie »das seltsame Wesen der verschlossenen Jünglingsseele« Kurt Simons, so machte auch Gerhart seinen Gastfreunden Kummer. Wie Kurt Simon mag er über Tantens Evangelienbuch »in heimlichen Stunden oft und mit Inbrunst« gebetet haben, ohne daß »sich die Wirrnis seines Innern durch seine Gebete in Klarheit gelöst hatte«. Die Selbstqual und Sündenangst seiner verschlossenen Seele ergoß sich in Verse. »Es weinte in diesem Gedicht von Selbstanklage, von Abkehr und Überwindung der Welt, die dem heißen, in Liebe überwallenden Herzen nur Kälte und Gleichgültigkeit entgegenbrachte.« Gerhart hat seine Tante und seinen Onkel herzlich verehrt, und er bewahrt sie im dankbaren Gemüt. Aber heimisch ist er auf ihrer Scholle nicht geworden, und ein vollkommener Landwirt ward er in Lederose so wenig wie ein vollkommener Christ. Er nahm von diesen guten Menschen mit sich den läuternden Kampf um Gott, darin seine Seele ehrlich und glühend rang. Er nahm mit sich Tante Juliens Lieder. Und das Werk des Landmanns, der nächste Verkehr des kultivierenden Menschen mit der Natur, war ihm in heißer Arbeit nahegetreten. Aber alles das führte doch nicht zu den Zwecken seines Daseins. Das empfand er. Darum ward er auch des Landwirtberufes nicht froh. Und darum ging er neuen Wegen und Zielen nach. Als er nach Jahren wieder bei Tante Julie zum Besuch war, schrieb er ihr ins Stammbuch:

Ich kam vom Pflug der Erde
Zum Flug ins weite All –
Und vom Gebrüll der Herde

Zum Sang der Nachtigall.

*Die Welt hat manche Straße,
Und jede gilt mir gleich;
Ob ich ins Erdreich fasse,
Ob ins Gedankenreich.*

*Es wiegt in gleicher Schwere
Auf Erden jedes Glied. –
Ihr gebt mir Eure Ähre,
Ich gebe Euch mein Lied.*

Die Mutter

II

Zwischen zwei Künsten

Einstweilen stand das Lied noch nicht im Sterne seines Lebens. Zunächst winkte ihm eine andere Kunst. Gelegentlich hatten sich Anlagen zum Bildhaun gezeigt. Wie sein ältester Bruder, der temperamentvolle, leichtlebige, in Wort und Witz überaus bewegliche Georg beim Karikaturenzeichnen ein gewisses Genie dilettantisch entfaltete, so hatte auch Gerhart in Lehm oder Wachs an allerhand possierlichen Figürchen nicht unglücklich geknetet und mit umgekehrten Stahlfedern in grobe Kreidestücke hineingemeißelt. Das brachte seinen Bruder Carl, der ihn in künstlerischer Sphäre halten wollte, auf den Gedanken, diese spielerische Fertigkeit systematisch auszubilden. Er erreichte das um so eher, als auch der künstlerisch wohlerfahrene Vater an Gerharts kleinen Arbeiten sein stilles Vergnügen fand und sie guten Freunden mit einigem Stolz zeigte. So kam Gerhard wieder nach Breslau zurück. Diesmal nicht auf die Realschule am Zwinger, sondern auf die dortige königliche Kunstschule. Er trat am 6. Oktober 1880 in die Vorbereitungsklasse ein, ließ sich eine Künstlermähne wachsen und belegte beim Direktor der Anstalt, Baurat Lüdecke, ornamentales Zeichnen, bei Alwin Schultz Kunstgeschichte, beim Bildhauer Michaelis Modellieren. Gegen die Schulregeln dieses Vorbereitungsunterrichts lehnte sich der herangewachsene Jüngling innerlich bald auf.

Ein Volk von Krämern schleift des Marmors Decken,
Ein Volk von Bäckern bäckt den braunen Ton,
Statt heil'ger Priester Lumpen nur und Gecken,
Statt stiller Wahrheit Lug und Leid und Hohn.

Schon am 26. Oktober zog er sich »wegen seines Benehmens« eine direktoriale Verwarnung zu. Mit dem Modellierlehrer, bei dem er am meisten zu tun hatte, kam es zum Bruch. Desto mehr Verständnis und Ermutigung fand er im Bildhaueratelier Robert Haertels, den er später in freundschaftlicher Beziehung zu »Michael Kramer« setzte. Haertel erteilte ihm Privatunterricht, als Gerhart Anfang 1881 zusammen mit einem Kameraden namens Urban elf Wochen lang von der Kunstschule ausgeschlossen war, weil sie laut Konferenzbeschluss vom 5. Januar »hinsichtlich ihres Betragens und ganzen Wesens, bei mangelhaftem Stundenbesuch, geringen Fortschritten und bösem Beispiel für die andern Schüler sich nicht mehr für die Anstalt eigneten.« Auf Haertels Betreiben aber wurde der störrische Scholar bereits am 23. März wieder zu Gnaden angenommen, ohne daß der Vater von dem ganzen Zwischenfall erfuhr. Bei Haertel blieb Gerhart noch ein Jahr, bis er am 15. April 1882 die Anstalt »wegen Krankheit« für immer verließ. Die Lehrer hielten ihn für schwindsüchtig. Da auf der Kunstanstalt auch wissenschaftlicher Unterricht erteilt worden war, und der sogenannte Künstlerparagraph der Wehrordnung Akademikern ein Recht zum einjährigen Militärdienst gibt, so setzte es Haertel durch, daß sein Lieblingsschüler das Zeugnis für den Dienst als Einjährig-Freiwilliger erhielt. Haertel hatte aber nicht bloß sein bildnerisches Schaffen gefördert und eine in rotem Wachs modellierte, durch die Wolken dahinjagende Gottheit anerkannt, sondern er ließ sich auch Gerharts Dichtungen vorlesen, die ebenso wie jenes Bildwerk der germanischen Sage entstammten. Vom Dänen Andersen war der junge Dichter zum Schweden Tegnér gelangt, aus dessen Frithjofsage er ein Drama »Ingeborg« schuf. Wie Wilhelm Jordan, den er unter starkem Eindruck las und wohl auch rezitieren hörte, wollt' er es »wagen zu wandeln verlassene Wege zur grauen Vorzeit unseres Volkes«. Er plante ein Hermannsepos in zwölf Gesängen, von denen anderthalb im Stile Jordans fertig wurden. Derselbe Stoff sollte auch zum Gegenstand eines Dramas werden. Die Tragödie sollte heißen: »Germanen und Römer«. Der Held war wiederum Hermann der Cherusker. Neben ihm sollte ein alter Sänger Sigwin hervortreten, dessen Tochter von einem Römer verführt und dann verlassen wird. Der Dichter ließ seinen Sigwin in dem Augenblicke sterben, da man ihm die Botschaft vom Siege der Germanen über die Römer bringt, und diesen Augenblick stellte der Dichter später auch bildnerisch in einer kleinen Statuette Sigwins dar.

Sein Kunstlehrer merkte, daß diese Jünglingsseele ein andres Land suchte. Bruder Carl hatte inzwischen seine Reifeprüfung bestanden und studierte in Jena bei Ernst Haeckel Naturwissenschaften. Mit mannigfaltiger Gewalt zog es die Brüder damals noch zueinander. Was Gerhart auf der Schule versäumt hatte, sollte und wollte er im freien Getriebe der Universität, nachholen. Haertel und der gute Zechbruder Professor James Marshall, das Urbild des Collegen Crampton, hatten Beziehungen zum Weimarer Hof. Sie erreichten es, daß auf Veranlassung des Großherzogs Karl Alexander der Breslauer Kunstschüler Ostern 1882 an der Jenaischen Universität als studiosus historiae immatrikuliert wurde. Er belegte nach junger Füchse Art für den Winter eine Überfülle der unterschiedlichsten Collegia, nur keine historischen. Er belegte nicht bloß bei Rudolf Eucken und Otto Liebmann Philosophisches, sondern auch bei Haeckel Zoologie und bei Chr. Ernst Stahl Botanik. Am meisten aber interessierte ihn eine Vorlesung über Pompeji von Professor Gaedechens. Im nächsten Sommer war sein Wissensdurst wesentlich vermindert. Er belegte nur noch die Vorlesungen seines Tischgenossen Arthur Boehtlingk über das Revolutionszeitalter und über Goethe. Lieber jedoch ging er zu einem Steinmetzen, griff eine Hand voll Ton auf und formte zum Vergnügen der Freunde allerhand Sächelchen draus: einige Köpfe und auch jenen sterbenden Sieger. Diese Art der körperlichen Gestaltung schärfte seinen dichterischen Blick für das Charakteristische und Individuelle der Menschen. Die eine Kunstübung kam der andern zugute.

Plastik von Gerhart Hauptmann

In Jena lernte er auch den Segen junger brüderlicher Kameradschaft näher kennen. Schon auf der Breslauer Kunstschule war er mit dem spätem Landschaftsmaler Hugo Ernst Schmidt, dem Urbilde Gabriel Schillings, und mit dem jetzigen Rassenhygieniker Alfred Ploetz, der damals in Breslau Nationalökonomie studierte, innig befreundet gewesen. Die beiden großen Lebensinteressen seiner Seele, Kunst und Philanthropie, hatten hier jede in einem Freunde zugleich den Förderer gefunden. Aber ein rechtes Studentenleben konnte sich in Breslau nicht entfalten. Das fand er erst in Jena im Akademisch-naturwissenschaftlichen Verein bei seinem Bruder Carl und dessen Kameraden. Es war ein Kreis junger Leute, die, vorwiegend mit realistischer Bildung ausgerüstet, zur Universität gingen und in den beiden Mächten der modernen Entwicklung, den Naturwissenschaften und der Sozialpolitik, das Heil der Welt suchten. Darwin war der Heros dieses Bundes. Naturwissenschaftliche und philosophische Ideen wurden bei den täglichen Studien und den abendlichen meist sehr leidenschaftlichen Debatten am Biertisch ausgetauscht. Gerhart Hauptmann, der Jüngste, der Ungelehrteste, der Poet in diesem Kreise, hielt wacker mit im Kneipen wie im Streiten. Seine Freunde wissen nichts von jener stillen Schweigerart, die in fremder förmlicher Gesellschaft bei ihm zu jener Zeit auffiel, als er anfing berühmt zu werden, die sich aber dann wieder verloren hat. Am engsten schloss er sich in Jena einem jungen, musikalisch fein empfindenden, wundervoll Klavier spielenden Wagnerianer, Max Müller, an. Von Müller und Gerhart ging das Künstlerische jenes Kreises aus. So oft Kunstfragen oder auch Fragen der Menschlichkeit aufgeworfen wurden, vermochte Gerhart seinen Standpunkt ebenso lustig wie hartnäckig, ebenso selbstbewußt wie beredt zu verteidigen. Von Inhalt und Gangart dieser Debatten bekommt einen Begriff, wer in einem der Breslauer Schlusskapitel des Quintromans den »blauäugigen, blonden verstandestüchtigen« Arzt Hülsebuch (Alfred Ploetz) diskutieren hört.

Allmählich trieb es ihn aber von den Freunden weg in die Welt. Im Frühling 1883 besuchte er seinen Bruder Georg, der eine von den fünf Töchtern des Großkaufherrn Thienemann geheiratet und in Bergedorf bei Hamburg neben dem jungen Hausstand ein Geschäft begründet hatte. Von Hamburg aus fuhr Gerhart auf einem Kauffahrteidampfer die europäische Küste entlang ins mittelländische Meer. Er fuhr denselben Wasserweg, den einst Byrons Harold gepilgert war, und wie das Buch von Harolds Pilgerfahrt während dieser Reise oft in seiner Hand lag, so lebten in seiner Seele Harolds Schmerzen. Den ersten längern Aufenthalt nahm er in Malaga, wo teils lockend, teils widrig die Sünde auf ihn zutrat, und ihn im Anblick entweihter Frauenreize der Menschheit ganzer Jammer anfaßte. Ihn überkamen Empfindungen des Grauns und des Grams, Empfindungen aber auch, wie sie Jesus Christus jener Sünderin darbrachte, gegen die Andre den Stein hoben. Auch in Barcelona hielt er sich bei ähnlichen Eindrücken auf. In Marseille verließ er das Schiff, um auf dem Schienenweg die Riviera entlang nach Genua zu fahren. Hier traf er seinen Bruder Carl, der inzwischen über die Alpen gewandert war. Beide reisten selbander nach Neapel. Sechs Wochen verlebten sie auf Capri, von der Schönheit dieser Insel nicht mehr bezaubert als von der realistischen Poesie dieses Volkslebens, vom Reize dieser Volksgestalten. Abends pflegte sich um die beiden lichtblonden deutschen Jünglinge ein kleines Lumpengesindel schwarzgeäugter Lausebübchen zu sammeln. Die junge italienische Volksseele klang und sang. Als endlich die Brüder Abschied nahmen, vergoß Jung-Capri bitterliche Tränen.

Aber Gerhart Hauptmann war schon damals nicht der Mann, sich wie Gottfried Kellers Schöngeist an den romantischen Fetzen der Armut in ästhetischer Kaltherzigkeit zu vergnügen. Wie in Malaga der Anblick gemeiner Unzucht, so ergriff ihn in Neapel das soziale Elend mit herbem Weh. Klagend ruft er aus: »Schafft mir Neapel aus Neapels Welt!«

Im Juni kehrte Carl zu einer militärischen Übung zurück. Gerhart blieb zunächst in Rom, von wo ihn bald die Malaria ebenfalls nach Hause hetzte. Unterwegs hatte ihn das Heimweh oft übermannt. Zumal wenn er in Gesellschaft kalter, fader, vernünftlerischer Dutzendmenschen sein volles Herz nicht gewahrt hatte und statt auf Verständnis nur auf Spott und Schimpf gestoßen war. Dann wünschte er sich, wie Goethes Faust, den Fittich der Vögel:

Was solls? Ich wandre heim euch zu vergessen,
Zu sitzen dort, wo selig ich gesessen,

Wo stiller Wiesen duft'ge Blumen sprießen,
In meiner Liebe zu der Liebsten Füßen.

Trotzdem befand er sich ein Jahr später wieder in Italien. Diesmal aber war es weniger die Natur, die ihn anzog, als die große alte Kunst. Unter dem Eindruck Michelangelos hatte sich die Bildhauerei das Vorrecht bei ihm verschafft. Er richtete sich in Rom ein Atelier ein und bosselte an einem Relief. Aber wieder war ihm das römische Klima nicht zuträglich. Mit einem Typhus ward er ins deutsche Krankenhaus geschafft. Hier schwebte er lang in Lebensgefahr. An seinem Lager saß ein guter Engel: seine Braut.

Als Bildhauer in Rom

In demselben alten festen »Hohen Haus«, unter demselben hohen roten Giebeldach, in demselben weiten, dicht belaubten Haine von Linden, Kastanien und Nußbäumen, wo ihr ältester Bruder Georg sein Glück gefunden hatte, suchten es auch Carl und Gerhart. Vater Thienemann war mittlerweile gestorben. Den aufrechten Mann hatte ein Herzleiden ergriffen; da er dessen nicht achtend ein kaltes Seebad nahm, so warf es ihn aus vollster Lebensfrische aufs Totenbett. Seine fünf Töchter, jung, schlank, hübsch, saßen, wie »die Jungfern vom Bischofsberg«, zur Winterszeit als verwaiste, trauernde Burgfräulein im weiten Saale des alten Bischofssitzes auf altem Gestühl, neben hohen Kaminen, am runden Eichentisch, zwischen gediegenen Silber- und Goldgefäßen, unter nachgedunkelten alten Gemälden beisammen und spannen vom schnurrenden Rädchen die langen Abende weg und auch ihren Herzensgram um den Papa und um die früh verlorene Mutter, deren liebliches, sommerlich freundliches Bild in bleibender Jugend an der Wand des Prunkzimmers hing. So fand eines Abends Carl Hauptmann diese Mädchen vor, als er auf der Weihnachtsreise von Jena nach Schlesien auf Hohenhaus Halt machte, um der Braut und den vier Schwägerinnen seines Bruders Georg, die dort unter der Obhut eines alten Onkels hausten, den Beileidsbesuch abzustatten. Der Gast brachte Fröhlichkeit ins Trauerhaus. Die schwermütigen Spinnrädchen der schwarzen Schwestern standen still, und als der Gastfreund schied, war er ein verliebter, als er zur Frühlingszeit wiederkam, ein Verlobter Mann. Hatte es Carlen die braune Martha angetan, so liebte Knabe Gerhart die vollere, südlich prangende, dunklere Schönheit Mariens. Als ich mit ihm im Dezember 1891 von Berlin nach Wien reiste, die »Einsamen Menschen« im Burgtheater aufführen zu sehn, und wir kurz vor Dresden in den Bahnhof von Kötzschenbroda einfahren sollten, sprang mein Reisegefährte, der mir bis dahin bei einem vom Schaffner geliehenen Stearinstümpfchen die ersten Akte des eben vollendeten »Collegen Crampton« vorgelesen hatte, vom Polster auf, wischte eifrig den Frostschweiß vom linken Fensterglas weg, starrte eine Weile ins Dunkel der Nacht und rief dann in Unternehmungslust: »Wenn ich mal einen Sommernachtstraum schreiben sollte, so kann er nur dort oben spielen!« Dabei wies er zum Fenster hinaus. Auf dieses unverhoffte Geständnis hin gaffte auch ich sofort ins Dunkel der Nacht, sah nur ein paar Lichter durch die Kälte blitzen und empfing die Aufklärung: »Denn dort oben liegt Hohenhaus!« An jenem Tage lasen wir den »Collegen Crampton« nicht weiter. An Hohenhaus blieben Gedanken und Gespräche hangen. Er hat seinen Sommernachtstraum bisher nicht geschrieben. Sein 1905 flüchtig und doch breitspurig hingestelltes Lustspiel »*Die Jungfern vom Bischofsberg*« ist nur eine schwache Abschlagszahlung. Ein Dummerjungensstreich, dümmer als der nette frische Junge, der ihn verübt, löst eine unerquickliche Verlobung, die in sich selbst keinen Bestand hatte. An Gestalten, die mit Liebe gesehen sind, ist doch nicht die rechte Liebe verwandt worden. Die steife, konventionelle Karikatur des Oberlehrers und Tantensöhnchens braucht man nur mit Ibsens Jörgen Tesman zu vergleichen, um zu erkennen, wie weit Hauptmann gerade hier hinter Ibsen zurückgeblieben ist. Auch die jüngste der vier Schwestern vom Bischofsberg, der Backfisch Ludowike, Lux genannt, erinnert an Ibsens rundlichere Hilde Wangel; aber sie ist wohl eher ein kindliches Vorstadium der Lucie Heil aus »Gabriel Schillings Flucht«, wie diese eine Geigenfee. Mit ihr scheint in das Leben auf Hohenhaus der Strahl eines neuen Lebens hineinzublitzen. Vielleicht erklärt sich gerade aus dem Zwiespalt des alten und neuen Lebens eine gewisse Hilflosigkeit und Gewaltsamkeit in diesem mißlichen Stück.

Auf Hohenhaus bei Zitzschewig in der Lößnitz gab es hoch oben in des Parkes Mitte eine kleine Kapelle. Darin hing ein Glöcklein. Es hallt auch auf dem Bischofsberg wider. Dies Glöcklein wußte von einem jungen Glück zu sagen:

Die Glocke klingt, still rauscht die Eiche;
Wer hat das kleine Haus erstiegen,
Vor dem lebend'ge Zauberreiche
In sanfter Pracht entfaltet liegen?

Wem quillt die volle Seele über,
Daß er das helle Glöcklein läutet?
Denn klingt ihr Ton zu mir herüber,
So weiß man, daß es Glück bedeutet.

Zuerst ist Hohenhaus 1894 in einem Romanfragment beschrieben. Halbtausendjähriges graues Gemäuer, hohe ehrwürdige Räume, enge Steintreppen, seltsame Kämmerchen, unheimliche Dachstuben, ungeheure Kamine mit ganz ungeheuerlichen Bildwerken verziert, Kreuzgewölbe: »Ein ernster strenger Geist hatte hier Stein auf Stein getürmt, hatte gezimmert und gewölbt für die Ewigkeit, aber ein heiterer, lichter Geist der Gegenwart hatte das Ausgestorbene in Besitz genommen und es ausgeschmückt, farbig und launisch, reich, licht und modern.« Dieser heitere Geist war Papa Thienemann gewesen, der, seinem Wahlspruche treu, fröhlich gelebt hatte und selig gestorben war. Er war ein begüterter Herr, der Winter über in Berlin sein Bank- und Wollkommissionsgeschäft leitete, im Sommer aber draußen auf der waldigen Höhe in seinem schönen Asyl, dem nur die Hausfrau fehlte, flott und behaglich um sich her spielen und tanzen, zechen und schwärmen ließ, der seine jungen blühenden Töchter am liebsten sah, wenn sie tizianische Fruchtkörbe auf die reich besetzte Tafel stellten und den goldenen Wein, freilich nicht den eingebornen »Hohenhäuser«, kredenzten, und der in all dieser Weltlust doch für gut fand, seine Töchter herrnhutisch erziehen zu lassen, teils in Herrnhut selbst, wo Marie und Martha anfangs waren, teils in der thüringischen Gemeinde Neudietendorf. Hier lebten alle fünf Schwestern in strenger klösterlicher Zurückgezogenheit. Ihr weltfrohes Herz aber zog sie fernhin zum heimisch heitern Hohenhaus, wo »eine anachronistische Süße in der Luft lag«, wie es in den »Jungfern vom Bischofsberg« heißt: »Etwas Stilles, Unschuldvolles, Verwunschenes, das durch die alten bemoosten Steine der Parkmauer von dem gellenden Lärm des europäischen Kulturparoxismus geschieden ist.«

Hierher nach Hohenhaus kam von Rom im Frühling 1884 zu den Thienemanntöchtern, unter denen eine die Braut war, ein schwach genesender Kranker. Von hier aus beschäftigte sich Gerhart im Juni und Juli in der Dresdner Akademie der bildenden Künste sechs Wochen lang methodisch mit Aktzeichnen. Noch immer rangen um seine Künstlerseele die beiden Musen: »die Frau mit Stein und Meissel«, »die Frau mit Kranz und Leier«. Naiv suchte er nach einer höhern künstlerischen Einheit, in der sich Poesie und Plastik zu einem neuen Ganzen verschmelzen. Der Tod Richard Wagners hatte die Bayreuther

Gedanken einer Kunst der Künste vollends zum Siege geführt. In der Luft, die das neu erwachsende und erwachende Künstlergeschlecht einsog, lag nicht Abgrenzung, sondern Verschmelzung der Künste. Unbewußt schien Hauptmann einen Vereinigungspunkt für Plastik und Poesie erreicht zu haben. Wie, mag er damals mehr empfunden als überlegt haben, wie, wenn das steinerne oder tönerne Bild unter dem Kusse der Künstlerliebe lebendig würde! Wie, wenn es eratmete, die Augen aufschlüge, das Ohr den Lauten der Welt liehe, der Fuß den Boden fühlte, die Hand nach einem erwidernden Druck suchte! Wie, wenn sich der tote Stoff in Fleisch und Bein verwandelte, wenn rotes Blut in die Wangen schösse, und von dem Schmerz, der auf den kalten Zügen stand, plötzlich die Zunge heiß zu reden wüßte! Und wie, wenn diese Zunge in einer Harmonie poetischer Formen spräche, die der Harmonie jener plastischen Formen gemäß wäre! Diesen Dichterbildhauer bewegte der Pygmalionwunsch. Damals vielleicht dichtete er »*Das Märchen vom Steinbild*«, das in etwas wirrer und trüber Symbolik, aber mit starker Anschauung ein Mannesstreben darstellt, dessen Ziel es ist, die Marmorjungfrau seines Ideals liebend zu beleben. Mochten in dieses Steinbild Lebensideale oder Kunstideale hineingemeißelt worden sein, jedesfalls trat im Kampf der beiden Musen an Gerhart Hauptmann die Frage heran: Gibt es eine solche Kunst, in der aus Plastik Poesie emporsteigt? In eigner lebendiger Person wollte er seine plastischen Motive verkörpern, und in diesem dargestellten Körper sollte die Seele seiner Poesie erklingen. Naiv begriff er so den höchsten Sinn der Schauspielkunst und gedachte zum Theater zu gehn; zu einem Theater zwar, wie es, außer in Bayreuth, nirgends existierte.

Dem Theater, wie es wirklich war und ist, stand er noch ziemlich fern. Vor dem kleinen Kurbühnchen in Salzbrunn, an das ihn später Lauchstedt erinnerte, hatte er seine ersten Eindrücke empfangen. Sie mögen schmierenhaft genug gewesen sein. In Breslau hatte der Schüler mitunter seine Sparpfennige zur Theaterkasse tragen dürfen; der Vater daheim sah es gern. In Jena gab es keine stehende Bühne; nach Weimar wurde nur einmal zu Fuß eine Wallfahrt zur »Walküre« unternommen. In Dresden füllten ihn Interessen und Neigungen, die vom Theaterbesuch ablagen. Nun aber ging er im Mai 1885 nach Berlin. Hier fand er einen dramaturgischen Unterricht beim frühern

Direktor des Straßburger Stadttheaters, Alexander Heßler, an den er sich noch erinnerte, als er die »Ratten« schrieb. Seiner Stimme, in die er beim intimen Vorlesen eigener Werke so viel Natur, so viel Seele, so viel Stimmung zu legen weiß, haftet ein Lispelton an, der seinem Lehrmeister für die bezweckte Ausbildung eines sogenannten schönen Organs hinderlich war. Auch litt der hoffnungsvolle Jünger ein bißchen an Stockschnupfen. Er nahm es mit der Wahl des neuen Berufes so genau, daß er sich das Innre seiner Nase ausbrennen ließ, um deutlicher und reinlicher sprechen zu können. Aber er war vor die rechte Schmiede der landläufigen Theaterspielerei geraten und gab seinen abenteuerlichen, nur einer Unkenntnis der tatsächlichen Verhältnisse und nur der Vorstellung eines selbstgeschaffnen Ideals entsprungenen Plan, Schauspieler zu werden, bald wieder auf.

Aber er war nun dort, wo sich alle strebende Jugend im Deutschen Reich zu ihren entscheidenden Taten sammelte. Er fand sich in der jungen Hauptstadt dieses Reiches; noch ein Jüngling, aber kein Junggeselle mehr. Ein halbes Jahr früher hatte Bruder Carl die Schwester Martha heimgeführt. Jetzt, im Mai 1885, führte Gerhart, erst zweiundzwanzigeinhalb Jahr alt, die Schwester Marie in das junge Heim, das ihm ihre Liebe bestellt hatte. Die Trauung fand in Dresden statt. Von der Johanniskirche fuhr das Paar hinauf nach der Brühlschen Terrasse, wo im Belvedere wenigen Gästen das Hochzeitsmahl gerichtet war.

In jenem »Romanfragment« hat Gerhart Hauptmann mit tragikomischer Selbstironie die Geschichte dieser Hymenäen erzählt. Aus den handelnden Personen erkennt man den blonden Kopf, das blasse Gesicht des Dichters, der sich noch als Bildhauer hinstellte mit kolossalischen Schöpferplänen (»König Lear auf der Haide, wie er hüpft und davonrennt«.) Man sieht, wie am Hochzeitstage der knabenhafte, schwächliche Bräutigam in Onkels hohem Hut, ohne Frack, an den er sich spät, dann aber gründlich gewöhnt hat, zur Vermählung schleicht und einen kleinen Stoßseufzer über das Strapaziöse dieser Festlichkeit nicht unterdrücken kann. Neben ihm die junge Frau im glänzend schwarzen Haar mit dem lautlosen Gang, den einfachen Bewegungen, warm und doch zurückhaltend und leis melancholisch gestimmt. Als sie auf der Terrasse stehn, und die unentwickelte Dürftigkeit des jungen langmähnigen Ehegatten dem Hohn eines vorüberflanierenden und -flirtenden Leutnants preisgegeben ist, als es beinah zum Handgemenge gekommen wäre, mag ein banger Blick über den Elbstrom nach jener Waldeshöhe hingewandert sein, wo dieser jungen Frau im alten Hohenhaus die Mädchenzeit vergangen war. »Es ist als würde man heimatlos, wenn man diese Scholle mal aufgeben müßte«, sagt die empfindsamste der »Jungfern vom Bischofsberg«.

Nicht hier ward dem jungen Paar das Heim bestellt. Das Ziel ist Berlin, wo sie zunächst eine Stadtwohnung aufnimmt. Der junge Gatte jedoch kränkelt und kann die Luft in den »Steingräbern der Großstadt« nicht vertragen. Als es Sommer wird, gehen sie mit dem Geschwisterpaare Carl und Martha und mit Freund Hugo Ernst Schmidt nach Rügen, wo Gerhart die Ostsee und die pommerische Küste fürs Leben lieb gewinnt. Noch legt er nicht »Gabriel Schillings Flucht« hierher, aber er lauscht dem Volk seine Sagen und Märchen ab und dichtet einige in balladesken Formen nach. G. A. Bürger ist Vorbild. Nach Bürgers Manier besingt er etwas holprig »Die Jungfrau am Waschstein«, »Die schwarze Frau in der Stubbenkammer« und »Den Teufelsdamm im Naugarder See«. Die Darstellung, die ihren Stoff aus Temmes Volkssagen von Pommern und Rügen schöpfte, verrät noch den Anfänger. Formvollendeter, anschaulicher, poetischer erzählt er, mehr in der Art des getreuen Eckart und des Hochzeitliedes von Goethe, ein reizendes Pudminer Märlein von den »sieben Mäusen«, die einst ebenso viele kleine Mädchen waren und durch einen übereilten Zornesfluch ihrer eignen Mutter so arg verwandelt wurden. Nun kommen sie um Mitternacht aus des Teiches Grund hervor und tanzen und singen gar kläglich: »Wir wollen fein erlöset sein, wir Mäuslein und wir Maide«.

Nach diesem sagen- und sangesreichen flitterfrohen Sommer auf Rügen lenkte der Herbst 1885 das junge Ehepaar doch wieder gen Berlin. Man will die Weltstadt meiden, aber nicht missen. Man folgt dem Zug in die Vororte, der damals unter den Berlinern begann. Man mietet sich eine hübsche, helle kleine Gartenwohnung in *Erkner* beim Rentier lassen, der wohl mit dem biberpelzbestohlenen Rentier Krüger Ähnlichkeiten hatte. Dieser östliche Vorort, von Berlin in einer Bahnstunde erreichbar, an See und Kiefernwald belegen, ist das echte märkisch-melancholische Idyll. Vier Jahre lang haben Gerhart und Marie Hauptmann diesen Ort als ihren Stammsitz betrachtet. In Erkner wurden ihre drei Knaben geboren: 1886 im Februar Ivo, nach Berthold Auerbachs Dorfgeschichte »Ivo der Hajrle« also benannt; 1887 Eckart und 1889, da auch sonst Freud' und Fülle über den jungen Vater kam, Klaus, der Jüngste. Der sand- und mückenreiche Ort bot allerdings nur einen schwächlichen Ersatz für das immerdar aufgegebene Hohenhaus in den Lößnitzer Weinbergen. Thienemanns Erben hatten den alten Bischofssitz mit seinem großen terrassenförmigen Park verkauft. Der zu späten Reue darüber gibt Gerhart in jenem Romanfragment einen leidenschaftlichen Ausdruck: »Ja freilich, das Paradies war hin. Aus dem Paradies waren sie vertrieben. Das Paradies war verschleudert worden. Das Paradies ihrer schönen, schönen Brautjahre. Man hatte es verkauft und unter viele Geschwister die Beute verteilt, jedoch es war Blutgeld.« Der Anteil der Beute, der auf Frau Marie fiel, ging bald darnach durch den Bankrott des Depothüters verloren. So war den drei Hauptmannpaaren ihr Liebeshain spukhaft entschwunden. Aber als sei durch diese Sühne die Vorsehung schon wieder begütigt worden, fügte es ein Zufall, daß genau dieselbe Summe, die sie verloren hatten, ihnen aus der Hinterlassenschaft einer Verwandten wieder zufloß. Gerhart blieb in der Lage, mit Frau und Kindern bescheiden, aber standesgemäß leben zu können, ohne literarische Frondienste annehmen zu müssen. Dem Literatenproletariate seiner Bekanntschaft galt er als Leihanstalt. Soviel er vor Frau und Kindern verantworten konnte, gab er, ohne immer Dank davon zu ernten. Ein böser Zahler streute, empört über wohlberechtigte Mahnungen, sogar die alberne Lüge umher, Gerhart Hauptmann leihe Geld auf Wucherzinsen aus. Erfahrungen solcher Art fanden, ebenso wie andere tragikomische Erknererlebnisse und Erknergestalten, später im »Biberpelz« und im »Roten Hahn« ihren humoristischen Niederschlag.

Die vier Erknerjahre setzten den jungen Dichter in langsame und allmähliche Beziehungen zur literarischen Jugend. Da er solche Anknüpfungen nie gesucht hat, da es ihm auch nie in den Sinn kam, sich unter den anerkannten Schriftstellern einen Schutzpatron zu erwerben, so blieb er in den ersten Jahren auf den Verkehr mit seinem Breslauer Schulfreund Hugo Ernst Schmidt und mit seinem Jenaer

Universitätsgenossen Ferdinand Simon, dem späteren Schwiegersohn August Bebels, angewiesen.

Wieder stand er zwischen einer Künstlernatur und einem Weltverbesserer. Simon interessierte sich besonders für die Frauenbewegung, wie sie durch Ibsens Nora angebahnt war. Mit diesen Freunden besuchte Gerhart öffentliche Abendvorlesungen Du Bois-Reymonds, Treitschkes und anderer akademischer Redner und ließ den Eindruck einer starken Persönlichkeit auch hier auf sich wirken. Aber zusammen mit den Freunden stand er innerlich in einer gereizten Kampfstimmung gegen alles Zünftige, Akademische, Methodische und Systematische. Er ist mehr mit den andern mitgebummelt, als daß er sich aus eigner Beflissenheit akademische Bildungsquellen erschlossen hätte. Freilich begann er die Schäden eines ungeordneten Erziehungsganges zu empfinden. Er vertiefte sich in religionsgeschichtliche Studien, las wissenschaftliche Werke von F. Max Müller und andern Gelehrten und trug sich mit dem Gedanken, ein Leben Jesu zu schreiben. Was von diesem Gedanken bisher Tat geworden ist, liegt in »Emanuel Quint« und seinem durchgeführten Parallelismus zu den Evangelien.

Mit der Zeit ward es lebhafter in der gemütlichen Villa von Erkner. Der Hausherr, der armen Bohémiens wie ein gesättigter Bourgeois vorgekommen sein mag, führte, nicht nur gute Küche, sondern man fand bei ihm auch geistige Kost. Eine Weile verkehrte er mit Max Kretzer, dem ersten modernen Berliner Naturalisten, und mit Adalbert v. Hanstein, einem Kainsdichter. Mit Hanstein mag der damalige »Promethide«, mit Kretzer der spätere »konsequente Realist« umgegangen sein, obwohl Hanstein es war, der ihm gerade für sein Sonnenaufgangsdrama den Verleger besorgte. Eine größere Zahl junger, neuerungslustiger, zukunftstolzer Literaten und Studenten hatte sich im Frühjahr 1886 unter dem Vorsitz des kleinen, lahmen und verwachsenen, aber tapfern und gesinnungstüchtigen Leo Berg zu einem Vereine zusammengetan, den sie »Durch« nannten. Im ersten Winter, den dieser »Durch« erlebte (er erlebte nicht viele Winter) war Gerhart Hauptmann öfters mit dabei, und im Frühjahr 1887 wurde das erste Stiftungsfest bei ihm in Erkner gefeiert. Trotzdem blieb seine Verbindung mit den meisten dieser Vereinsbrüder ziemlich lose. Dauerhafter und vertrauter gestaltete sich die Freundschaft mit zwei uneigennützigen, hohen menschlichen Idealen zugewandten Sozialisten, die den philosophischen, naturwissenschaftlichen und politischen Interessen des Jüngern Kameraden entgegenkamen und dann zu den Ersten gehörten, welche in ihm freudig und neidlos das überragende dichterische Talent erkannten. Es waren Bruno Wille und Wilhelm Bölsche, die den Sommer 1887 in Fangschleuse bei Erkner zubrachten. Mit ihnen, mit Schmidt und Simon kamen auch die neuen literarischen Anreger des Auslandes, Tolstoi, Zola, Ibsen aufs Tapet der häufigen scharfen Wortgefechte, an denen Bruder Carl, so oft er sich in Berlin oder Erkner einfand, durch Widerspruch fördernd, durch Kampf klärend lebhaft beteiligt war.

Wanderlustig und etwas unstet, wie er von jeher gewesen und geblieben ist, hielt auch Gerhart es in diesen vier Jahren nie lang bei den märkischen Kiefern aus. So ging er für den Sommer 1888 auf Monate nach Zürich, wo sich Carl an Forel und Richard Avenarius angeschlossen hatte. An diesen Studien, aus denen später Carl Hauptmanns Werk über die Metaphysik in der modernen Physiologie hervorging, nahm auch Gerhart Anteil, soweit seine wissenschaftliche Vorbildung es zuließ. Er holte sich aus diesen biologischen Untersuchungen für die künstlerische Erfassung der menschlichen Natur das Seinige heraus. Die alten Freunde Ploetz und Simon hielten mit, und es mochte scheinen, als würde nun der zwischen zwei Künsten Hin- und Hergeworfene im wissenschaftlichen Fahrwasser verschwinden. Aber gerade in Zürich fing er wieder zu dichten an und las bei Avenarius Kapitel aus einem autobiographischen Romane vor, von dem nur jenes Fragment erschienen ist. Bald trennte er sich von den Zürichern und fuhr zur Herbstzeit bis nach Frankfurt am Main auf dem Rade, wo ihm in wechselnden Bildern Länder und Leute wieder nahe kamen. Als er in Erkner eintraf, hatte »die Frau mit Kranz und Leier« gesiegt.

1881

III

Totgesagte Poesie

In Rom hatte den werdenden Dichter die große Vergangenheit der Stadt beschäftigt. Er vertiefte sich in Rankes Geschichte der Päpste und befaßte sich auch mit der klassischen Zeit. Es entstand in G. A. Bürgers Balladenton ein Gedicht auf »*den Tod des Gracchus*«, das schon vom sozialen Mitleid für die Mühseligen und Beladenen erfüllt ist, aber auch das tragische Ende des revolutionären Volksbeglückers bringt, den sein feiges Volk im Stiche läßt.

Auch Adolf Stahrs Rettung des Tiberius, die damals noch der Rede wert schien, fiel ihm in die Hand. Ein verkannter, zu Unrecht dem Haß und Abscheu der Menge ausgesetzter Held war der rechte Gegenstand für das Mitgefühl des Weltbeglückers. Er schrieb ein dramatisches Gedicht, »*Das Erbe des Tiberius*«. Es wurde von Hohenhaus am 25. Oktober 1884 an Adolf L'Arronge nach Berlin geschickt, damit er es im Deutschen Theater aufführe. L'Arronge und sein Dramaturg Moriz Ehrlich, der gedacht haben wird: »Schon wieder ein Tiberius«, lehnten ab. Trotzdem machte der junge Poet Anfang 1885 noch einen zweiten Versuch, die Bühne schon jetzt zu erobern. Er sandte die Handschrift Otto Devrient, an den er aus seiner Jenaer Studienzeit angenehme Erinnerungen hegte. Devrient hatte in Jena Vorlesungen über die Geschichte des Dramas gehalten, wobei er im Wesentlichen seine Rezitationskunst leuchten ließ; die Brüder Hauptmann bewunderten die Geschicklichkeit, mit der in bewegten Szenen die mannigfaltigsten Stimmen charakteristisch auseinandergehalten wurden. Den stärksten Eindruck machte auf sie die Vorlesung der »Frösche« des Aristophanes, die noch in Nickelmanns populär gewordenen Naturlauten nachwirkt. Auf diese etwas einseitige Beziehung hin wandte sich Gerhart mit seinem Tiberius an den Luthermann, der damals gerade die Direktion des Hoftheaters in Oldenburg angenommen hatte. Bei Devrient verschwand das Heft. Trotz Stahr und Hauptmann schien Tiberius rettungslos verloren zu sein. Nach Jahr und Tag aber kam er im Gewahrsam des Oldenburger Direktors doch wieder zum Vorschein. Unter mancherlei Belobigung lehnte Devrient die Aufführung ab, da in Ausdruck und Inhalt zu viel vorginge, was für ein Hoftheater nicht tauge. Seitdem ist Tiberius wirklich verschwunden. Devrient mag sich des Stückes kaum mehr entsonnen haben, als drei Jahre später, während seiner Episode im Berliner Hofschauspiel, nun wirklich ein Drama seines einstigen Zuhörers aufs Theater kam. Unter denen, die damals in Berlin am sittlichsten entrüstet waren, gehörte Direktor Devrient zu den allersittlichst Entrüsteten. Devrient ist in sein Grab gegangen, ohne zu ahnen, eine wie fruchtbare Erinnerung der verschmähte Sonnenaufgangsdichter an seine Vortragskunst bewahrt hat. An Nickelmanns Quorax und Breckeckex hätte er, im Gedanken an seine aristophanischen Frösche, Freude gehabt.

Und wenn er das Epos gelesen hätte, mit dem Gerhart Hauptmann zum ersten Mal vor die Öffentlichkeit treten wollte, so hätte er in Stoff und Form auch noch keine Abweichung vom poetischen Brauch bemerkt, obgleich von diesem »*Promethidenlos*« Karl Bleibtreu verkündigte, daß es »an Größe der Konzeption, Adel und Schwung der Sprache das verkrüppelte Knieholz der üblichen Poetasterei titanenhaft überrage«. Der Dichter selbst dachte bald von dieser Byronimitation nicht so günstig. Er zog das Epos, kaum daß es (durch W. Ißleib, Berlin) im Sommer 1885 in den Buchhandel gekommen war, wieder zurück und ließ den Vorrat einstampfen.

Nach dieser vernichtenden Kritik des Dichters selbst steht uns kein Recht mehr zu, ihm metrische, prosodische und sonstige sprachliche Mängel der Erstgeburt tadelnd vorzuhalten. Das Ganze war locker, verschwimmend, formlos. Der Faden ließ sich leicht greifen, aber schwer festhalten. Es fehlte ein klarer Grundgedanke. Den magern Stoff für seine Ausgestaltung bot dem Dichter jene Seereise nach Italien. Im Meere spiegelt sich seine eigne Stimmung. Er legt sich die Maske eines knabenhaften Jünglings vor, den er Selin nennt. Vertauscht man die beiden Silben, so ergibt sich das Wort Insel. Bewußt oder unbewußt geheimniste der Dichter das Isolierte seines innern Wesens und Lebens hinein, jene seelische Einsamkeit, von der viele Jahre später sein Michael Kramer sagt: »Das Eigne, das Echte, Tiefe und Kräftige, das wird nur in Einsiedeleien geboren. Der Künstler ist immer der wahre Einsiedler.« Was diesen Selin vom Lande fort über die Meere treibt, waren des Dichters eigne Schmerzen. Was Selin an Bord und in den südlichen Küstenstädten erlebte, sind des Dichters eigne Reiseerinnerungen. Aber die äußern Erlebnisse sind dürftig. Noch nirgend geht der Dichter ins realistische Detail. Viel breiter und beredter entladen sich einzelne seelische Vorgänge des Reisenden. Der Einfluß des Childe Harold von Byron ist nicht nur in den Versmaßen, sondern auch im ganzen Stil, in Stimmung und Inhalt fühlbar. Nach alter Epikerweise ruft er die Muse an und den Zaubergeist des Traumes. Auch in der Wahl seiner Gleichnisse (Baumwuchs und Quellwasser) ist er wenig originell. Die Allegorie macht unklare Vorstellungen nicht klarer. Dichterisch stark aber ist die Begegnung des Jünglings mit einem jener Wesen, die am gütigsten dann sind, wenn sie selber vor dem Umgang mit sich warnen. Hier zerstreut sich die Achtzahl der Reimbündel zum tragischen Blankvers und nähert sich dem dramatischen

Dialog. Fast scheint es, als habe sich hier das Überbleibsel einer Szene jenes gescheiterten Tiberiusdramas in den epischen Sang hereingeflüchtet. Und man wird ebenfalls an Tiberius denken dürfen, wenn im »Promethidenlos« (auch der römische Kaiser mag für Hauptmanns Auffassung ein »Promethide« gewesen sein) im geistigen Hinblick auf Rom die Vision eines »heimlichen Kaisers« empordämmert. Was dieser spricht, ist der dunkle, in jedem Sinn dunkle Grundtext der ganzen Jugendseelendichtung, durch die sich aber doch erkennbar im Seelenleben des jungen Dichters eine große, entscheidende Wandlung vollzieht: die Wandlung vom Mitleid mit sich selbst zu einem Mitleid mit der Menschheit, vom egoistischen zum altruistischen Weh, vom Seelenschmerz zum Weltweh. Nun findet der kummervoll Wandernde, der bisher bloß von sich selbst Gequälte, schon den Vorsatz, zu kämpfen, zu helfen, zu retten, zu befreien. Und seine Waffe sei das Lied:

> *Du lerntest lieben und du lerntest hassen,*
> *Jetzt lerne, Jüngling, deine Laute fassen.*
> *Kannst Du entsagen, Jüngling? Singe, dichte:*
> *Das ist der Mut, den wir anjetzt bedürfen.*
> *Die Dichter sind die Tränen der Geschichte,*
> *Die heiße Zeiten mit Begierde schlürfen.*

Aber erst 1888 ließ Hauptmann eine kleine Sammlung von Gedichten herstellen, die er *» Das bunte Buch «* nannte, und die in einem als Verlagsort fast unwahrscheinlichen Städtchen des Odenwalds ans Licht treten sollte. Als der Schriftsatz eben beendigt, aber das Druckpapier noch nicht angeschafft war, geriet der Verleger in Konkurs, und der Dichter erhielt von ihm nur eine lose Zusammenheftung der Korrekturbogen auf schlechtem Papier. Über diesen Mißhelligkeiten verlor er alle Lust am Werkchen und ließ den Schriftsatz ungenutzt wieder auseinandernehmen. Nur in ganz wenigen behutsamen Freundeshänden werden die vergilbenden Blätter dieses »Bunten Buchs« geheimnisvoll aufbewahrt. Manches allzu weichlich, allzu tränenselig geratene Gedicht verdiente sein Schicksal, vom eignen Autor totgedrückt zu werden. Anderes hat sich im öffentlichen Vortrage bewährt.

Kleine Lyrika hat Robert Kahn in Musik gesetzt, und Amalie Joachim nahm diese Lieder in ihr Konzertprogramm auf. Auch in der Dichtung schon schwingen die sanften Verse wie Geigenakkorde. Eindrücke der äußeren Natur finden in kurzen, knappen, oft nur gestammelten, oft nur hingehauchten Lauten einen Widerhall im Gemüte des Dichters, der still seufzend beim Blätterfall durch die Herbstnacht wandelt oder im Dämmerlicht des Föhrenwalds vor einem Jünglingsgrabe weilt. Der Dichter vertieft sich in die Stimmungen der Selbstmörder, deren Geisterchor aus dem Grunewald gegen die nahe Riesenstadt, ihre Verderberin, flucht. Nacht, Nebel, Herbstwind, ein Schmetterling im Schnee, eine singende Lerche im Mondschein, schwache Hoffnungen auf Licht und Lenz, das »alles will zusammenstimmen in einen einzigen Sterbelaut«. In diese absterbenden Natureindrücke drängt sich manchmal eine unvermittelte literarische Reminiszenz ein. Ein kleines Lied, worin schon das Motiv der »Versunkenen Glocke« anschlägt, fängt mit einem Heinevers an:

Ich weiß nicht, was soll es bedeuten,
Daß meine Träne rinnt
Zuweilen, wenn ferne das Läuten
Der Glocke, der Glocke beginnt.

Ein Mondlied schließt goethisch:

Meine Seele, schlummerleer,
Wandelt durch die Nacht.

Das müde, sanfte Träumen wird visionärer, aufgeregter, wilder, wenn der Dichter aus Heideland und Föhrenwald ans Meer kommt, das in Gewittern steht. Man denkt an jenes rote Götterbildwerk aus dem Breslauer Atelier, wenn man liest:
Immer schneller und schneller
Jagen die Rosse der Flut;
Immer heller und heller
Bricht aus den Wolken die Glut.

Und man denkt zurück ans »Promethidenlos«, wenn man weiter liest:

*Die alte Esche orgelt wild
Und sträubt ihr Blattgefieder,
Und um das dunkle Eiland brüllt
Das Meer Titanenlieder.*

*Titanenlieder, die kein Spott
Des Spötters kann bezwingen,
Titanenlieder, die kein Gott
Kann zum Verstummen bringen.*

Selten nur wird die Natur durch einen Tierlaut belebt. Noch seltner schallt aus diesen Liedern neben des Dichters eignem Seelenton eine Menschenstimme. Beim leisen Sang des nordischen Fischerkinds, beim kühlen, bleichen Bernstein in ihren blonden Locken verliert der Jüngling die Korallenketten, die ihm einst aus dunklen Südlandslocken entgegenglühten. Ein andermal beklagt er in noch recht eckigen Versen Annas »tauschönes Bild«, das ihm nur ein Bild geblieben ist. Flotter, wilder, heißer, malerischer sind die kurzen Reimpaare, darin sich beim Hochzeitmahl ein Zigeuner der Braut des ungeliebten Mannes ins Herz fiedelt:

*Auf leuchtet sein Auge,
Als sei es im Dunkel,
Und sengt mit Gefunkel
Den Busen der Braut.*

Antwort fordert auch die Frage aller Fragen:

*Nie noch sah ich unsre Gottheit,
Die uns schützt und die uns führet,
Sage mir, wie denk ich jenen
Gott mir? Zeige mir den Gott!*

»Hoch im Bergland von Arkadien« richtet sie der Frager an einen alten Priester des pelasgischen Zeus. Und die Antwort lautet:

Siehst du nicht, nun denn, so schweige!
Geh ins Tal und schweige, Jüngling.

Im Tal aber bilden sich die Menschen nach ihren eignen winzigen Vorstellungen ihre eignen winzigen Götterchen:

Und bald trug ein jeder sorglich
In der hohlen Hand sein Göttlein,
In der hohlen Hand nach Hause.

Hoch im Bergland von Arkadien aber geht der pelasgische Zeus und »fürchtet die neuen Götter nicht und zürnt nicht den Menschen«. Nur sein alter Priester hört ihn. Keiner sieht ihn.
Nachdem Gerhart Hauptmann sein »Buntes Buch« hatte vernichten lassen, beschäftigte ihn jener autobiographische Roman, den er 1888 in Zürich begonnen hatte. Berlin und Umgegend hatten Hauptmanns Kenntnis der Welt bereichert. In Zürich sah er das menschliche Leben wissenschaftlich durchforscht. So mochte er sich gerüstet fühlen, objektiver das Ich zu verstehen. Doch auch dieses Werk kam nicht zustande. Vieles daraus ist aber in den späteren Werken verwertet worden. Dieser totgesagte Roman scheint die Urzelle gewesen zu sein, aus der nun des Dichters lebendige Poesie entstand.

IV

Sonnenaufgang

Gegen Weihnachten 1888 ging Hauptmann mit seiner Familie nach Bergedorf, wo jetzt bei ihrem ältesten Sohn auch die Eltern lebten und ihn mit ihren Erfahrungen im Geschäft unterstützten. Hier brütete der Dichter wochenlang weiter über seinem Roman.

In den allerersten Frühlingswochen des Werdejahrs 1889 kam er dann allein zu Besuch nach Berlin, wohnte aber nicht draußen in Erkner, sondern in der Stadt bei seinem Freunde Schmidt. In Niederschönhausen lernte er den fast gleichaltrigen Dichter Arno Holz kennen. Holz las auf seiner kleinen rührend und anschaulich von ihm geschilderten »Bude« in Hauptmanns Gegenwart eine Reihe kleiner Skizzen vor, die er gemeinschaftlich mit seinem etwas altern Freund und Stubengenossen, Johannes Schlaf aus Magdeburg, verfaßt hatte. Die wesentlichste dieser Skizzen hieß »Papa Hamlet« und führte mit peinlichster Liebe zum kleinsten Detail in eine verwahrloste Komödiantenwirtschaft, die ohne jede Furcht vor den Widerwärtigkeiten der Armut, der Lüderlichkeit, des Schmutzes in vollkommener Naturtreue, der Wirklichkeit gemäß, sehr talentvoll abgeklatscht war. Mehr noch als diese Skizzen mögen auf Gerhart Hauptmann die eindringlichen Reden gewirkt haben, in welchen Arno Holz seine Kunsttheorie entwickelte, der jener »Papa Hamlet« als Paradigma dienen sollte. Arno Holz, jung, energisch, im äußern Wesen frisch und erfrischend, Rastenburger Apothekerssohn, früh auf sich selbst und seine Arbeit gestellt, ein kühl kalkulierender, auf seine konsequent herausgerechneten Verstandesergebnisse eigenköpfisch trotzender Mittelostpreuße, hatte ein schönes Talent zur Lyrik seitwärts von hergebrachten, bis zum Ekel benutzten Mustern schon öfters bekundet. Er ist ein heller, findiger Kopf, der einen gescheiten Gedanken fassen kann, aber die gefährliche, nahezu selbstmörderische Neigung hat, diesen Gedanken bis zur Superklugheit fortzutreiben und ihn schließlich im Aberwitz, dem letzten Ziel aller Einseitigkeit verstocken zu lassen. Holz ging in seiner Papa Hamlet-Doktrin vom Naturalismus Zolas aus. Er überwand jenen Bleibtreuschen Pseudorealismus, der mit Zolas Naturanschauung nicht das Mindeste zu schaffen hatte und sehr bald an seiner eigenen Aufgeblasenheit zerplatzte. Arno Holz trat auf solidem Wegen dem Hyperästhetizismus und Supraklassizismus früherer Generationen entgegen. Seine und Schlafs treuen Abschriften des scharf beobachteten Kleinlebens waren eine zeitgeschichtliche Notwendigkeit, weil sie die Dichtkunst fester an den allgemeinen Geist des modernen Lebens banden. Überall hatte die raue Wirklichkeit stark in die Seelen der Menschheit eingegriffen. Bismarcks Realpolitik, die soziale Forderung des Proletariats, der induktive, detaillierende Grundzug moderner wissenschaftlicher Forschung, die Lehre von der Entwicklung aller Dinge, die gesteigerte Wertschätzung statistischen Materials, die großen Schöpfungen ausländischer Wirklichkeitsdichter und Seelenergründer – dies alles wirkte zusammen, um auch in der deutschen Literatur die Notwendigkeit einer realistischeren Darstellungsweise zur Geltung zu bringen. Keiner war naiv und instinktiv überzeugter davon als Gerhart Hauptmann, der nun das, was er innerlich bestimmt empfand, durch Arno Holzens schneidige Beredsamkeit in Form und Satzung gebracht sah. Arno Holz hatte es nicht mehr nötig, diesen neuen Kameraden zum Realismus zu bekehren. Er gab ihm aber die letzte entscheidende Anregung. Schon im »Promethidenlos«, so wenig realistisch dieses Gedicht sein mag, deutet sich die radikale Wendung sehr sicher an. Wer seine Laute stimmt, den Jammer der wirklichen Welt mitleidweckend zu verkünden, wird tief hinabsteigen müssen in menschliches Elend, oder er wird ein Phrasenheld sein. Der Dichter des »Promethidenloses« war schon damals zum äußersten entschlossen. Schon die konventionell-allegorisch von ihm erfaßte Muse der Dichtkunst sprach zu ihm, ihr Tempel sei die Erde. Schon damals fand er das Wort: »So muss Natur der Kunst die Wege bahnen«; oder das andre Wort:

Und wollt ihr meines Gottes Namen kennen,
So mögt ihr ihn den Gott der Wahrheit nennen.

Schon mahnt er mitten in diesen ideellen Vorstellungen sich selbst: »Laßt mich ins Spiel der Welt die Blicke senken«. Was aber hier die Blicke sahen, war trostlos:

> *Das Elend greift in jeden Menschenhaufen*
> *Und faßt mit Kreischen Kind und Mann und Greis:*
> *Den treibts zum Hängen, jenen zum Ersaufen,*
> *Den wirft es lachend in der Laster Kreis.*

Und in der Erkenntnis dieses Elends zweifelt er schon damals am Rechte der künstlerischen Darstellung auf die herkömmliche Schönheit. Nur im Traum sah er das Schöne.

> *Da wacht er auf. – Rauh krächzt des Bettlers Bitte,*
> *Des Krüppels Beulen recken sich ihm dar,*
> *Die Straße gellt vom Stampfen vieler Tritte,*
> *Und eine schmutzige, verrohte Schar*
> *Wogt um Selinen.*

Schon damals rief er den Elenden verzweifelten Entschlusses zu:

> *So laßt in eurem Schmutz mich hocken,*
> *Laßt mich mit euch, mit euch im Elend sein!*

Das »Promethidenlos« nimmt zum Schluss eine seltsame Wendung. Während sich bis dahin der Dichter mit seinem Helden ganz eins zu fühlen schien, stellt er sich plötzlich außerhalb dieses »irren Knaben«, der das, was er ahnte, »in hehrer Form, in heil'ger Melodie« singen wollte. Der Dichter selbst aber denkt nun ganz anders als sein Held:

> *Du traust mir nicht? Dich lockt das süße Tönen,*
> *Du glaubst, es sei auch in der Menschenwelt*
> *Erlaubt zu singen, und das Arbeitsfeld,*
> *Meinst du, kann milder Dichtersang verschönen.*
> *Es fliege leichter dann, meinst du, der Spaten,*
> *Die Sense blinke freudiger darein.*
> *Sei still! – Sie können deines Lieds entraten,*
> *Es muss gepflügt, doch nicht gesungen sein.*

> *Begleite mich durch öde finstre Gassen*
> *Furchtbarer Nacht! – Hörst du's den Weg entlang,*
> *Dies Wimmern? – Sieh, dich will ein Grauen fassen:*
> *Dies wird, mein Kind, in unsrer Zeit Gesang.*

Und noch einmal mahnt der realistische, weltverbessernde Dichter seinen Helden:

> *Kehr um! Die Sohlen deiner Füße hefte*
> *An diese Welt mit fieberhafter Hast,*
> *Aus ihr entsteigen alle deine Kräfte.*

Schon 1885, als er von seiner Reise zurückgekehrt war, stand es für Gerhart Hauptmann fest, wohin ihn seine Dichtersendung führen würde. Sehnsucht zog zur Schönheit, aber der Weckruf der Zeit treibt einem andern Ziel entgegen. Schon 1888 entstand ein Gedicht, das er seinem Sonnenaufgangsdrama hätte voransetzen können. Denn in ihm spricht er aus, wie er seine Mission verstand:

> *Dir nur gehorch ich, reiner Trieb der Seele!*
> *Des sei mein Zeuge, Geist des Ideales,*
> *Daß keine Rücksicht eitler Art mich bindet.*
> *Ich kann nicht singen, wie die Philomele.*
> *Ich bin ein Sänger jenes düstern Tales,*
> *Wo alles Edle beim Ergreifen schwindet.*
>
> *Du aber, Volk der ruhelosen Bürger,*
> *Du armes Volk, zu dem ich selbst mich zähle,*
> *Das sei mir ferne, daß ich deiner fluche!*
> *Durch deine Reihen gehen tausend Würger,*
> *Und daß ich dich, ein neuer Würger, quäle,*
> *Verhüt es Gott, den ich noch immer suche!*
>
> *Ich darf es dir mit meiner Hand verbriefen,*
> *Daß, wenn ich zürne, zürn ich deinen Leiden,*
> *Das Gute wollend, dir zum ew'gen Heile.*

*Ihr, die ihr weilt in Höhen und in Tiefen,
Ich bin ihr selbst, ihr dürft mich nicht beneiden!
Auf mich zuerst zielt jeder meiner Pfeile.*

Und so schärfte er sein Auge für das Nahe und Nächste. Schon 1887, bevor er Arno Holz kannte zeitigte der Aufenthalt in Erkner eine kleine novellistische Studie, die in ihrem Realismus nicht so »konsequent« ist, wie »Papa Hamlet« aber dichterisch als geschlossenes, rundes Werkchen höher steht. Es ist die zuerst in M. G. Conrads »Gesellschaft« abgedruckte Erzählung vom »*Bahnwärter Thiel*«. Ihr moderner Zug kündigt sich schon im Titel an. Unsre Zeit steht »im Zeichen des Verkehrs«. Bahnwärter Thiel dient jenem Verkehrsbetriebe, von dem Goethe und die Romantiker noch nichts wußten. Als die Eisenbahn aufkam, ging ein Jammern durch das epigonenhafte Geschlecht der Spätromantik. Mit dem Posthorn schien die Poesie aus der Welt zu schwinden. Mit dem Pfiff der Lokomotive schien sich der Welt die Prosa bemächtigt zu haben. Schon Gottfried Keller lachte über solches kurzsichtige Haften am Überlieferten, über diese Unkraft, den poetischen Reiz des Neuen zu finden, und verkündigte frohgemut die Poesie der Luftschiffahrt. Gerhart Hauptmann, der in einem dichten Eisenbahnnetz aufwuchs, gehört bereits zu denen, die auch aus dem Eisenbahnwesen Poesie und realistische Symbolik zu holen verstehen.

Im »Bunten Buch« schildert er die Nachtstimmung einer kleinen Vorortstation mit dem schwindsüchtigen alten Wächter, der keuchend, hustend fortwährend hinüber nach den Rüdersdorfer Kalkbergen sieht und nach ihren bald gelben, bald roten Grubensignalen. So oft diese die Farbe wechseln, wechselt die Farbe auch auf dem Fieberantlitz des ergrimmten Mannes, der sich dort unten in den Kalkbergen den schleichenden Tod geholt hat.

Ungefähr gleichzeitig entstand ein Gedicht »*Im Nachtzug*«:

*Es poltert der Zug durch die Mondscheinnacht,
Die Räder dröhnen und rasen.
Still sitz ich im Polster und halte Wacht
Unter sieben schnarchenden Nasen.
Die Lampe flackert und zittert und zuckt,*

Und der Wagen rasselt und rüttelt und ruckt,
Und weit, wie ins Reich der Gespenster,
Weit blick ich hinaus in das dämmrige Licht
Und schemenhaft schau ich mein blasses Gesicht
Im lampenbeschienenen Fenster.

Dem Passagier ists nicht wohl in der dumpfen beklemmenden Enge. Ihn durchklingt:

Ein Sehnen hinaus in das Mondscheinreich,
Das fliehend die Drähte durchschneiden.
Sie tauchen hernieder und steigen zugleich,
Vom Zauber der Nacht mich zu scheiden.

Aber am romantischen Elfenziel jagt's den modernen Reisenden vorüber, und das Rasseln der Räder singt ihm ihr eigenes Lied, den »Sonnengesang« moderner Zyklopenarbeit:

Wir tragen euch hier durch die duftende Nacht,
Mit keuchenden Kehlen und Brüsten.
Wir haben euch güldene Häuser gemacht,
Indessen wie Heiden wir nisten.
Wir schaffen euch Kleider. Wir backen euch Brot.
Ihr schafft uns den grinsenden, rieselnden Tod.

Wir wollen die Ketten zerbrechen.
Uns dürstet, uns dürstet nach eurem Gut!
Uns dürstet, uns dürstet nach eurem Blut;
Wir wollen uns rächen, uns rächen!

Wohl sind wir ein rauhes, blutdürstend Geschlecht,
Mit schwieligen Händen und Herzen.
Doch gebt uns zum Leben, zum Streben ein Recht
Und nehmt uns die Last unsrer Schmerzen!
Ja, könnten wir atmen in keuchendem Lauf
Nur einmal erquickend tief innerlich auf,

So, weil du die Elfen bewundert,
So sängen wir dir mit Donnergetön
Das Lied, das finster und doch so schön,
Das Lied von unserm Jahrhundert!

Vom fahrenden Dichter weicht nun die Sehnsucht nach Elfentanz in mondbeglänzter Zaubernacht. Ein andrer, die schöne Welt mit der wirklichen versöhnender Traum steht vor seiner Seele:

Die Lampe flackert und zittert und zuckt,
Und der Wagen rasselt und rüttelt und ruckt,
Und tief aus dem Chaos der Töne,
Da quillt es, da drängt es, da perlt es empor,
Wie Hymnengesänge, bezaubernd mein Ohr,
In erdenverklärender Schöne.

Er träumt von »himmlischen Lenzen auf irdischen Höhn«. Dieser Traum ist der Traum des idealistischen Weltverbesserers, der nur der Wirklichkeit, nicht den Möglichkeiten gegenüber pessimistisch denkt; diesen Traum gab dem Dichter die Fahrt auf der Eisenbahn.

Denselben Eindruck schafft ihm auch der vorüberfahrende Bahnzug. Phantastisch malt er in der Novelle vom »Bahnwärter Thiel« den Zug, der im Nu erscheinend, im Nu verhallend durch das stille Dunkel des Heidelands tost. Die blauen Nachtsignale dünken ihm wie Tropfen überirdischen Lichtes. Aber über dem Hüttlein des Bahnwärtes Thiel leuchtet nichts Überirdisches. Er ist einer der modernen Arbeitszyklopen, wie jener schwindsüchtige Bahnwärter aus Rüdersdorf. Er dient dem großen Betriebe nur an bescheidenster Stelle. Sein höchster Erdenwunsch, den er kaum zu erhoffen wagt, ist der, daß sein Söhnchen Tobias es dermaleinst bis zum Bahnmeister bringe. Für sich selbst strebt er so stolze Ziele nicht an. Aber auf dem bißchen Bahndamm und Schienenstrang, den er zu betreuen hat, kennt er jedes Schräubchen und jedes Stäubchen. Und nicht bloß das kennt er, was zum Dienste gehört, wofür er karg genug vom Staate bezahlt wird. Um dieses Streckchen und die numerierte Bude in der Mitte webt sich ihm im Lauf der Zeiten ein seelisches Gespinnst, die Poesie seines

Daseins. Der Fleck Erde wird ihm, einem Vorläufer und Schicksalsgenossen des Fuhrmanns Henschel, zum Heiligtum, worin seine tote, sanfte Frau weiterlebt und das von den plumpen Füßen der zweiten lebendigen Frau, von ihren groben Fäusten nicht berührt werden soll. Die Telegraphendrähte aber klingen und singen ihm das Lied von der, die er verloren hat: »Er stellte sich vor, es sei ein Chor seliger Geister, in den sie ja auch ihre Stimme mischte.«

Wie leicht war hier die Gefahr, sentimental zu werden. Nicht bloß die Effekte eines Mord- und Wahnsinnsschlusses schützten ihn davor, sondern auch sein Naturgefühl. Nicht sentimental ist das Empfinden des Bahnwärters Thiel, der dann Weib und Kind erschlägt, sondern melancholisch wie der märkische Kiefernwald am märkischen See. Der Dichter hat die Erknerstimmung auf sich wirken lassen. Er hat in die Heide einen Menschen gepflanzt, der wie sie empfindet, arm an Geist, reich an Seele, sanftmütig, bescheiden, schüchtern, energielos in der alltäglichen Ruhe, aber rau, wild, wüst, grausam bis zur Vernichtung, wenn Orkane toben. Ein solcher Orkan ist in das Gemüt des Bahnwärters gefahren, als er argwöhnt, durch die böse Absicht der Stiefmutter sei sein kleiner Tobias unter die Räder des Bahnzugs geraten.

Des Dichters Problem war, diesen Stimmungsübergang, wie in einem epischen Monolog, darzustellen. Er hält sich dabei ausschließlich an die Mittel der erzählenden Kunst. Dialoge fehlen fast ganz. Den einzigen längern Sermon hält die böse Stiefmutter, wenn sie das Prügelknäbchen mit Schimpfworten herunterhudelt. Dramatisch wird die Aktion nur in den lallenden Lauten, mit denen beim Vater Thiel der Wahnsinn sich meldet und zum Morde mahnt.

Die Studie darf als Probe des Stiles gelten, in welchem Gerhart Hauptmann seinen Roman damals abgefaßt hätte. Jene Begegnung mit Arno Holz entschied aber nicht nur für den Naturalismus, sondern auch für das Drama. Wie das gewöhnliche Volk in seinen mündlichen Erzählungen die Person, um die es sich dabei handelt, mit Vorliebe selber sprechen läßt und auf diese direkte Rede so viel Gewicht legt, daß es möglichst oft ein »sagt er« oder »sagt sie« dazwischen schiebt, ebenso liegt es im Wesen einer naturalistischen Darstellung, daß die handelnden Personen möglichst viel selber sprechen, und daß uns möglichst viel aus ihren eignen Worten von den Geschehnissen kund werde. Dieses dramatische Prinzip herrscht in jenen »Papa Hamlet«-Skizzen so vor, daß der epische Stil beinah aufgehoben ist. Wenn also diese Skizzen auf eine reinere Künstlernatur wirkten, so mussten sie deren Stilgefühl auch zur Konsequenz führen. In dieser Konsequenz lag es, die Erzählung aufzugeben und das Dramatische zum Drama zu vollenden.

Erfüllt von Arno Holzens Theorie, angespornt von seinem Zuspruch, machte sich Gerhart Hauptmann sofort an einen Stoff, der für diese extrem naturalistische Behandlung geeignet war. Wie in den westlichen und nördlichen Vororten Berlins die sogenannten Millionenbauern, so gab es auch in nächster Nähe von Obersalzbrunn, in Weißstein und Hermsdorf Bauern, die plötzlich zu Reichtum dadurch gelangten, daß man unter ihren Äckern mächtige Kohlenlager entdeckte. Ein solcher Umschwung materieller Verhältnisse konnte im ungebildeten Stande nicht ohne Einwirkung auf Sitte und Sittlichkeit des überschnell und übermäßig reich gewordenen Volkes bleiben. Diese Jugendeindrücke sollten im autobiographischen Roman nachwirken. Nun wollten sie sich zu einem sozialen Drama gestalten.

Auch Holz fühlte sich durch das eigene Prinzip zum dramatischen Schaffen hingedrängt. Für Kompagniearbeit eingenommen, wie er war und blieb, durch die Fügsamkeit des sanften, sinnigen Johannes Schlaf daran gewöhnt, schlug er vor, mit Hauptmann gemeinschaftlich ein Drama nach allen Regeln der neuen Kunst abzufassen. Vor diesem dämonischen Antrag, dem er anfangs entgegenkam, den er wohl gar herausgefordert hatte, bewahrte den andern sein guter Stern. »Der Künstler ist immer der wahre Einsiedler.« Mit Respekt vor dem Kunstverstande des strammen Rastenburgers teilte er seinen Stoff nicht, wie er von Hamburg aus brieflich zugesagt hatte, dem neuen Kameraden mit, sondern flüchtete sich wieder nach Bergedorf zu Eltern und Geschwistern. In kürzester Zeit, noch war es Frühling, brachte er das Drama ziemlich fertig nach Erkner. Mit den Freunden Bölsche und Wille, mit dem Bruder Carl, der ihm noch immer der beste, auch in Rat und Tat förderlichste Freund war, zog er in die Kiefernheide des Bahnwärters Thiel, und während die Nadelhölzer hellgrüne Spitzen ansetzten, erwachte hier in freier, etwas öder Natur der Frühlingssang des neuen deutschen Naturalismus.

Frühlingssang ist Nachtigallenschlag und Lerchenjubel. Schon im
»Promethidenlos« aber hieß es:

Du fragst nach Lerchenjubel. – Lerchenjubel!
Wir haben alles Jubeln längst verbannt.

Und doch trillern auch in dem neu erstandenen Drama » *Vor Son-*
nenaufgang«, das ursprünglich »Der Sämann« heißen sollte, die Ler-
chen in der Morgenröte. Ihr Lied tönt unverdrossen jenseits von Gut
und Böse, jenseits der moralischen Gegensätze, in denen sich dieses
soziale Drama kraß und schroff bewegt. Der Dichter nimmt persönlich einen leidenschaftlichen Anteil an den moralischen Dingen. Er
zeichnet Personen und Zustände entweder mit Liebe oder mit Haß.
Von einem objektiven Naturalismus, wie ihn die Natur selbst ihren
Geschöpfen gegenüber beobachtet, ist hier noch weniger die Rede, als
beim Moralisten Zola oder in Tolstois »Macht der Finsternis«. Was
Werke, wie »Die Macht der Finsternis« und »Vor Sonnenaufgang«,
erst naturalistisch werden läßt, ist die von keiner konventionellen
Rücksicht befangene, unverfrorene Darstellung sittlicher Zustände,
in denen sich der Mensch wieder der Naturverfassung des Tieres
nähert. Die naturalistische Kunstform klebt noch am naturalistischen
Stoff. Die Bedeutung des jungen Werkes, welches von Tolstoi vielfach
abhängig ist, liegt vor allem darin, daß es der Dichter wagte, unpo-
lierte und unarrangierte Wirklichkeit und zwar häßliche Wirklichkeit in einer gewissen Kunstform auf die Bühne zu bringen. Als Arno
Holz, der auch die Titeländerung durchgesetzt haben will, das Stück
las, erklärte er es von seinem Standpunkt aus »für das beste Drama,
das je in deutscher Sprache geschrieben sei«. Später dachte er nicht
mehr so enthusiastisch davon, sondern beklagte das Vorhandensein
einer Tendenz.

Lag während der zweiten Hälfte des vorigen Jahrhunderts der Wert
des französischen Dramas in der Gesellschaftssatire, so lag der Wert
des deutschen Dramas im Volksstück. Was wir mit höherm Stolz all
den Scribe und Feuillet, Augier, Dumas und Sardou entgegenstellen,
das liegt in jenem Bereich des deutschen Volkes, wo Hebbel seine
Maria Magdalene, Otto Ludwig seinen Erbförster, Anzengruber seine

Bauernkomödien fand. Dort hat auch der junge Gerhart Hauptmann sein erstes soziales Drama gefunden. Wie Anzengruber übte auch er eine mundartliche Sprache. Wie Ludwig schildert auch er den Niedergang einer ländlichen Familie. Wie Hebbel zeigt auch er das tragische Schicksal eines verratenen Weibes aus dem Volk. Und doch hat ihn keiner seiner Vorgänger beeinflußt.

Er verlegt den Schauplatz der Handlung in die Gegend, die er von Kindesbeinen an kennt. Freilich sagt er Jauer statt Waidenburg, Witzdorf statt Weißstein. Seine Landleute reden die schlesische Mundart. Ihr Schicksal steht im engsten Zusammenhange mit den besondern sozialen Verhältnissen jener Gegend. Ein Bauernhof, auf dem man von Austern und Hummern lebt und seinen Durst in Champagner (nicht mal in Grüneberger Champagner) löscht, wo Kühe und Pferde aus marmornen Krippen und neusilbernen Raufen fressen, während das Gesinde darbt und sich rackert, kommt in all seinen Zuständen und Gestalten zur lebendigsten Anschauung. In einer solchen Bauernfamilie ist der Vater ein wüster Trunkenbold, der sein Laster nicht bloß auf die älteste Tochter, sondern sogar auf deren dreijähriges Söhnchen vererbt hat. Sein Schwiegersohn ist ein eitler, unreeller Wicht, der trotz aussaugerischen Manipulationen das angeheiratete Geld über kurz oder lang verspekuliert haben wird. Die jüngere Tochter hat herrnhutische Erziehung genossen, und dadurch ist ihr gutes ehrliches Wesen in einen konfliktreichen Zwiespalt geraten, an dem sie, fremd im Vaterhaus, zugrunde geht. Die Stiefmutter ist ein rohes Weib, dessen abgeschmackter Eitelkeit eine städtische Tartüffin frönt, dessen Wollust ein junger dummdreister Vetter vom Nachbarhof befriedigt, während der Hausvater bis vor Sonnenaufgang hinter dem Schnapse vertiert.

Man wird es dem jungen idealistischen Volksbeglücker, der zum Studium der sozialen Verhältnisse in jenen Kohlenbezirk kommt, nicht verargen, wenn er alsbald wieder seine Schritte wendet. Aber er nimmt das Lebensglück der Bauerntochter mit, die an den verstiegenen Prinzipienreiter ihr junges Herz verlor, das in allem Schmutz und, was mehr sagen will, bei gründlichster Einsicht in die unsaubersten Dinge keusch geblieben ist. Er war im Handumdrehen ihr heimlich Verlobter geworden und dachte mit dem frischen und gesunden Mädchen seinen erbkräftigen Stamm fortzupflanzen. Da erfährt er, der prinzipielle Mäßigkeitsapostel, der angehende Rassenhygieniker, daß sie aus einer Potatorenfamilie stammt und macht sich verstohlen davon. Man erfährt nicht recht, wie tief ihn der Verzicht auf diese Liebe innerlich berührt. Das Mädchen aber ersticht sich. Sie ist die eigentliche Heldin dieser Dorftragödie, denn sie steht geistig und seelisch über Verhältnissen, von denen sie physisch nicht los kann. Es ist ausgezeichnet, wie sie mit ihrer Einschränkung ringt, wie sie unter der geilen Trunksucht des Vaters, unter der Rohheit der Stiefmutter, unter der lüsternen Lafferei des Schwagers, unter der Rüdigkeit eines aufgezwungenen Freiers leidet, ohne doch zu verleugnen, daß sie von Natur zu diesen Leuten gehört. Erst als der Mann ihrer Liebe kommt, gehen ihr die letzten Lichter über alles auf, und diese Erkenntnis schlägt sie zu Boden.

Die Fülle der Personen teilt sich in zwei Kategorien, in die Eingebornen und in die Zugewanderten, in diejenigen, die in ihrem Urzustände mehr oder minder vegetieren, und in diejenigen, die diesem Zustand mehr oder minder fremd gegenüberstehen. Jene bringen das naive, diese das reflektierende Element in die Tragödie hinein. Zu jenen zählt der Bauer, die Bäuerin, deren Liebhaber, zählen Knechte und Mägde. Zu diesen gehören vor allem drei junge Männer: der Ingenieur Hoffmann, der Arzt Schimmelpfennig und der Nationalökonom Alfred Loth. Hoffmann und Schimmelpfennig sind Loths Jugendbekannte. Durch einen theatralischen Zufall treffen sich alle in jenem Kohlenwinkel. Der Dichter hat die Modelle aus seiner eignen Jugendbekanntschaft hergeholt, aber in jedem der drei steckt etwas vom alten französischen Raisonneur, der die Dinge um sich her betrachtet und beurteilt, ohne persönlich stark dran beteiligt zu sein. Am fernsten steht der Handlung Doktor Schimmelpfennig. Er hat die Aufgabe, dem Freunde die potatorischen Familienverhältnisse klar zu machen und bringt ihn so zu dem harten Entschluss, sein eben erst eingegangenes Verlöbnis zu brechen. Das entwickelt sich in einer meisterhaft geführten Szene des letzten Aktes, während Schimmelpfennig, zur Geburtshilfe bereit, im Hause weilt. Er ist ein gutherziger Mensch ohne Vorurteile, mit einer bewegten Vergangenheit, der nun hier ist, um unter den Millionenbauern genug Geld zu erwerben, damit er mal seiner Idee leben kann. Diese Idee ist die Lösung der Frauenfrage. Als Gegner der Ehe will er die Frauen selbständig und den Männern gleichberechtigt machen. Aber über das Wie ist er sich noch nicht klar. Einflüsse des Bebelschen Buches über die Frau wirken hier neben Ibsen mit. Praktisch verwendet Schimmelpfennig seine Feindschaft gegen die Ehe dazu, den Freund von der Geliebten zu trennen. Er wird damit einer jener Dämonen, die aus Prinzip das Gute wollen und das Böse schaffen. Sein Prinzip befruchtet hier das Prinzip Loths, das Prinzip der Rassenzüchtung durch Abstinenz. Diese Prinzipien spuken gelegentlich sehr fleisch- und blutlos in ihrer dürren Blöße umher. Daneben aber steht doch in Schimmelpfennig eine ausgeprägte Menschengestalt vor uns, die freilich mit einem Fuß weit außerhalb des Dramas tritt. Der Dichter, wie es auch sonst seine Art ist, hat ihm vom Modell her allerlei Züge beigelegt, die dann für das Stück selbst nicht verwertet sind.

Weniger glaubwürdig erscheint die wichtigere Figur Alfred Loths. Gegen ihn sind auch von Freunden des Stücks Bedenken erhoben worden. Der Dichter selbst hat einmal lächelnd gesagt, man habe ihm seinen Loth so oft zu verleiden gesucht, daß er selbst nicht mehr recht an ihn glauben wolle. Man hat diesen Loth sogar mit dem Dichter identifizieren wollen; den Haß gegen Alkohol hatten zwar beide damals gemein, und Loths Verliebtheit mag der Dichter aus dem eignen Herzensleben geschöpft haben. Aber ein Selbstporträt ist Loth nicht. Er stellt nur den Einfluß dar, den ein volkspädagogischer Studienfreund auf den Dichter auszuüben suchte. Wenn Loth die Leiden des jungen Werthers für ein dummes Buch erklärt, wenn er Dahns »Kampf um Rom« seiner Schönfärberei halber über Zola und Ibsen stellt, wenn er von der Kunst nicht das Seiende, sondern das Seinsollende verlangt, so sind das niemals Gerhart Hauptmanns eigne Ansichten gewesen. Es sind nur Punkte, über die er in Jena oder Zürich mit unkünstlerischen Freunden heftig wird gestritten haben. Auch daß Loth aus seinem Prinzip die grausamste Folgerung zieht, hat der Dichter nirgend entschuldigt oder gar gerechtfertigt. Der Dichter ist ganz anders als sein Held.

Aber der Dichter hätte tiefer und klarer motivieren können. Loth verläßt sein Lenchen, wie Faust sein Gretchen und so mancher andere sein Mädchen verlassen hat. Loth verläßt sie nach einer jungen warmen Liebschaft von kaum zwölf Stunden. Auch das soll oft genug vorkommen. Man kann dazu mit Mephisto sagen: »Sie ist die Erste nicht!« Und man kann dazu mit dem reumütigen Faust sagen: »Jammer, Jammer, von keiner Menschenseele zu fassen!« Ein solches rasch gefügtes, rasch gelöstes Verhältnis pflegt von Mann und Mädchen verschieden gefaßt und gefühlt zu werden. An Loth und Helene offenbart sich der Unterschied von Verliebtheit und Liebe. Loth ist bis über die Ohren in das reizende, sinnige Geschöpf an seiner Seite verliebt; ihn entzückt nicht bloß ihr Wesen, sondern auch die Erscheinung; aber das weicht, als ihm das holde Kind plötzlich im Schatten einer Familie erscheint, deren Eigentümlichkeiten gerade ihm das Widerwärtigste und Abscheulichste sein mussten. Er rührt an den Stengel einer schönen Blume, sie zu pflücken, zieht aber sofort die Hand weg, sobald er merkt, daß der Sumpf, aus dem sie wuchs, die Hand beschmutzt. Für Helene dagegen ist die Liebe zum Manne nicht bloß ein Sinnenreiz; sie ist ihr Rettung aus Not, Erlösung vom Übel, Freiheit, Licht, Luft. Für ihn ist diese liebliche Begegnung ein Erlebnis, für Helene ist sie das Leben. Es gehört zu den menschlichsten Irrtümern, nach dem Grade des eignen Empfindens den Grad des Empfindens anderer zu messen. Loth redet sich's ein, daß der Seufzer des Scheidens und Meidens bei Helenen nicht tiefer geht als bei ihm selbst. Wenn er am nächsten Morgen vom Doktor Schimmelpfennig, in dessen Haus er geflüchtet ist, erfahren wird, Helene habe sich den Hirschfänger durchs Herz gerannt, so wird sein Gewissen für sein Unrecht zu büßen haben. Auch ihn wird Faustens Reue überkommen: »Von keiner Menschenseele zu fassen, daß mehr als Ein Geschöpf in die Tiefe dieses Elends versank!« Loths Treubruch hat auf den Zuschauer um so überraschender und empörender gewirkt, als gerade dieser hübsche, freundlich blickende, blau- und strahläugige, blondbärtige germanische Mensch durch eine Liebesszene vom Dichter in das anmutigste Licht gestellt worden war.

Diese Liebesszene, die fast den ganzen vierten Akt füllt, ist Gegenstand besonderer Streitigkeiten geworden. Bei der Vorstellung im Theater hat sie entzückt, ergriffen, hingerissen. Aber die Vorurteile, die damals im flotten Schwange waren, rieben sich auch an ihr. Man konnte sich über sie nicht, wie über so manches andere im Stück, sittlich entrüsten. Daher versuchte man, sich über sie lustig zu machen. Ich höre noch das blöde Lachen, womit bei der ersten Aufführung Skandalmacher den holden Frieden dieses Idylls stören wollten, und wie sie von der Mehrheit der innerlich beteiligten Zuhörer energisch zur Ruhe verwiesen wurden. Jemand nannte dann die Szene mit einem Lieblingsworte Theodor Fontanes »dalbrig« und ahnte nicht, daß er diesem Liebesgestammel damit ein Anerkenntnis süßer Wahrheit machte. Andere warfen dem »konsequenten Naturalisten« Inkonsequenz vor und vermeinten, diese Szene sei viel zu poetisch, um naturalistisch sein zu können. Diesen Mißverständigen hat der Dichter einmal das Scherzwort erwidert: »Kann ich dafür, daß die Natur auch schön ist?«

Mit Bewußtsein hat Gerhart Hauptmann dem Stoff seinen Stil gegeben. Er hat ihn scharf und bestimmt in einer so lebendigen Charakteristik der Personen ausgeprägt, wie wir dies im deutschen Drama nicht gewohnt waren. Mag diese Charakteristik bei Loth anfechtbar sein, so steht sie, wie beim Doktor Schimmelpfennig, auch beim dritten der Eingewanderten, beim Ingenieur Hoffmann über allem Zweifel. Bei allen dreien ist neben lebendigen Vorbildern ein Einfluß der »Wildente« von Henrik Ibsen nicht zu verkennen: Loth, Hoffmann und Doktor Schimmelpfennig stehen ungefähr so zueinander, wie Gregers Werle, Hjalmar Ekdal und Doktor Relling. Bei Hoffmann aber hat sich das Hjalmarisch-Allzumenschliche zur bewußten und berechneten Gemeinheit der Gesinnung kristallisiert. Er ist mehr als der traurige Zwitter, für den ihn Schimmelpfennig hält. Er ist, ganz diesseits von Gut und Böse gesprochen, ein Gesinnungslump, dem die beiden andern, besonders Loth, etwas gesinnungsprotzig gegenüberstehen. Hoffmann ist einer jener Schmarotzer, die ohne viel Kraft, Mut und Fleiß erklecklich im Trüben zu fischen verstehen und gerade von dieser Beschäftigung aus zu Repräsentanten des sogenannten gesunden Menschenverstandes werden.

Loth und seine beiden Jugendfreunde sind nicht die einzigen, die ins Kohlendorf zuwanderten, um eine schwerflüssige Masse, jeder nach seiner Art, in Bewegung zu bringen. Es ist auch noch ein Berliner Kellner da, der sich als Kammerdiener verdungen hat und auf den schönen Namen Eduard hört. Es ist ferner die liebedienerische, zwischenträgerische Frau Spiller da. Zwei köstliche, mit wenig Strichen lebenskräftig gezeichnete dienstbare Geister, von denen Er sich redlicher, Sie sich unredlicher vom Überflüsse derer nährt, die hier heimisch sind.

Aber auch unter den Einheimischen klafft ein starker Gegensatz. Es ist der schreiende Gegensatz von Reich und Arm. Neben dem schlemmenden Bauernpöbel die darbenden, geplackten Arbeiter. Einer, ein Greis, der Vater Beibst, hat sich philosophisch mit seinen Schicksalsschlägen fast abgefunden und für seine alten Tage als Andenken nur eine Brummigkeit zurückbehalten und eine Art versteinerten Grolls. Aber in den jungen Gutsdirnen kocht noch wild das Blut. Und von allen der unglücklich-glücklichste ist Hopslabär, der Dorftrottel, eine Figur, die an Falstaffs Aufgebot heranreicht.

Es sind nur landwirtschaftliche Arbeiter, die im Stück auftreten. Die Bergleute, die schwarzen, rußigen Gestalten, die der Dichter während seiner Kinderzeit rings um den Heimatort in dunklen Massen auf allen Wegen traf, zeigt er nicht im Stück. Wie ein tiefes, finstres Verhängnis durchwühlen und durchlockern sie das Erdreich. Denen Schätze grabend, die zugleich durch dieses Grubenwerk auf ihrem Grund und Boden wankend werden. Auch ohne daß der Dichter einen Repräsentanten dieses Maulwurfsgeschäfts erscheinen läßt, fühlt man die düstre soziale Macht und ihre unterirdische Massenarbeit.

Zwischen den Einheimischen und Zugewanderten schwebt das lieblich lebendige Bild Helenens, die von sich schon hätte sagen können, was nachmals Rautendelein, die Elfe, empfinden lernt: »Fremd und daheim«. Sie fühlt sich als die Tochter des Trunkenbolds, der viehisch an ihren Leib tastet, und sie fühlt sich auch als die berufene Gefährtin des idealistischen Kämpfers für eine physische Adlung der Menschheit. An diesem Zwiespalt geht sie zugrunde; ein tragisches Schicksal, gegen dessen Fügung Aristoteles kaum etwas einzuwenden gehabt hätte.

Auch gegen die Komposition des Dramas könnte Aristoteles kaum Einwände erheben. Die Einheit des Orts und der Zeit ist streng gewahrt. In einem einzigen Zimmer des Wohnhauses und auf dem Hofraum davor trägt sich während der Zeit von einer Nacht zur andern, ohne technische Zwangsmaßregel, ohne Monologe, Beiseites und ähnliche unrealistische Eselsbrücken der Theaterspielerei mit einer fast nachtwandlerischen Bühnensicherheit die ganze Begebenheit zu. Noch nie zuvor ist auf natürlichere Art ein in sich geschlossener Vorgang auf die Bühne gebracht worden, ohne daß die Gesetze des Lebens irgendwie verletzt wären. Wo aber Gesetze der Kunst verletzt worden sind, da handelt sich's stets um leicht vertilgbare, überschüssige Einzelheiten. Wenn mitten in einer meisterhaften, höchst lebendigen und abwechslungsreichen, vollkommen dramatischen Tischszene plötzlich eine lehrhafte Abhandlung, sogar mit genauen statistischen Daten, vorgetragen wird, wenn in einem Augenblick der Spannung zwei an der Spannung zumeist beteiligte Personen einander allerlei Unglücksfälle fremder Leute erzählen, so sind das nur Beweise dafür, wieviel mehr Interesse der junge Dichter an seinem Stoff nahm, als an der Ausgestaltung dieses Stoffes. Aber umso bewunderungswürdiger ist es, daß daraus doch ein künstlerisches Ganze entstand.

Im Publikum der ersten Vorstellung sind viel zu viele dem Beispiel des Dichters gefolgt. Auch sie sahen mehr auf den Stoff als auf die künstlerische Gestaltung. So kam das Werk zu seinem sonderbaren Schicksal. Als es im Hochsommer 1889 fertig war, erschien »Vor Sonnenaufgang« in C. F. Conrads Buchhandlung zu Berlin. In der Zueignung, die aus Erkner vom 8. Juli datiert ist, dankt der Dichter den Verfassern des »Papa Hamlet« für die »entscheidende Anregung«, die er durch dieses Buch des »konsequentesten Realismus« erhalten habe. Als Hauptmann es unterließ, mit Holz zusammen an die Arbeit zu gehen, wollte er seine tiefen Eindrücke von »Papa Hamlet« wenigstens in einer öffentlichen Anzeige des Buches kundgeben. Das Bücherbesprechen ist aber seine Sache nicht. Nur drei oder viermal hat er sich 1887 in den Akademischen Blättern an diesem Metier versucht. So rettete er Dank und »freudige Anerkennung« in jene Widmungszeilen.

Als das schlecht und auf schlechtem Papier gedruckte Büchlein erschienen war, sandte der Verleger, Herr Ackermann, ein Exemplar an den damals siebzigjährigen Theodor Fontane, der zwei Jahre vorher durch seinen lebenswahren Meisterroman »Irrungen Wirrungen« bei Schöngeistern und Philistern so manches drollige Ärgernis erregt hatte. In seiner höflich graziösen Art antwortete der alte Herr alsbald mit einem Dankschreiben an den Verleger. Aber dieser Brief, der nicht wieder gefunden ist, war mehr als bloße Artigkeit. Fontane beglückwünschte den Verleger, ein so bedeutendes Werk ediert zu haben. Er nannte dieses Werk »die Erfüllung Ibsens« und sprach den Wunsch aus, es aufgeführt zu sehen. Er erklärte sich bereit, es der »Freien Bühne«, die eben damals ins Leben trat, dringlich anzuempfehlen.

Dieser Brief machte auf Gerhart Hauptmann und alle, die ihm nah standen, einen ergreifenden Eindruck. Gerhart war 27 Jahr alt geworden. Es war das dritte Söhnchen gekommen. Eltern, Geschwister, Frau Marie, nicht am wenigsten er selbst, waren voller Erwartung. Aber die Jugendjahre verstrichen, und das reiche innere Leben suchte noch immer den rechten Ausdruck, zerrieb sich in wechselnden Plänen. Nun kam ein Etwas, vor dem die Tanten und entfernten Verwandten bass erschrecken mussten. Man denke nur, wie sich die alten Vockerats über das Drama »Vor Sonnenaufgang« äußern würden! Noch schlimmer als damals große Berliner Zeitungen. Fest zur Sache des jungen Dichters hielten die Getreuen, die das Werk schon vor dem Druck kannten: Bölsche, Wille, die Geschwister Carl und Martha, die Gattin. Als Bruder Carl das erste Exemplar der Buchausgabe mit dankbaren Widmungsworten ins Manöver nachgeschickt erhielt, telegraphierte er dem Dichter neckend-ernsthaft zurück: »Tausend Freuden über Deinen ersten Schritt in die Unsterblichkeit«. So fühlten die Nächsten. Nun aber kam ganz von außen her unerwartet eine Bestätigung dieser Freundeszuversicht. Und diese Bestätigung kam von einer Seite, die ehrwürdiger und ehrender, sachkundiger und zuverlässiger nicht sein konnte.

Fontanes Brief hatte wohl die nächste praktische Folge, daß der Dichter Anfang September an den Vorsitzenden des *Vereins »Freie Bühne,«* Otto Brahm, ein Exemplar des Dramas sandte, begleitet von einem kurzen Schreiben, woraus den Empfänger, »trotz seinen wenigen Zeilen eine Persönlichkeit anzusprechen schien«. Zur selben Frühlingszeit wie dieses Drama war dieser Verein entstanden. Während draußen im Kiefernwald von Erkner der Dichter den Freunden das Stück vorlas, hockte drinnen in einem Wirtshause Berlins ein ganz anderer Kreis von Literaturbeflissenen nicht sehr einträchtig beisammen, beriet die Vereinssatzungen, wählte einen Vorstand, entwarf einen Aufruf. Hüben und drüben wußte man nichts voneinander. Es vergingen Wochen, bevor man voneinander erfuhr. Wie Bölsche schon damals in einer biographischen Skizze richtig hervorhob, kamen die Begründer der Freien Bühne aus einer ganz andern Ecke des ästhetischen Kriegsschauplatzes als der Dichter der schlesischen Bauerntragödie. Im lockeren Zusammenhang zu beiden Gruppen standen höchstens die Brüder Hart, die dem Dichter ihre kräftige

Anerkennung nicht vorenthielten. Erst diese Tragödie führte beide Gruppen fester zusammen.

Als Brahm das Stück las, hatte er Fontanes Empfehlung noch nicht erhalten. Er war bald entschieden, das Stück aufzuführen. Erst nachdem dieser Beschluss endgültig gefaßt war, erfuhr er zu seiner Freude, daß damit zugleich ein Wunsch seines alten Gönners und Freundes erfüllt werden sollte. In der Tat wäre die Freie Bühne ohne Daseinsrecht gewesen, wenn sie, nach den damals noch verbotenen »Gespenstern« Ibsens, nicht vor allen andern Stücken dieses verheißungsvolle Erstlingsdrama eines jungen unbekannten Deutschen dem Publikum und nicht am wenigsten dem Verfasser selbst vorgestellt hätte.

Schon durch die Aufführung der »Gespenster« am 30. September war die Freie Bühne in den Mittelpunkt des künstlerischen Interesses getreten. Schon die Wahl der »Gespenster« hatte erhitzte Anhänger und Gegner geschaffen. Begierig fragte man in beiden Lagern: was wird das Nächste sein? Dieses Nächste lag im Buchhandel vor. Jedermann konnte das Stück vorher lesen. Je mehr davon bekannt ward, desto mehr ward es gelesen. Das allgemeine Urteil ließe sich in einen Satz zusammenfassen, den Hauptmann selbst zwei Jahre früher mit mehr Recht auf Hermann Conradis »Lieder eines Sünders« bezogen hatte, und in welchem er von einer gewissen »Überkraft« des Dichters spricht, »einer wüsten Zügellosigkeit seiner Phantasie, die sich mitunter in Roheiten verliere, deren oft nicht einmal witzige Brutalität künstlerische Wirkungen nicht aufkommen lasse.« Schon lang vor der Aufführung stritt man bei allen Bier- und Kaffeetischen nicht so sehr über den Wert des Stücks als über seine Aufführbarkeit. Sollte man wirklich die Dreistigkeit haben, derartige Szenen, wie sie hier ein Anfänger wagte, auf eine noch so freie Bühne zu bringen? Was kam nicht alles an Greueln in den fünf Akten vor! Im ersten Akt ging es noch! Da sollten wir bloß zur Enthaltsamkeit bekehrt werden, damit unser Nachwuchs kräftig werde. Jedoch schon im zweiten Akt: ein betrunkener Bauer vergreift sich auf offener Szene an seiner eigenen Tochter, und der Verlobte dieses Mädchens schleicht vor Tagesgrauen unvollständig bekleidet aus der Schlafstube ihrer Stiefmama. Im dritten Akt will der Mann einer Wöchnerin seine junge Schwägerin kirren, und wir erfahren, daß die Wöchnerin samt ihrem Söhnchen durch Vererbung dem Trunk ergeben ist. Im vierten Akt macht ein Kretin Luftsprünge. Und nun gar im fünften! Da hört man aus der Nebenstube das Wimmern einer Gebärenden! Und das alles sollte auf die Bühne? Wenn das geschah, dabei sein musst' ein jeder. Aber jeder musste auch seine gehörige Tracht sittlicher Entrüstung und ästhetischer Empörung mitbringen. Zugleich suchte man durch anonyme Droh- und Warnbriefe die mutigen Schauspieler, vor allem die treffliche Else Lehmann, einzuängstigen. Während dieser Vorbereitungszeit machte auch ich die persönliche Bekanntschaft Hauptmanns, von dem ich bis zum September 1889 höchstens den Namen gehört hatte. Er war damals von einer scheuen Schweigsamkeit durchdrungen. Die Worte lösten sich nur schwer von der Zunge. Auf jeder Probe wurden mit Zustimmung des Dichters Längen beseitigt und die gewagtesten Kraßheiten gemildert, ohne daß der Grundcharakter des Dramas und seiner »handelnden Menschen« dadurch beeinträchtigt war. So konnte es geschehen, daß die Wöchnerin überhaupt nicht gewimmert hatte, als im Parkett das Sinnbild der Empörung, eine Geburtszange, durch die sengende Luft des Lessingtheaters geschwungen wurde.

Diese Aktion in der Aktion war der Höhepunkt wilder und wüster Lärmszenen. Denn zu einer Ablehnung des Stückes kam es nicht. An den Protesten der Gegner erwärmte und erhitzte sich der Beifall derer, die in diesem neuen Werk Jugend, Kraft, Mut und eine große dichterische Gabe begrüßten. Diese Freunde tobten schließlich ebenso wild wie die Gegenpartei. Und nach den Aktschlüssen auf der Bühne musste der junge Dichter dem tollsten Hexensabbat standhalten.

Damals sah auch *Theodor Fontane* seinen Protégé zum ersten Mal von Angesicht zu Angesicht, und er schrieb der Vossischen Zeitung über diesen persönlichen Eindruck: »Statt eines bärtigen, gebräunten, breitschulterigen Mannes mit Schlapphut und Jägerschem Klapprock erschien ein schlank aufgeschossener, junger, blonder Herr von untadeligstem Rockschnitt und untadeligsten Manieren, verbeugte sich mit einer graziösen Anspruchslosigkeit, der wohl auch die meisten seiner Gegner nicht widerstanden haben. Einige freilich werden aus dieser Erscheinung, indem sie sie für höllische Täuschung ausgeben, neue Waffen gegen ihn entnehmen und sich gern entsinnen, daß der verstorbene Geheime Medizinalrat Casper sein berühmtes Buch über seine Physikats- und gerichtsärztlichen Erfahrungen mit den Worten anfing: Meine Mörder sahen alle aus wie junge Mädchen.« Fontane hat den »Mörder« mit ungeschwächter Teilnahme, wenn auch nicht immer mit gleicher Zustimmung (für Hanneles Himmelfahrt empfand er zu berlinisch-rationalistisch) bis an die »Versunkene Glocke« begleitet, also bis er starb. Kurz vorher hatten wir mit Gerhart Hauptmann an des Alten Tische noch einmal feinstens gespeist, getrunken und geplaudert. Die erste Vorstellung der »Versunkenen Glocke« stand unmittelbar bevor. Da apostrophierte er seinen Gast in huldigender Parodie durch den Vortrag seines im Texte leicht geänderten Jakobitenliedes:

> *Sie ließen Weib und Kind zurück*
> *Wohlan, so tun auch wir.*
> *Wir baun auf Gott und gutes Glück*
> *Und auf den Kavalier;*
> *O Charlie ist mein Liebling,*
> *Mein Liebling, mein Liebling,*
> *O Charlie ist mein Liebling,*
> *Der junge Kavalier.*

Wenn Hauptmann literarisch bewanderter gewesen wäre, so hätte er sich sagen müssen, daß, seitdem es ein Theater gibt, nur ganz wenige Dramatiker in einer so kriegerischen Situation die Feuertaufe empfangen haben. Dieses Toben der Menge konnte seiner Zukunft bloß zwei Wege weisen. Brüllte man ihm dort unten zum Sieg oder zum Untergang? Ein dritter Weg, die talmine Mittelstraße war nicht mehr zu gehen. Sieg oder Untergang! Diese Frage stand auch in zwei großen dunklen Augen, deren prüfender Blick aus der Loge heraus klug und gespannt bald auf die Bühne bald in den Kampf und Streit spähte. Das Haupt der jungen Frau hob sich seitwärts. Ihre Seele schien ruhig. Sie sah Sieg. Sie sah den Weg zum Ruhm. Einen Weg auf dem es nicht leicht ist, Hand in Hand zu bleiben.

Der junge Gatte dieser stillen Frau trug sein Schicksal getrost. Vielleicht war es Glück für ihn, daß er Stimmungen, in die ihn sonst diese Hetze hätte treiben können, bereits vorher durchlebt und, wie es scheint, überwunden hatte. Stellen im »Promethidenlos« deuten darauf hin. Schon damals war er auf Streit gefaßt gewesen:

Beim Saitenspiele muss die Waffe blitzen,
Und weh dem Sänger, der den Frieden singt!
Auf seinem Schilde muss die Wahrheit sitzen,
Die er im Kampfe selbst dem Feinde bringt.

Er wußte schon vorher, wie weit der Weg, auf den ihn das Mitleid mit dem Elende der Welt sendet, vom Wege der Menge entfernt ist, die im Theater vor allem das sucht, was sie Vergnügen nennt:

Er martert sieht und wälzt in trüben Qualen
Sich hin und her und fragt zu tausend Malen:
Ob er denn wirklich solch ein Unhold wäre,
Der nur der Menschen stillen Frieden störe.
Und wies zu Ende geht, da wills ihn dünken,
Als sei er wert, im Meere zu versinken.

Photographie Wilhelm Fechner, Berlin

Nach dem 20. Oktober 1889 hatte Gerhart Hauptmann kein solch verzweifeltes Bedenken mehr. Aus allem Zank und Lärm zog sich der »Friedenstörer« hinter eine neue Arbeit zurück, die er »Das Friedensfest« nannte.

V

Zwei Familiendramen

Schon Anfang 1890 erschien »*Das Friedensfest*« in der kurz vorher von Otto Brahm begründeten Wochenschrift »Freie Bühne für modernes Leben«. Im Juni ward es im Verein Freie Bühne als letzte Vorstellung des ersten Spieljahrs aufgeführt. Es geschah an einem hellen Sommertage der im größten Kontraste stand zu der trostlosen Winterstimmung des Dramas, das dem Publikum weniger Abscheu als Scheu einflößte. Bereits im November desselben Jahres las der Dichter in Charlottenburg sein drittes Drama vor. Es hieß mit einer Kakophonie im Titel »*Einsame Menschen*«. Ich hab es seither oft aufführen sehen; es sind hervorragende Schauspieler darin aufgetreten, der interessanteste war Ermete Zacconi; aber ich habe von dieser zarten Dichtung nie einen tiefern Eindruck empfangen als damals, da der Dichter selbst vorlas. Das Werk erschien zu Neujahr ebenfalls in der Zeitschrift Freie Bühne und kam auch sofort im Verein Freie Bühne zur ersten Aufführung. Durch dieses Stück eroberte sich Gerhart Hauptmann schon große, vornehme öffentliche Theater. Adolf L'Arronge ließ es, freilich um den mittelsten der fünf Akte schmählich verkürzt, im Deutschen Theater, Max Burckhard ließ es im Hofburgtheater zu Wien aufführen.

Wer vom »sozialen« Drama »Vor Sonnenaufgang« zu diesen »Familienkatastrophen« gelangt, hat das Gefühl, aus Feldern Hof und Garten ins Innere eines Hauses zu treten. Dort war die Familie des Bauern Krause ein Typus. Man sollte sich denken: wie bei Krauses, so geht es auch nebenan bei Müllers, drüben bei Meiers und hinterwärts bei Schulzes zu. Die vier Wände aber, in denen »das Friedensfest« begangen wird, die vier Wände, in denen »Einsame Menschen« leben, lieben und leiden, umschließen ein eigentümliches, absonderliches Menschenschicksal. Hier wie dort drängen sich im engen Raum nur wenige Personen, sechs oder acht, an, auf, gegeneinander. Gerade durch die Enge der Verhältnisse, durch Gleichartigkeit des Bluts bei

Altersunterschieden entstehen Reibungen, Erbitterungen, Quälereien, die sich bis zur Unversöhnlichkeit, bis zur Verzweiflung steigern.

»Einfach furchtbar,« wie Doktor Schimmelpfennig von den Zuständen des Witzdorfer Bauernhofes sagte, sind auch im »Friedensfest« die Zustände der Familie Scholz.

Der Vater und die beiden Söhne haben sich jahrelang in der weiten Welt umhergetrieben. Sie konnten die Seelenlast, die sie an heimische Vorgänge drückend mahnt, nicht loswerden. Zu Hause sitzen Mutter und Tochter. Beide quält die gleiche Last. Die Selbstqualen arten in Zank und Vorwurf aus. Jeder sucht im andern die Schuld. Jeder ist bereit, sich gegen den andern mit dem dritten und dann wieder gegen den dritten mit dem andern zu verbünden. Und doch gelingt es keinem, sich selbst ganz frei zu sprechen. Alle fünf verbeißen sich im Glauben an eine Schuld und fühlen nur dumpf, wie abhängig sie allesamt von heimlichen Gewalten sind, die in ihrem Fleisch und Blut leben, gegen die ihr Wille nicht ankann, in denen die Unabänderlichkeit ihrer Naturen besteht. So gewähren sie das Bild von Fliegen, die sich im Spinnennetz zu Schanden zappeln. Der sogenannte »gute Wille« zum Familienglück, zum Friedensfest lockt oft genug. Hier schüttelt der Bruder dem Bruder die Hand. Hier schließt der Vater den Sohn in seine Arme. Dort hängt die Tochter am Halse des Vaters, und bald von dem, bald von jenem wird Mutterchen gehätschelt. Aber immer wieder legt sich mit schwerem, unsichtbarem Druck eine Geisterhand auf diese langenden Seelen, und im Handumdrehen ist alles wieder beim schlimmen Alten. Unselige Menschen gehen hoffnungslos durch ihr Schicksal, das an ihre Familienart gebunden ist.

Der alte Vater ist schon nah am Ziel. Unverhofft kehrt er heim, um sich zu überzeugen, daß alles noch beim Selben ist, und unter dem Eindruck, Altes werde wieder neu, stirbt er. Die Mutter wird sich weiter durch ihr elendes Dasein quengeln, und in ihr beschränktes Gehirn wird sich die Frage: »Wer hat Schuld?« so lange einbohren, bis auch sie nicht mehr sich und andere umjammern kann. Der ältere Bruder geht verdrossen und zynisch an irgend ein gleichgültiges Tagesgeschäft. Er wird leben, weil er ohne Hoffnung und ohne Achtung vor sich selbst, ohne Glücksgefühl und ohne Glücksverlangen leben kann. Die Tochter, schon recht säuerlich, ein Geschöpf ohne Anmut des Körpers und der Seele, wird ganz versauern, und ihr dürftiges Herz wird den Trost finden: »Die andern hatten Schuld.« Von allen der Unglücklichste aber ist der jüngere Sohn. Denn er hat den freiesten Blick, das zarteste Gewissen. In ihm liegen Keime zum Glücklichsein und Glücklichmachen. Was in der Natur der Eltern Gutes war, hat sich auf ihn gesteigert vererbt: geniale Züge des Vaters, die musikalische Begabung und Neigung der Mutter. Aber eben darum, weil er feiner fühlt als die anderen, ist auf ihn die schlimmste Erbschaft gekommen. Ihn quälen und reuen knabenhafte Verirrungen zumeist. Er ist der Einzige, der sich zu einer Tat moralischer Empörung aufgerafft hatte, und auch diese Tat, edel in ihren Motiven, frevelhaft in ihrem Ziel, muss er bereuen: er züchtigte mit eigener Hand den Vater, weil dieser die Mutter beschimpft hatte. Gerade in ihm wiederholt sich das Wesen des Vaters. An der Vergangenheit des Vaters sieht er das Bild seiner eigenen Zukunft.

Es liegt in diesem jungen Menschen so viel zur schönen Entwicklung bereit, so viel, was nach Hilfe, nach Rettung ruft, daß es wunderbar wäre, wenn nicht auch Rettungsversuche angestellt würden. Zwei Frauenherzen sind ihm gut. Sie lieben sein zartes, feines, künstlerisch angelegtes Wesen; was dumpf auf ihm lastet, jenes Unheimlich-Heimliche glauben diese naiven Optimisten mit guten, sanften Händen wegstreichen zu können. Er soll Frieden schließen mit den Seinen, dann wird alles wieder gut, wähnen diese lieben, weltunkundigen, in sich selbst zufriedenen Seelen. Mit milder Gewalt leiten sie ihn am Weihnachtsabend zum Friedensfest ins Elternhaus zurück. Aber ihre Nächstenliebe ist machtlos. Mit Entsetzen sieht die Frau, die dem Geliebten ihrer Tochter mehr als schwiegermütterlich zugetan ist, wie sich ihr treues, reines Kind in fremde Schicksale gefährlich verstrickt. Den zappelnden Fliegen im Spinngeweb flattert ein junges Libellchen zu. Die kleine Ida Buchner handelt anders als Alfred Loth. Sein männischer Egoismus ließ lieben lieben sein und ging bei Zeiten aus der Luft, die er für verseucht hielt. Idas weibliche Hingebenheit hängt sich, je kränker sie ihn findet, desto inniger an den Liebsten; und in dieser Situation müssen wir am Totenbett des Vaters, dem der Sohn so ähnlich wird, das junge Paar verlassen. So wenig Hoffnung der Dichter gibt, so läßt er doch zuletzt die Frage offen, ob Idas starkem, demütigem Glauben an den Geliebten nicht doch das Rettungswerk glücken wird, das die kleinmütige Zweifelsucht der alten Mutter Scholz nie hat vollbringen können. Vater Scholz ist dem Verfolgungswahn erlegen: schon gaukeln die Gespenster dieser Erbschaft auch durch das Hirn des Sohnes. Wird es einer Frauenhand glücken, sie von dort zu verscheuchen? Der Dichter sagt weder Nein noch Ja.

Verneinen will er die Frage nicht, denn er traut der Frauenliebe viel zu und möchte hoffen. Bejahen kann er die Frage nicht, denn wenn heut und gestern bei sterblichen Menschen noch Glück und Friede war, wer kann wissen, ob nicht morgen schon die Gespenster wiederkehren. Die Menschenkenntnis moderner Seelendichter hält es mit dem alten Philosophen, der keinen vor seinem Tod glücklich pries. Wenn Hauptmanns »Friedensfest« zu seinem dritten Akt noch den oft begehrten vierten hätte, so müßte dieser vierte Akt auf alle Fälle mit dem Tod der beiden Liebenden schließen. Denn, wenn er »glücklich« schlösse, so wäre das Ganze eine »Komödie« gewesen, oder es bliebe die Gefahr bestehen, daß in einem fünften Akt das Glück doch wieder ein Ende hätte. In dieser Unsicherheit liegt bei solchen Familienkatastrophen von allem Tragischen das Tragischste. Kein noch so hoffender Blick in die Zukunft gibt die Gewähr, daß es immer so bleiben wird, und darum kann der Schluss jedes Dramas, das nicht mit dem Tode der Hauptbeteiligten endet, immer nur ein Abschluss des Vorhergegangenen, nicht ein Anfang des kommenden sein.

Eine düstere und dicke Wolke liegt wie über den Vorgängen, so über den Gemütern in diesem Familiendrama. Der psychiatrische Eindruck waltet vor. Es ist kein Zufall, daß beinah in derselben Zeit, als er dieses Drama schrieb, der Dichter zugleich eine novellistische Studie aufzeichnete, die durchweg aus dem Psychologischen ins Psychiatrische übergreift und mit sicherer Hand das Wesen eines starken, eigenwilligen, aber schwer erkrankten Geistes gestaltet. Es ist auch kein Zufall, daß dieser »*Apostel*«, der skizzenhafte Vorläufer Emanuel Quints, gerade in Zürich seinem unvermeidlichen Schicksal, dem Irrenhaus, entgegengeht; denn Züricher Eindrücke, der Verkehr mit August Forel und seinen Schülern, haben Hauptmanns Interesse für anormale Geistes- und Seelenzustände gesteigert und durch Erfahrungen bereichert. Jener Apostel, der sich auch äußerlich vom Gros der Menschen unterscheiden will, der sich kleidet wie der Münchner

Maler Diefenbach, der ein Gegner der animalischen Kost ist, der auch die Sitten und Gewohnheiten der Menschen auf den einfachsten und reinsten Zustand der Natur zurückführen will, sucht mit einer krankhaften, abnormen Begier das Natürliche und Gesunde, und je mehr er sich in diesem Streben von den Übrigen getrennt sieht, desto mehr wächst ihm das Selbstgefühl; er dünkt sich wie Jesus Christus; ihm ist vor seiner Gottähnlichkeit nicht mehr bange. Wie hier den Größenwahn, so hat der Dichter im »Friedensfest« die Kehrseite des Größenwahns, den Verfolgungswahn, geschildert, nicht wie dort in einem ausgeprägten, entwickelten klinischen Fall, sondern als das nahende Unglück, das, nur halb gefühlt und halb verstanden, wie eine gefürchtete Epidemie die Gemüter der Beteiligten umlauert.

Aus den psychiatrischen Abgründen steigt Gerhart Hauptmann in seinem nächsten Drama »*Einsame Menschen*« wieder zu der sogenannten normalen Gesundheit der Seelen empor. Aber so wenig wie die Natur in dieser monistischen Welt, so wenig gelangt auch der Dichter an das ideale Ziel solcher Normalität. Ein Nebelstreif aus jenem Abgrund hängt sich vor allem an die Gestalt des Helden dieser neuen Dichtung, des jungen Forschers Johannes Vockerat. Wie Helene Krause in »Vor Sonnenaufgang«, so endet auch er durch Selbstmord. Das Drama seines Lebens hat also den vielbegehrten »Schluss«. Haben auf »Das Friedensfest« in seiner strengern Orts- und Zeiteinheit, seiner festern Geschlossenheit, seiner Einheitlichkeit dumpfer, trüber Stimmung, der Unentrinnbarkeit seines Schicksals, der knechtischen Gebundenheit des menschlichen Willens, in seinem Fluch von Alters her Henrik Ibsens »Gespenster« eingewirkt, so stehen die »Einsamen Menschen« unter dem Einflusse von Ibsens »Rosmersholm«. Auch hier sind, wie in »Rosmersholm«, die Einheiten des Orts und der Zeit nur wenig gelockert. Aber es öffnet sich hier nicht, wie im »Friedensfest« und in den »Gespenstern«, bloß der eine schmale Schicksalspfad, der durch Nacht und Nebel notgedrungen beschritten werden muss. Wie in »Rosmersholm« so gibt es auch in den »Einsamen Menschen« eine reichere Fülle von Möglichkeiten. In diesen spätern Werken der Dichter ist das Leben farbiger und weiter geworden. Freilich ist eben darum die Entwicklung der Vorgänge nicht mehr so zwingend, nicht mehr so überzeugend wie dort. Ibsen wie Hauptmann haben das

Motiv der Vererbung jetzt zurückgesetzt. Die Macht der Körperlichkeit wirkt nicht mehr so stark. Dafür treten erworbene geistige Mächte hindernd und verstrickend in den Weg. Nicht mehr Familienblut, sondern Familiengeist führt durch Konflikte zum tragischen Ausgang. Die Menschen scheinen in ihrer geistigen Freiheit nicht mehr nur Sklaven, sondern auch schon Schmiede ihres Schicksals zu sein, wenigstens Schmiedegesellen. Es geschieht kein plumpes Unrecht; es sind lauter gute und anständige Menschen, die hier einander quälen bis auf den Tod. Der Zwiespalt liegt weniger in den Charakteren als in der verschiedenen Auffassung des Lebens. Eltern und Kinder, Mann und Frau, ja sogar die beiden Rivalinnen haben einander von Herzen lieb, aber sie verstehen einander nicht. Und nur weil der durch Sohnespflichten, Gattenpflichten, Vaterpflichten an den engsten Daseinskreis gebundene Mann in seinen tiefsten Empfindungen und höchsten Ideen von einem fremden Mädchen gut verstanden wird, wächst ohne Rücksicht auf den Unterschied der Geschlechter eine Freundschaft auf, die dem kurzen Blick der andern verdächtiger scheint, als sie ist. Aber erst die Furcht vor der Gefahr beschwört die Gefahr herauf. Erst das Warnzeichen weist auf den Abgrund. Ein nur durch sich selbst erklärliches Seelenbündnis wird vor den allgemeinen Sittenkodex gestellt und verliert dadurch seine unbefangene Reinheit. Die Tugendwacht, die auch etwas Zionswacht ist, bläst Feurio, und erst dadurch, daß in die sanften Dämmerungen zweier Seelen ein grelles Licht getragen wird, steht alles in Flammen. Erst als das Herz vom Herzen weggezerrt wird, fangen diese Herzen an zu bluten, und das eine bricht. Aber alles, was so brutal, so blind lärmend, so heimtückisch wirkt, ist aufs Beste gemeint; Liebe wird vernichtet durch Liebe. Die Dichtung durchzittern dunkle Gewalten, die von Mensch zu Mensch herüberwirken, ohne böse Absicht, im besten Glauben, im Namen Gottes.

Der Schauplatz der »Einsamen Menschen« liegt von dem des »Friedensfestes« nicht weit ab. Spielte »Das Friedensfest« in einem imaginären Landhaus auf dem Schützenhügel bei Erkner, so spielen die »Einsamen Menschen« in einer Villa zu Friedrichshagen, wo damals die Bölsche und Wille, die Brüder Hart u.a. ihre zigeunerhaft leichten Zelte aufschlugen. Von der Veranda übersieht man den Müggelsee. Aus der Ferne hört man bei günstigem Wind das Läuten der

Bahnhofsglocke, das Pfeifen des Zuges. Ein junger, begabter, nicht unbemittelter Naturforscher, Johannes Vockerat, hat sich in diese nervenstärkende Ländlichkeit zurückgezogen, um sein Erstlingswerk über psychophysische Probleme abzuschließen.

Dort draußen am Müggelsee gebar Frau Käte Vockerat den Stammhalter. Vockerats Eltern sind von ihrem Gut zur Taufe gekommen. Auch noch ein anderer Taufgast ist da, der Maler Braun, ein Studienfreund des jungen Vockerat. Kein größerer Gegensatz als zwischen ihm und den beiden Alten! Alle drei gute Seelen, stehen sie sich gegenüber wie »die liebe alte Zeit«, an die man sich lächelnd erinnert, und die Verdrießlichkeit des Augenblicks, den man just erlebt. Die Alten gehen in herrnhutischer Lebensweisheit und Lebensweise auf. Sie lieben die Welt um Gottes und Gott um der Welt willen. Ohne Muckerei, Starrheit und Duckmäuserei haben sie ihr »Vergnügen in Gott«. Sie beten und arbeiten und sind nicht ängstlich, auch mal auf einem dummen Witzchen oder sonstiger kleiner Weltlichkeit ertappt zu werden. Denn ihr lieber Gott ist ein leutseliger Herr, der den Gläubigen eins durch die Finger sieht: freilich – merk dir das Johannes – nur den Gläubigen!

Frisch, froh und fromm haben die alten Vockerats bei Gottes Wort und gutem Landschinken ihr einziges Kind erzogen, ihren Johannes. Aber dieser Knabe wuchs mit eigenem Sinn in eine neue Zeit und in neue Gedanken hinein. Von Geroks Palmblättern ging er zum Darwindeuter Haeckel. Und in derselben Sphäre, wo das harmlose Faultier Braun ohne viel Federlesens ein platter Gottesleugner wurde, rang sich Johannes Vockerat in peinvollem Seelenkampf den Glauben der Väter vom Herzblut weg. Er ward ein gewissenhafter Evolutionist und Monist, der sich auf seinem angenommenen Standpunkt noch nicht heimisch fühlt und darum desto hitziger streitet, je weniger er in sich selbst sicher ist. Die Wunde blutet fort, da er sein Weib nahm, ein indifferentes liebes Wesen, und sein Kind bekam. Auch jetzt, da er das Söhnchen nach dem Wunsche der Großeltern kirchlich taufen läßt, findet er zwischen Lebensgewohnheit und Weltanschauung keinen Ausgleich. Dieser Mangel an geistiger Überlegenheit und ethischer Freiheit verstimmt ihn selbst. Wie an seiner Stubenwand neben Priestern im Talar moderne Forscher hängen, so hängen in seiner Brust durcheinander anerzogene Gefühle und selbsterworbene Ansichten.

Das macht den Reizbaren innerlich krank. Wer aber am tiefsten darunter leidet, ist die kleine, vom Wochenbett noch angegriffene Frau, die sich nur auf ihn stützt und mit der wankenden Stütze selber wankt. Es ist Stickluft in dieser nur von guten Menschen bewohnten Stube. Wenn aber die Tür aufschlägt, wer weiß, ob der Zugwind beleben oder erkälten wird? Die Tür geht auf. Herein zieht im Herbstwind von ungefähr, wer weiß woher, ein fremder Gast. Fräulein Anna bleibt zum Gevatterschmaus, sie bleibt über Nacht, sie bleibt tagelang, wochenlang. Sie hilft der Mama Vockerat in Hausgeschäften, sie schließt mit Frau Käte Duzfreundschaft; mit Johannes rudert sie auf dem See, wandelt sie durch den Wald, durchprüft sie seine Arbeit, plaudert und diskutiert sie. Er fand endlich einen Widerhall seines Innern und ist glückselig. Nicht nur sein Geist, auch seine Nerven erfrischen sich. Sein Herz aber schweigt noch. Beide denken nichts Schlimmes. Es bleibt bei »Fräulein Anna« und »Herr Doktor« auch im Zwiegespräch und in der Dunkelstunde, bis zuletzt. Und als sie eines Tages merken, daß Braun in den Bart brümmelt, daß Mama Vockerat ihren ehrlichen Altweiberkopf schüttelt, daß Frau Käte sich härmt, daß »die Leute schon darüber reden«; daß Galeotto unterwegs ist – da sind sie schwer betroffen. Die Notwendigkeit einer Trennung zeigt ihnen erst, wie nah sie sich getreten sind. Und je angstvoller sie's vor einander verbergen wollen, desto schmerzlicher bricht's hervor. Der Mann wird reizbarer, launischer, ungemütlicher denn je; das Mädchen hält ihr tapferes Herz krampfhaft fest. Aber auch sie kann nicht hindern, daß sich's immer schwerer und immer dichter über ihnen wölkt. Sie vermag nicht ganz ihre stürmische Brust der Gattin des Freundes zu verschließen, und dem kurzsichtigen Kleinmut der guten Mutter zeigen sich sündhafte Gespenster. Aus dem unrechten Glauben sieht diese »alte erfahrene Frau« in der Befangenheit ihres Herzens unrechte Werke kommen; sie ruft sich ihren Mann zu Hilfe, und die das Unglück verhüten wollen, führen es herbei. Der Argwohn der andern erst bringt etwas Gefährliches in dieses Verhältnis. Aber Fräulein Anna geht nach einigem Zögern wirklich. Die Trennung besiegelt der erste und einzige, der »brüderliche« Kuß. Das Mädchen geht, woher sie kam, ins ungewisse Weite. Wird ihr starker Sinn überwinden? Wer weiß es? Ihr Wille war freier in der Einsamkeit ihrer Seele. Der Wille des Mannes dagegen war gebunden an Verhältnisse, die ihn mit dem stärksten Kitt, dem Herzen, halten: durch Eltern, Weib, Kind. So kommt er, äußerlich getrennt von der geliebten Freundin, innerlich getrennt von seinen Nächsten, gebrochen durch Sehnsucht und Elterngram, in eine Seelenverfassung, die ihn zum Selbstmord treibt. Er stürzt sich in den Müggelsee. War das, wie Papa Vockerat deuten wird, der unerforschliche Ratschluss eines strafenden Gottes? Oder war es, wie Anna in der Ferne denken wird, der zarte, vom Kampf der heiligsten Empfindungen zerriebene Lebensnerv, den keine Willenskraft, keine Willensfreiheit stählte? Der Dichter löst diese ewige Frage nicht; aber er zieht doch aus seinem Drama einen Schluss. Die kleine verlassene Frau, die Einfältigste von allen, hat plötzlich die klarste Vorstellung, wie es kam. Ihre reine Neigung zeigt ihr plötzlich alles deutlich. In ihrer Herzensangst um den Verlorenen, dem sie »nichts zu verzeihen hatte«, rafft sie sich zum ersten Mal zu einer entschlossenen eignen Meinung auf und ruft, doch wohl mit des Dichters Stimme: »Mutter! Vater! *Ihr* habt ihn zum Äußersten getrieben! Warum habt Ihr das getan?« Der Vorwurf kommt zu spät. Johannes liegt draußen im See. In der Widmung des Buches erklärt Gerhart Hauptmann, er lege sein Drama in die Hände derjenigen, die es gelebt haben. Schon damit deutet er an, daß nicht alle, die es lebten, wie Johannes Vockerat, den Tod fanden. Die meisten kommen mit blauem Auge davon; denn die meisten trösten sich und überwinden, resignieren und kompromittieren. Aber unter Hunderten ist immer einer, der dran glauben muss, der die Schlussfolgerungen seines Schicksals zieht. Das ist dann, so individuell und besonders sich dieses Schicksal auch gestalten mag, der typische Fall, das von der Natur statuierte Exempel, die große einzige dichterische Eins, welche all die vielen Zufallsnullen der Wirklichkeit hinter sich her führt und ihnen erst den hohen Nennwert gibt. Auch der sogenannte Naturalismus, sofern er poetische Rechte besaß, musste über die Nullen fort auf die große Eins losgehen. Das hat Gerhart Hauptmann von allem Anfang seiner steigenden Dichterkraft gefühlt und durch sein drittes Drama in freier Herrschaft über die natürliche Kunstform erreicht. In den »Einsamen Menschen«, aus dem Wiegenliede des kleinsten Vockerat, aus dem Abschiedsliede des fliehenden Mädchens konnte schon ein Ton der »Versunkenen Glocke« herausklingen. Die

Empfindung, die dort im Wohllaut gebundener Worte üppig daherrauscht, tritt hier schlichter, reiner, näher, menschlicher ans Herz. Die Verse und Bilder des Märchendramas tragen den, dem sie sich einmal geneigt haben, leichtern Flugs über sich selbst empor. Viel schwerer scheint es, und von Zeit zu Zeit ist es verdienstvoller, das Gold der Poesie in der Sprache des Lebens, in den Wesenszügen der Nächsten, in den Schicksalen des Alltags zu finden. Das ist dem Dichter der »Versunkenen Glocke« in den »Einsamen Menschen« schon sechs Jahre früher geglückt. Ohne seinen Schritt metrisch zu beflügeln, trat er vor die Tür des eigenen Hauses, aufs eigene Gartenland, im Hausrock und ungespornt, und grub dort mit seinem Spaten das Schicksal ringender Menschen unseres Lebens ans Licht.

Hier wie dort, im Märchen wie im Leben, dasselbe Schicksal, aus ähnlichen Naturen geboren! Ein jüngerer Mann, der (Künstler oder Forscher) zu Höherem geistig aufstrebt, wird durch seine liebevolle, auch von ihm herzlich wieder geliebte Umgebung gewaltsam seinem Ziel entzogen. Seine Hausfrau bleibt nicht auch die Gefährtin seines seelischen Lebens. Ein anderes Frauenbild tritt an ihn heran, aus einer fremden Welt, und öffnet ihm die Augen für weitere Fernen. In der Berührung mit ihr fühlt er sich seinem Ideal entgegengewachsen. Wäre er frei, so würde sie vielleicht sein guter Engel. Dem Gebundenen aber, dem Verpflichteten, wird sie zum Dämon. Im Steigen, im Folgen stürzt er und geht zerrieben unter.

Wer von diesem gemeinsamen Grundmotiv aus das Märchendrama wie das Lebensdrama ansieht, für den wird das Lebensdrama viel gewinnen. Denn es ist leichter, an der Hand mythischer Überlieferungen störende Naturkräfte von außen her körperlich wirken zu lassen, als unsichtbare Mächte, die im eigenen Busen walten, nur aus ihrer inneren Seelenkraft heraus unkörperlich zur dramatischen Anschauung zu bringen. Sinnbilder, auch wenn sie einer Fabelwelt gehören, nehmen die Formen des menschlichen Leibes an und bringen so ihre eigene Plastik mit sich. Innere Zustände und Vorgänge der Seele, die dieses bequemeren Hilfsmittels entbehren, bedürfen einer feineren, zarteren Kunst, um verstanden und nachempfunden zu werden.

Die Gewissensqualen Heinrichs des Glockengießers werden uns sehr deutlich, wenn ihm Nickelmann im Traum erscheint, wenn die

Seelchen seiner Kinder den Krug mit Mutters Tränen zu ihm heraufschleppen. Einen so wundervollen Zauber durfte der Dichter seinen beiden einsamen Menschen, der Züricher Studentin und dem Darwinisten, nicht aufbauen. Hier musste er sich seine poetischen Stimmungsmittel aus der Alltagswirklichkeit holen, wo sie schwerer zu finden sind, weil sie gekettet tief im Grunde der Seelen liegen, und nicht schon die äußere Situation sie verklärt. Hier werden die Menschentränen nicht im Krüglein gesammelt und über Berg und Tal getragen. Man muss sie einzeln in ihrer Verlorenheit blinken und perlen sehen; aber wer auch nur eine einzige davon erlauscht und wehmütig einfängt, den dünkt sie das Poetischste von allem; poetisch wie Tropfen Tau im Grashalm.

Eine solche Tautropfenpoesie zittert und schimmert durch die »Einsamen Menschen«. Wenn Anna Mahr »das dünne Hälschen« der armen Frau Käte halb häßlich behöhnt, halb liebevoll vertröstet, und Kätchen der geistig überlegenen Rivalin antwortet: »Es hat nicht viel Gescheits zu tragen, Anna!«, wenn die unfrommen Arbeitsmenschen zwar die Wespe, aber nicht das Bienchen vom Frühstückstische scheuchen, so ist dies nicht minder poetisch als Rautendelein, das elbische Wesen.

In der dramatischen Konstruktion könnten hinter dem fest und knapp gefügten »Friedensfest« her die »Einsamen Menschen« als künstlerischer Rückschritt gelten. Wie unruhig und unwillkürlich in dem Friedrichshagener Gartenzimmer die Türen geöffnet und geschlossen werden, fiel mir am störendsten bei einer holländischen Vorstellung auf, wo die Sprache einige Schwierigkeit machte und durch das, was sich dem Ohr entzog, das Auge desto schärfer und achtsamer wurde. Ein Theaterroutinier, der auf Schlag und Gegenschlag sinnt, ist Gerhart Hauptmann nicht. Man schiebt das gewöhnlich auf Mangel an sogenannter Handlung. Auf diesen Vorwurf erwidert im Motto zum »Friedensfest« der Dichter selbst mit Worten Lessings aus dessen Abhandlung über die Fabel.

So wenig die moderne Ästhetik mit Recht auf Definitionen ausgeht, so sehr sie sich gerade durch die Mißachtung der Definition auch von Lessing unterscheidet, so möchte ich doch gegenüber dem Vorwurf der Handlungslosigkeit, der auch noch späteren Werken Hauptmanns gemacht worden ist, an Lessings Definition der poetischen Handlung nicht ganz vorübergehen. Handlung nennt Lessing »eine Folge von Veränderungen, die zusammen ein Ganzes ausmachen«. Zur Handlung genügt für Lessing nicht *eine* Veränderung, genügen nicht mehrere Veränderungen, die nur *neben*einander, sondern bloß solche Veränderungen, die *auf*einander folgen. Wer von dieser Doktrin aus die beiden Familienkatastrophen Hauptmanns durchnimmt, wird finden, daß sie der Lessingischen Forderung entsprechen und im Sinne des großen Kritikers eine Handlung haben. Im »Friedensfest« das Erscheinen der Buchnerschen Familie, die unerwartete Rückkehr des Vaters, die Rückkehr des jüngeren Sohnes, die Abbitte dieses Sohnes und ihre seelische Einwirkung auf dessen physische Natur, die plötzlich aufwachende Sorge der Vaterliebe um das Leben dieses scheinbar gehaßten Kindes, das Heraufsteigen alter schlimmer Leidenschaften in allen, der durch die Aufregung darüber entstandene Schlaganfall und Tod des Vaters, der Eindruck, den dieser Tod auf die drei Kinder macht, alles das ist ein Ganzes, in welchem die Veränderungen nicht nur zeitlich und räumlich, sondern auch ursächlich aufeinanderfolgen. In den »Einsamen Menschen« fehlt es sogar an einer eigentlichen Vorgeschichte, wie sie im »Friedensfest« erst analytisch herausgewickelt wird. Das völlig unerwartete, zufällige Erscheinen des fremden Fräuleins wühlt alles auf, was verborgen lag und wandelt alles um, was gewesen ist. Die Dinge verändern sich stetig und unaufhaltsam. Eins folgt unmittelbar aus dem anderen. Wie weit ist beispielsweise der liebevolle, heitere Papa Vockerat des Taufschmauses vom streng strafenden Vater entfernt, dessen heiliger Eifer den Sohn vernichtet! Und doch zieht sich von einem zum andern innerhalb derselben Menschenseele eine Kette natürlicher Folgen.

An der von Hauptmann herangezogenen Stelle fragt Lessing: »Gibt es aber doch wohl Kunstrichter, welche einen noch engeren, und zwar so materiellen Begriff mit dem Worte Handlung verbinden, daß sie nirgends Handlung sehen, als wo die Körper so tätig sind, daß sie eine gewisse Veränderung des Raumes erfordern? Sie finden in keinem Trauerspiele Handlung, als wo der Liebhaber zu Füßen fällt, die Prinzessin ohnmächtig wird, die Helden sich balgen; und in keiner Fabel, als wo der Fuchs springt, der Wolf zerreißet und der Frosch die

Maus sich an das Bein bindet. Es hat ihnen nie beifallen wollen, daß auch jeder innere Kampf von Leidenschaften, jede Folge von verschiedenen Gedanken, wo eine die andere aufhebt, eine Handlung sei; vielleicht weil sie viel zu mechanisch denken und fühlen, als daß sie sich irgendeiner Tätigkeit dabei bewußt wären. – Ernsthafter sie zu widerlegen, würde eine unnütze Mühe sein.«

Auch wir wollen uns diese Mühe nicht geben, alle jene Zweifel, ob Hauptmanns Werke: »wirkliche« Dramen, wirkliche »Theaterstücke« seien, ernsthaft zu widerlegen. Aber mit dem vieldeutigen Wort Handlung wird so viel Mißbrauch getrieben, daß ich darauf hinweisen will, wie wenig es in Hauptmanns beiden Familiendramen auch an jenen äußern »Veränderungen des Raumes« fehlt, die für Lessing durchaus keine Vorbedingung einer Handlung waren. Man denke z.B. an die Szene im »Friedensfest«, wo Robert Scholz unter dem Weihnachtsbaum Idas Geschenk zurückweist, und sein Bruder, der diese Verlegenheit für Gefühlsroheit hält, wütend auf ihn losfahren will. Man denke an die Szene in den »Einsamen Menschen«, wo Johannes nach dem Abschied vom Fräulein zum See läuft, dann wiederkehrt, die Scheideworte schreibt und ins Boot rennt, den Tod zu suchen. Solcher äußerlich, räumlich, »materiell« bewegten Szenen gibt es in beiden Stücken genug. Aber darauf kann es bloß denen ankommen, die »mechanisch« denken und fühlen und von dem »inneren Kampf der Leidenschaften«, der in beiden Stücken tobt, nichts merken. Wer von diesem Kampfe nicht ergriffen wird, den wird »Das Friedensfest« peinigen, den werden die »Einsamen Menschen«, die allerdings von technisch unbeholfenen Retardationen und Wiederholungen nicht frei sind, ermüden. Die »Einsamen Menschen« sind oft und in verschiedenen Sprachen gegeben worden. Aber zu einer großen literarischen Tat sind auch sie noch nicht geworden. Das blieb dem nächsten Werke Gerhart Hauptmanns vorbehalten, das wie kein anderes zuvor aus den starken Wurzeln seiner Kraft entstanden ist.

VI

Die Weber

Den Mahnruf des Schillerschen Attinghausen hat niemand bisher treuer befolgt als der Dichter der »Weber«. Aber wenn Attinghausen, der Politiker, mahnt: »Ans Vaterland, ans teure, schließ dich an« so hat sich's unser Dichter in sein eigenes Gefühl umgesetzt. Nicht im Vaterlande, sondern in der Heimat liegen für diesen Dichter die starken Wurzeln seiner Kraft, die ihn vermögen, den ganzen Weltraum zu umfassen.

Gerhart Hauptmann hat an seiner schlesischen Erdscholle festgehalten. Er hat sich seit Jahren wieder in den Bergen der Heimat unter den Dorfbewohnern des Riesengebirges auf eigenem Grund und Boden häuslich niedergelassen. Zuerst in Mittelschreiberhau, wo sich die innigen Beziehungen von Hohenhaus noch fortsetzten, dann mit der zweiten Gemahlin, Margarete geb. Marschalk, und dem goldlockigen, pagenhaften Sohne Benvenuto auf seiner Villa Wiesenstein in Agnetendorf. So weit und so oft ihn der Wandertrieb auch in die Ferne zog, dort in den grünen Tälern ist sein Herd und sein Hof, sein Hort und sein Halt. Dort träumt er sich sein Festspielhaus. So wird er auch als Dichter von manchen Ausflügen in Raum und Zeit immer wieder heimkehren. Im Sonnenaufgangsdrama hat er seine Landsleute nicht glimpflich behandelt. Aber nie ist von einem Dichter der Naturlaut des Heimatvolks treuer erlauscht worden, als von ihm. Uns allen hat er diese rauen Töne mit ihren dumpf und dunkel ausklingenden Vokalen, ihren gepreßten Konsonanten wert und vertraut gemacht. In beiden Familiendramen reden die Mütter, Mutter Scholz und Mutter Vockerat, in mehr als einem Sinn des Dichters eigene Muttersprache. Bei der Diebin des »Biberpelzes«, bei Hanneles Dorfgenossen, bei Rautendeleins Buschgroßmutter, beim Fuhrmann Henschel und bei Rose Bernd wird sich das gleiche wiederholen. Aber in diesen oft zufälligen, oft sogar eigensinnigen Abweichungen zum schlesischen Dialekt erschöpft sich nicht das Heimatgefühl des Dichters. Ihn ergriff auch die Tragödie seines Stammes. Den Weberenkel ergriff das düsterste Kapitel aus der sozialen Geschichte seiner Provinz.

Zu Ende des achtzehnten Jahrhunderts war sein Urgroßvater als armer Weber aus Böhmen über das Gebirge gekommen und hatte sich in Herischdorf bei Warmbrunn zur Handarbeit festgesetzt. Von den vier Söhnen dieses Alten war auch Gerharts Großvater, Karl Ehrenfried, bis er 1813 in den Krieg zog, Weber gewesen. Als dieser bereits im Wohlstande war, wußte er aus frühen armen Tagen dem eigenen Sohne Robert manches zu erzählen. Und Herr Robert Hauptmann hat dies alles seinen Knaben weitergemeldet. Der jüngste horchte dann achtsam auf. Früh prägte sich seinem Gemüte das Mitleid ein mit diesem hundertjährigen Todeskampf ums tägliche Brot. In der Erinnerung an die alte Familienüberlieferung hat er darum sein Weberdrama dem Vater gewidmet.

Die Zeit dieses Dramas ist weder die gegenwärtige noch die, in der des Dichters Vorfahren hinter dem Webstuhl saßen. Sie liegt zwischen heute und dazumal. Das Drama ist »ein Schauspiel aus den vierziger Jahren«. In den Schankstuben hängt das Bildnis Friedrich Wilhelms des Vierten, und wenn der Dichter es im Öldruck vor sich sieht, so ist das ein ebenso verbesserungsbedürftiger Anachronismus, wie wenn er den biedermeierisch gekleideten Bourgeois auf Gummirädern fahren läßt. Gummiräder und Öldruckbilder gab es damals in schlesischen Weberdörfern noch nicht. Was es aber schon gab, war, die Not ums Brot. Diese Not war damals sogar am höchsten. Und daß Gottes Hilfe am nächsten sei, glaubten unter den armen Webern nur die, die für sich selbst bald den Himmel erhofften, die frommen Alten, zu denen vormals des Dichters Urgroßvater gehört haben mag.

»Die Weber« oder, wie das Werk in der eigentlichen und ursprünglichen, weit vorzuziehenden Dialektausgabe heißt, »De Waber«, sind ein geschichtliches Drama, dessen Stoff mit großer Treue aus historischen Quellen geschöpft ist. Alfred Zimmermann, aus der Schule Schmollers, veröffentlichte 1885 bei Korn in Breslau ein Buch über »Blüte und Verfall des Leinengewerbes in Schlesien«. Es beginnt mit den Anfängen der schlesischen Dorfweberei, die noch vor dem dreißigjährigen Kriege liegen, und führt bis zu den Wirkungen des Zolltarifs von 1885. Schon aus diesen wissenschaftlichen Erörterungen schaut von Zeit zu Zeit immer wieder dasselbe bleiche, spitznäsige, wundäugige, abgezehrte Menschenangesicht hilfesuchend hervor; eine magere, zittrige Menschenhand scheint sich langend auszustrecken. Es ist die Hand und das Angesicht des alten Weberelends. Alle Wandlungen der Zeit, weder das österreichische Regiment noch das preußische, weder günstige noch ungünstige Handelsverhältnisse, weder Zölle noch Verordnungen waren fähig, die Lage der Weber und Spinner anders als vorübergehend zu bessern. Immer wieder stand in den Türen dieser Armen die Not. Sie war das Erbe, das eine Generation der andern zurückließ. Und von den Vätern vererbte sich auf die stets erstaunlich zahlreichen Kinder auch die Geduld, mit der jene Not ertragen wurde. Nur einmal im Verlauf eines Vierteljahrtausends hob sich die Hand der Armut drohend zum Himmel, und auf den Zügen der Not zuckten Haß und Wut. 1844, im Sommer, kam es im Eulengebirge zum Weberaufstand. »D'r Mensch muss doch a ennzichts Mool an Auchablick Luft kriechen«, läßt Gerhart Hauptmann einen alten Weber sprechen, der sich bald im Taumel dem Troß der jungen Aufrührer anschließen wird.

Diesen Augenblick Luft, diesen Weberaufstand hat Zimmermann in seinem Buch ausführlich behandelt. Zimmermanns Schilderung der äußeren Vorgänge beruht zum Teil auf den Berichten, die sich damals die Vossische Zeitung von Dr. Leopold Schweitzer aus dem Eulengebirge nach Berlin schicken ließ.

Über das »Blutgericht«, jenes plötzlich aus unbekanntem, nie erkanntem Ursprung aufgetauchte Weberlied heißt es hier: »Es ist ein offenes Manifest aller der Klagen und Beschwerden, welche bis dahin nur verstohlen und leise von Mund zu Mund wanderten. In seinen größtenteils wohllautenden und regelmäßig gebauten Versen bricht sich eine drohende Verzweiflung, ein wilder Haß und Grimm besonders gegen das vierte, zuerst angegriffene Handlungshaus aus, welches man offenkundig zu immer höherem Reichtum und Glanze neben der steigendsten Not aufblühen sah. Dieses in jeder Beziehung merkwürdige Dokument enthält neben der Schilderung der Trübsal und des Jammers auf der einen, und der Pracht und Üppigkeit auf der andern Seite überraschend verständige Ansichten und Anschauungen … Das Lied eilte wie ein Aufruf von Haus zu Haus; es fiel als Zündstoff in die gärenden Gemüter.« Wir finden in diesen Berichten auch eine Schilderung, wie man die Wohnhäuser der Fabrikanten plünderte und zerstörte; Gerhart Hauptmann hat sich bei der Demolierungszene im vierten Akt seines Dramas ziemlich treu an diese Schilderung gehalten.

Aber mit einer Wiedergabe der äußeren Vorfälle nach Zeitungsberichten konnte sich der historische Forscher nicht begnügen. Um die Ursachen der Not und des Aufstandes festzustellen, musste Zimmermann Einblick in amtliche Aktenstücke gewinnen. Die Staatsarchive und statistischen Ämter haben seiner Arbeit zur Verfügung gestanden, und das Ergebnis ist eine scharfe, zuweilen vernichtende Kritik, die Zimmermann nicht nur an den Fabrikanten, sondern noch mehr an den damaligen zuständigen Staatsbehörden übt. Verglichen mit der Darstellung des Historikers kommt im Drama des Dichters sowohl der Fabrikant als auch die Dorfpolizei noch ziemlich gnädig weg. Und in Hauptmanns Drama findet sich kein Zeichen der Not, kein Ausdruck der Klage, kein Zustand des Hungers und auch keine Äußerung der Rebellion, die nicht geschichtlich belegt wären.

Diese Zustände entwickelten sich bis zur Unerträglichkeit, und weil der Bedrängte nirgends Recht finden konnte, so griff er verzweifelt zur Gewalt. Der Aufstand war nichts anderes gewesen als ein Augenblick des Luftschöpfens. In einem knappen, herben Satze stellt der Geschichtsforscher das Ergebnis fest: »Der Mut der Weber war ebenso plötzlich erloschen, als er aufgeflammt war, geduldig fügten sie sich wieder in ihr altes Elend«.

Diese Vorgänge und dieser Ausgang lagen dem Dichter als Rohstoff vor. Ein Volksbefreiungsdrama, wie Schillers »Tell«, konnte er aus diesem Stoff ohne Verletzung der historischen Treue nicht schaffen. Einem Tellschuß, der in dieser besten der Welten alles zum Besten wendet, hätte unter den schlesischen Webern sowohl der Schütze wie das Ziel gemangelt. Die Flinten preußischer Soldaten schössen ein paar armselige Hungerleider aus der Welt; dann blieb alles beim alten. Der Dichter konnte daher den dramatischen Entwicklungsgang nicht in der sozialpolitischen Aktion finden. Er fand ihn im menschlichen Schicksal. Man hat »Die Weber« ein Drama ohne Helden genannt. Man könnte sie dafür ein Schicksalsdrama nennen. Nicht ein romantisches, sondern ein modernes Schicksalsdrama. Dieses

Schicksal schreibt nicht aus höherer gespenstischer Willkür dem Einzelnen seine unabänderliche Bahn vor, sondern es bändigt und bricht mit Naturgewalt die freie Willenskraft einer Gesamtheit. Durch diese Gesamtheit geht vielgestaltig und wandelbar ein geisterhafter, tragischer Held: als seien alle diese spitzen, abgemagerten Weberprofile mit dem Blick auf ihre gemeinsame Not nach ein und demselben Ziel gerichtet; als würfen sie auf das Land ihres Jammers gemeinsam einen einzigen Riesenschatten, das große Profil des Webertypus.

Ergriffen von der inwendigen Gewalt des Dramas suchte Friedrich Spielhagen für seine Ergriffenheit nach einem konventionellen Kunstausdruck und rief: ihr sucht einen Helden? Ich habe den Helden! Der Held ist die Not! Aber ein solches Abstractum pro concreto ist doch nur im eigentlichen Sinn ein Notbehelf. Auf jene Frage nach dem Helden antworten wir: der Held ist das Webervolk, das wahrlich wie ein Held leidet, streitet und fällt.

Der dramatische Held im alten ästhetischen Verstand ist eine überragende Persönlichkeit, die durch ihren eigenen Sinn und Willen mächtig auf die Welt wirkt, die Welt mit sich zieht und dann im Übermaß des Wagens entweder siegt oder untergeht, meist im Siegen untergeht. Was soll ein solcher Kraft- und Einzelmensch in einem Herdenvolk, das immer nur durch dieselbe Not des Lebens geleitet ist, und dem sein Arbeitskittel zur Zuchthausjacke ward? Das ist kein Boden, auf dem sich Individualitäten bilden können. Hauptmann wollte nicht einen Einzelnen zeigen und auf ihn als Paradigma für die andern hinweisen, sondern er führt von Hütte zu Hütte. Er zeigt überall dasselbe Elend.

Und doch sieht er in jedem dieser Weber auch das besondere Geschöpf; aus zahllosen kleinen Individuen, die sich auf verschiedene Körper verteilen, setzt sich ihm der Volkstypus, der Weberheld, zusammen. Im Vater Baumert klagt und wimmert, im Vater Hilse betet und arbeitet dieser Weberheld. Im roten Bäcker flucht er und schlägt um sich, im jungen Hilse schwankt er zwischen Pflicht und Selbstbefreiung, im entlassenen Reservemann Moritz Jäger, der sich in der Welt auskennt, steigt die trotzige Wagelust auf. Sein Heldenmut überschlägt sich. Durch die vielgestaltige Seele dieses Leidenheldentums zieht weckend und werbend die Macht jenes Liedes, das sagt, wie groß ihr Leiden ist. Wie eine Flamme springt das Lied von Dach zu Dach, von Hirn zu Hirn, und endlich lodert das ganze Land in der Feuersbrunst. Doch die Flammen des Aufruhrs werden niedergetreten. Am Webstuhl des frommen Greises, der seine Not zum Himmel schrie, aber auf Erden von keiner Blutschuld beladen sein wollte, stirbt betend und arbeitend der Weberheld. Vor dem Erschossenen steht fragend, im bangen, ahnenden Zweifel verzagt aufschluchzend ein unschuldiges Kind. Es verstummt vor der halb verstandenen Größe dieses Ahnenschicksals und zögert, den Weg in die Zukunft, den alten Weberweg, weiterzugehen.

Wenn dieses kleine Mielchen Hilse damals wirklich gelebt hätte und noch heute nicht gestorben wäre, so würde sie jetzt eine Greisin von fünfundsiebzig Jahren sein. Sie müßte sich heute sagen, daß seit Großvaters Zeit in Langenbielau so manches, wenn nicht besser, doch anders geworden ist. Aus den Handwebern sind zumeist Fabrikarbeiter geworden, die in festen Backsteinbauten einkaserniert sind. Wer heute durch die beiden Hauptdörfer wandert, merkt auf den ersten Blick nichts mehr vom Notstand eines bestimmten Gewerbes. Wie zwei meilenlange schmale Zeilen recken sich diese Dörfer, Langenbielau und Peterswaldau, von den Vorhügeln des Eulengebirges unabsehbar in die weite, wald- und bergumsäumte Ebene herunter, aus deren Mitte die schlanken weißen Türme des alten, malerischen Städtchens Reichenbach aufsteigen. Durch beide Riesendörfer fließt ein murmelnder, grünumbuschter Gebirgsbach, der von der Hohen Eule her die Weistritz sucht. Rechts und links von diesem freundlichen Bächlein ist je eine Häuserstraße angebaut, die streckenweise höchst vornehm und großstädtisch wirkt. Prächtige Villen der Fabrikanten und Fabrikdirektoren, mitten in alten, schönen Parkanlagen, davor stolze Blumenbosketts, erinnern an einen eleganten Badeort. Der Kontrast hierzu, die elende Weberhütte, fehlt heute schon fast ganz. Erst wenn man oberhalb Peterswaldau höher ins Gebirge hineinsteigt, und wenn sich hinter einem wildromantischen Waldgrunde der Blick auf die weit und breit über das Hügelland vereinzelten Strohdächer von Kaschbach öffnet, merkt man, daß in diesen verlassenen, öden Sitzen noch die Armut kauert. Hier könnte man wohl noch heute dem Vater Baumert begegnen, dessen ausgehungerter Magen kein gebratenes

Hundefleisch mehr vertragen kann, oder seinen abgemagerten Töchtern oder den kleinen Barfüßchen seiner unehelichen Enkel. Aber ob Vater Baumerts Urenkel heute noch Weber sind? Ob sie nicht vielmehr südlich von ihren Heimatbergen im Waldenburger Kreise die Kohle muten? Wer durch jene drei Dörfer wandert, die den Schauplatz des Dramas bilden, durch Peterswaldau, Kaschbach, Langenbielau, hat nicht den Eindruck, dem Weberhelden gehe es jetzt besser, sondern der Weberheld sei ausgestorben.

Dennoch hat man das »Schauspiel aus den vierziger Jahren«, als es erschien, mit der Gegenwart in Beziehung gebracht und ihm vorgeworfen, es predige den Aufruhr, es reize die unbefriedigten Massen zur Empörung gegen Recht und Gesetz, es sei umstürzlerischer Tendenzen voll. Derartige Einwände, die häufig zu polizeilichen Verboten der Theateraufführung verleitet haben und erst durch eine weise Entscheidung des Oberverwaltungsgerichts vom 2. Oktober 1893 widerlegt werden mussten, sind nur aus dem Stoff heraus begründet worden. Niemals konnten sie einen Anhaltspunkt in der künstlerischen Gestaltung finden. In den »Webern« gibt es kein Wort, das irgendeiner bestehenden Partei das Recht gäbe, den Dichter auf ihre Fahne einzuschwören. Es findet sich auch kein Wort, das aus dem Zwange der Situation herausfiele und von der Person des Dichters gesprochen wäre. Als das Stück auf der Neuen Freien Volksbühne vor einem Berliner Arbeiterpublikum aufgeführt wurde, konnte man beobachten, wie wenig gerade dieses Publikum von den Vorgängen unmittelbar erregt wurde. Erst im dritten Akt bei einigen Bosheiten gegen die Polizei wurde die lange vergeblich erhoffte »Tendenz« unter Heiterkeit begrüßt, und erst die Demolierung am Schluss des vierten Akts tat ihre unmittelbare Schuldigkeit. Aber gerade dieses Publikum schien die zündenden Schlagworte zu vermissen; die Brandreden, deren unverblümte Wörtlichkeit auf die Massen weit stärker wirkt als eine plastische Darstellung menschlicher Vorgänge. Schon im Februar 1892, als das Drama eben beendigt war, hatte es Adolf L'Arronge für das Deutsche Theater in Berlin zur Aufführung angenommen. Aber so lange er am Ruder stand, konnte in Berlin das Polizeiverbot vom 3. März 1892 nicht rückgängig gemacht werden, und so blieb es wieder dem Verein Freie Bühne vorbehalten, am 26. Februar 1893 ein wuchtiges Hauptmannwerk aus der Feuertaufe zu heben. Als dann Otto Brahm die Leitung der Freien Bühne mit der Direktion des Deutschen Theaters vertauschte, konnte er auf selbst gemauertem Grunde weiterbauen. Der große Berliner Erfolg mag dadurch noch verstärkt worden sein, daß das Drama immer wieder zum Gegenstand öffentlicher Streitigkeiten wurde und das »aktuelle« Interesse immer neue Nahrung fand. Bald gab das Stück den Anlaß, daß dem Besitzer des Deutschen Theaters das Abonnement auf die königliche Hofloge gekündigt wurde; bald eiferte im Abgeordnetenhause der Staatsminister v. Köller gegen die Umsturztendenzen des Stücks, ohne daß diesem unliterarischen und kunstfremden Standpunkt einer der damaligen Landboten nach Gebühr entgegengetreten wäre; bald kam aus einer oder der andern Provinzstadt wieder mal die Nachricht von einem neuen Polizeiverbot, das stellenweise zu wilden Beamtenkriegen Anlaß gab.

Aber die Hauptwirkung lag doch im Drama selbst, dessen Kraft nicht versagte, auch als die Aufführung im Deutschen, später im Lessingtheater mit der Zeit immer schlechter wurde. Jetzt, nach zwanzig Jahren, wird es Zeit, die »Weber« von Grund aus neu und nach neuen dramaturgischen Gesichtspunkten in Szene zu setzen, denn dieses Werk darf der Bühne nicht verloren gehen.

VII

Komödien

Als Gerhart Hauptmann im Herbst 1891 »Die Weber« nach Berlin brachte, besuchte er im »Berliner Theater« eine Vorstellung des Molièreschen »Geizigen«. Unter dem Eindruck dieser tragikomischen Figur drangen alte Pläne, alte Bekanntschaften wieder auf ihn ein. Es nahte sich ihm wieder eine schwankende Gestalt. Er reiste in den Schnee seiner Berge zurück und dichtete in wenig Wochen die fünfaktige Komödie vom »*Collegen Crampton*«, die mit dem »Geizigen« manche technische Verwandtschaft hat. Hier wie dort eine überragende Hauptperson, um deren moralische Schwäche sich alles übrige dreht. Hier wie dort mitten aus komischen Situationen ein kühner Zug in die Tragik der menschlichen Seele. Denn hier wie dort, nicht zu weit von Narretei und Torheit, das drohende Gespenst des Wahnsinns! Dort freilich im Mittelpunkt des Ganzen ein menschlicher Typus, der nur von einer einzigen, ebenso lästerlichen wie lächerlichen Charaktereigenschaft beherrscht wird, hier eine menschliche Natur, die in ihrer individuellen Vielfältigkeit lebt. Dort eine moralische, hier eine psychologische Komödie.

In der Kunstschule einer großen Provinzialhauptstadt (die Dienstmänner dort reden den schlesischen Dialekt) hat Professor Crampton ein Meisteratelier. Eines Tages bricht über ihn viel Unglück herein, das ja selten allein kommt. Ein fürstlicher Gönner gibt ihn auf. Seine Wohnung wird ausgepfändet und versiegelt. Seine Frau verläßt ihn. Die Akademie enthebt ihn seines Lehramts. Er ginge zugrunde, wenn sich nicht ein paar Seelen fänden, die ihn lieben. »Die kleine Trude, das ist ihm sein Höchstes.« Sie ist sein jüngstes Töchterchen, sein »Polizistchen«, das freiwillig beim armen Papa ausharrt, während Mutter und Schwestern zu den reichen, adligen Großeltern flüchten. Ein wohlhabender, junger Schüler ihres Vaters ist dem Mädchen gut. Diesem glückhaften Umstand ist zu danken, daß der Professor nicht ganz untergeht. Die blutjungen Leute richten ihm ein Nest her. In dieser Glücksatmosphäre faßt der arme Kerl neuen Mut und – vielleicht – auch neue Kraft.

Ist Professor Crampton seines Unglücks eigner Schmied? Die Komödie gibt sich nicht viel damit ab, seinen gegenwärtigen Zustand aus seiner Vergangenheit zu begründen. Es wird nicht in Ibsens Weise durch gelegentliche Auseinandersetzungen das Vergangene aufgehellt. Wenn er selbst zuweilen auf Erinnerungen zurückgreift, so geschieht das in seiner konfusen Art und ist bezeichnender für seine gegenwärtige Seelenbeschaffenheit als für sein vergangenes Leben. Er steht fertig vor uns, wie ein Porträt. Seine geistige Entwickelung ist abgeschlossen. Sein Weltlauf stoppt. Er kann nur noch versinken oder von treuen Händen rechtzeitig im Hafen geborgen werden. Eins so möglich wie das andere. Der Abgrund allerdings wahrscheinlicher als der Hafen. Der Dichter aber wollte seinen Mann retten und entschied für den Hafen. Man hat den Eindruck: ein altes gutes Wrack soll in Sicherheit gebracht werden, oder, um Lebendiges mit Lebendigem zu vergleichen: ein guter, alter Hund, der nicht mehr recht schwimmen kann, soll aus der Flut gezogen werden. Als dem Professor alles quer geht, ruft er selber aus: »Bin ich denn ein räudiger Hund?«

Bei Rettungsversuchen geht es selten ohne kleine List und Hinterlist ab. Hier ist der Punkt, wo auch diese Komödie an Intrigenspiel erinnert. Aber die spinnwebzarten Fäden werden nicht, wie bei Scribe und seiner deutschen Schule, von einem ränkevollen Verstand gelenkt, sondern von der natürlichen, gesunden Empfindung der helfenden Menschlein, die im Gegensatz zur massiven Hauptfigur etwas Diminutivisches haben. Gehen die beiden ersten Akte mit der Charakteristik der Hauptfigur und der Darlegung ihres unglückseligen Zustandes hin, so beginnt im dritten das Rettungswerk. Dort ist der Professor aktiv, hier passiv. Durch diesen Wechsel der Zustände erhält und steigert sich das Interesse. Die Frage bleibt, welche Gefühle sich im Zuschauer mit diesem Interesse verknüpfen, wie man sich zu dem Professor persönlich stellt. Man wird das erste Mal mehr ergriffen, das zweite Mal mehr belustigt werden. Die Gewißheit des guten Ausgangs entscheidet. Wenn jemand ins Wasser fällt, so zittern ringsumher alle Herzen. Kommt er dann pudelnaß und mit einem festen Schnupfen ans Ufer, so gesellt sich gerne zum Schaden der Spott. So überwöge auch gegenüber dem Collegen Crampton zum ersten Mal das menschenfreundliche Mitgefühl, das sich sagt: so miserabel kann es manchem werden; beim zweiten Mal überwöge der behagliche Spott, womit gut gebettete Korrektheit gern auf die schnurrigen Kundgebungen eines armen Teufels oder eines armen Schelmen oder eines armen Sünders hinsieht. Die Kunst des Dichters besteht darin, und darin liegt auch die reiche Erfindung dieses scheinbar so erfindungsarmen Werkes, daß sich Mitleid und Spott, Rührung und Lust zu ein und demselben Eindruck vermischen; deshalb ist das Stück in seinem Humor eine Komödie besten Schlages. Der Eindruck wird dadurch erzielt, daß die Hauptgestalt in jedem Augenblick naiv bleibt und niemals unsere Sympathie verliert. Man sieht ein altes Kind. Dabei schillert diese Gestalt wie ein Opal, man könnte auch sagen: wie die Nase des guten Professors, in allen Farben. Die ganze lebendige Mannigfaltigkeit dieser Charakteristik tritt für Augen, die sehen können, zutage. Gewiß ist der Professor im Grunde immer derselbe, mag er im Atelier gegen die Schulpedanten wettern oder in der Bumskneipe sich mit den Stubenmalern anfreunden oder endlich im Glück der Tochter selber froh werden: die Einheit der Individualität ist festgehalten. Die gute Seele und das jähe Blut; das bis zum Dünkel gesteigerte Selbstbewußtsein und die bis zur Zerknirschung sinkende Bescheidenheit; der feine, ironisch das schlagende Wortspiel und Gleichnis findende Kunstsinn und der aufbrausende Grobianus; die freie, hochstrebende Künstlernatur, voll Phantasie und Schwärmerei, und das wüste Sumpfhuhn – alles und noch viel mehr springt eins aus dem andern, spielt herüber und hinüber. Dazu das allmähliche Sinken der ganzen Existenz: die zunehmende Dumpfheit, die auf Willen und Gedächtnis lagert, die Spuren des Verfolgungswahns und seines feindlichen Zwillingsbruders, des Größenwahns, die Krankhaftigkeit des Durstes, alles wehmütig verklärt vom Sonnenglanz eines goldnen Herzens, das seinen Zauber nicht bloß auf die eigene Tochter und den dankbaren Schüler, sondern auch auf einen treuherzigen Mann aus dem Volk und auf die gutmütige ordinäre Schenkmamsell ausübt. Wird nun in seiner Geborgenheit dieses Herz den Frieden finden? Solche Fragen stellen auch Kinder, die ein Märchen hörten, und auf solche Kinderfragen gibt das Märchen über seine Leute immer noch jene Antwort, die noch immer die beste ist: wenn sie nicht gestorben sind, so leben sie noch heute. Wie aus Rembrandtschem Dunkel ein Rembrandtscher Charakterkopf vorleuchtet, so beherrscht die Hauptfigur des Collegen Crampton den Hergang und drängt alle andern in den Schatten. Auch wo er nicht auftritt, im mittelsten der fünf Akte und in der ersten Hälfte des letzten Akts, dreht sich alles nur um ihn. Während des dritten Akts ist er spurlos verschwunden. Man sucht ihn in der ganzen Stadt. Nur zu tief liegt es in seiner Natur begründet, daß eben hier, wo er selbst nicht mitwirkt, am redlichsten und erfolgreichsten für sein Wohl gesorgt wird. Eben hier, wo sich edle, hilfreiche und gute Menschen um ihn kümmern, Menschen, denen der Dichter den Namen Straehler, den Mädchennamen seiner Mutter gegeben hat. Denn College Crampton selbst ist doch stets sein schlimmster Feind gewesen. Schlimmer als die adelsstolze Gattin. Schlimmer als die »Kuchenbäcker« auf der Akademie mit ihrem Spion, dem polackischen Pedell. Schlimmer auch als der rüde, raffende Kneipwirt.

Wo aber die Hauptfigur der Bühne fernbleibt, hat der Dichter für Ersatz gesorgt. Im dritten Akt entfaltet sich eine Kontrastfigur: Herr Adolf Straehler, »der dicke Krämer«, der seinem Bruder, dem jungen Maler, lachend hänselnd, aber tatkräftig beim Rettungswerke hilft: ein urgemütlicher Kerl, immer fidel, immer gleichmütig, ewig auf dem Neckfuß, kein Spielverderber und auch kein Machtwortsprecher, sanguinisch wie der Professor, aber einer, der seinen Mann steht und in der Welt etwas erreicht hat: Gerhart Hauptmanns früh verstorbener ältester Bruder Georg. Die erste Hälfte des fünften Aktes bringt statt der Person des Helden ein reizendes Capriccio, ein junges himmelhoch aus jüngsten Herzen jauchzendes Liebesglück, das umso heller strahlt, je mehr es ein Glück wird auch für andere. Diese Szene zwischen der kleinen Trude und dem nicht viel größeren Max wird von jener andern Liebesszene zwischen Alfred Loth und Helene an Reinheit und Echtheit natürlichen Empfindens nicht übertroffen. Auch hier neckt sich, was sich liebt, in der entzückendsten Weise; mitten im unschuldigen Minnespiel steigen auch hier wehmütige Gedanken an Vergänglichkeit und Abschied auf; aber doch wie ganz anders alles dort, wie ganz anders alles hier! Dort die Schicksalswolke nah und schwer über ahnungsvollen Gemütern, hier klarster, leuchtendster Sonnenschein. Gleichmäßig sind die Wangen dieser liebenden Jugend frisch gerötet von der hellen Winterluft draußen und vom Frühling in ihren Herzen.

Im übelsten Humor stößt College Crampton auf dieses Jugendglück, das zugleich sein eigenes Altersglück werden soll. Aber dieses Glück leuchtet so tief und so zart in sein eigenes verdumpftes und versumpftes Innere herein, daß der wetterwendische Sinn des alten Burschen sofort wieder umgewandelt ist. Lebensfreude, sogar Arbeitslust sprudelt wieder in ihm auf, und froh erschüttert fällt er seinem alten hundetreuen Faktotum, seinem »lieben Löffler«, dem Dienstmann, um die blaue Bluse.

So sehr ist er gewöhnt, sich in allen Dingen an den »lieben Löffler« zu wenden, daß er auch in Fragen der Kunst und des Familienglücks zunächst an das Herz hinter der Bluse appelliert; denn das ist seine nächste Instanz – einer der kleinen, feinen Meisterzüge, an denen dieses Werk reich ist.

In den Breslauer Schlusskapiteln des Quintromans, in der wüsten Verbrecherkneipe läßt der Dichter das Urbild seines Professor Crampton noch einmal am Kneiptisch auftauchen. Malerisch in einen leichten römischen Mantel drapiert, mit schwarzem Faunsgesicht und roten feuchten Faunslippen hing ihm ein schwarzer Schopf wild über die düster funkelnden Augen. Es ist Professor Cramptons, des Rettungslosen, letztes Säuferstadium, kurz vor dem Delirium. So E.T.A. Hoffmannisch ist der College Crampton noch nie auf der Bühne dargestellt worden. Georg Engels bot eine glänzende Leistung und entschied, wohin er damit kam, den Erfolg des Stücks. Aber er spielte ihn doch abseits der Gestalt, die tiefer und weniger pompös, weniger atelierhaft ist.

Ein Jahr nach dem »Collegen Crampton«, im November 1892, brachte Gerhart Hauptmann ebenfalls unerwartet eine zweite Komödie aus Schreiberhau nach Berlin und las sie den Freunden vor. Es war eine »Diebskomödie« und wurde nach dem Gegenstand des Diebstahls » *Der Biberpelz*« genannt. Schon uns ersten Hörern fiel eine technische Ähnlichkeit mit dem Meisterlustspiele Heinrichs v. Kleist, dem »Zerbrochnen Krug«, auf.

Hier wie dort ist nächtlicher Weile in einem Dorf eine lichtscheue Missetat begangen. Die Frage nach dem Täter gelangt an die Dorfjustiz. Wer zerbrach den Krug? Wer stahl den Pelz? Dort eilt die Besitzerin des zerbrochnen Kruges zum Dorfrichter, hier eilt der Besitzer des gestohlnen Pelzes zum Amtsvorsteher. Beide Kläger, ansässig und angesehen im Dorf, finden an der Seite des Untersuchungsrichters eine dürftige, unterwürfige Schreiberseele, die mit ihrem subalternen Strebersinn bei Kleist deutlicher hervortritt als bei Hauptmann, und einen Büttel, der wiederum von Hauptmann als dienstunfähiger, sanfter Süffel genauer charakterisiert wird. Wichtiger aber als Schreiber und Büttel ist in beiden Fällen jener Adamssohn selbst, der von Amtswegen die Untersuchung einzuleiten und den Verbrecher zu entdecken hat. Daß diese Untersuchung und diese Entdeckung hier wie dort mit den größten Schwierigkeiten verbunden ist, daß immer wieder, hart vor dem Ertappen, in die Kreuz und Quer abgeirrt wird, und über jeden klarern Einblick in das kriminelle Rätsel gleich wieder Nebel fallen, daß sich die Sache ins Dunkel und in die Länge zieht, ist hier wie dort Schuld des Untersuchungsrichters.

Weder der altholländische Dorfrichter Adam noch der neupreußische Amtsvorsteher v. Wehrhahn haben Neigung, diesen Prozeß aufzuhellen. Beiden ist gerade dieser Prozeß fatal. Der Amtsvorsteher ist ein persönlicher und politischer Gegner des Bestohlenen; der Dorfrichter ist noch interessierter an der nächtlichen Missetat; denn der, der den Krug zerbrach, ist er selbst. Die Hauptperson der Komödie ist bei Kleist enger und bänger mit dem Vorgang verknüpft als bei Hauptmann. Für den Dorfrichter hängt am zerbrochnen Krug Existenz und Ehre. Dem Amtsvorsteher hingegen kann der Biberpelz des Rentiers Krüger ruhig gestohlen bleiben; sein persönliches Gewissen wird nicht betroffen, seine Ehre steht nicht auf dem Spiel. Und nur darin ist er dem Dorfrichter Adam ähnlich, daß sich beide als unfähig erweisen, die Prozeßverhandlung zu führen. Sie richten, der Dorfrichter wissentlich, der Amtsvorsteher unwissentlich, in kürzester Zeit eine solche Verwirrung an, daß es in der Amtsstube einen Heidenlärm gibt, bei dem Beamte und Zeugen hart aneinander geraten.

Hier wie dort sind Zeugen aufgetreten. Und wenn der Dorfrichter aus triftigem Grunde diese Zeugen durch Anschnauzen und Dreinreden ins Bockshorn jagt, so verfährt auch der Amtsvorsteher nicht viel anders, als hätte er selbst den Pelz gestohlen. Ohne Nebenabsichten, ohne Ansehen der Person sitzt auch er nicht zu Gericht. Der Dorfrichter Adam hatte seine eigene Nichtswürdigkeit zu vertuschen; denn statt des Krugs war er ausgegangen, eine Mädchenehre zu zerbrechen, und aus dem Lustspiel hätte leicht eine Tragödie werden können. Harmloser an Gemüt, ist der Amtsvorsteher von der Oberspree in seinem Treiben nicht viel ungefährlicher als der Dorfrichter. Er will den Herrn spielen und Karriere machen. Dazu mißbraucht er sein Amt. Wer den Pelz gestohlen hat, kümmert ihn nicht; aber wer in seinem Amtsbezirk freigeistige Bücher kauft und demokratische Schriften liest oder gar verbreitet, wer bei Kaisers Geburtstag nicht illuminiert, welcher Gastwirt seinen Saal den fortschrittlichen Gesinnungsgenossen des bestohlenen Rentiers Krüger vermietet – das alles will er genau wissen. Dazu benutzt er seine Untergebenen, dafür verbrüdert er sich mit Spitzeln, die vor dem Meineid nicht erschrecken. Ein stiller, scheuer Privatgelehrter kann ihn auf die rechte Diebsspur führen, aber er hört ihn gar nicht an, weil dieser gewissenhafte Zeuge ihm »politisch« verdächtig ist, auch erhofft er sich durch dessen Maßregelung Lohn von oben.

Dieser moderne Strebertypus ist an sich weder tragisch noch komisch, sondern gemeinschädlich; eine Dichtung, die ihn rein als Typus hinstellen wollte, unterschiede sich nicht von guten polemischen Leitartikeln oder Flugschriften. Zu seiner künstlerischen Bewertung muss der Typus in eine Individualität gesteckt werden. Wie Kleist sinnreich andeutet, daß nicht nur in Huisum, sondern auch in Holla und Hussahe »lüderliche Hunde« sitzen, die »Recht so jetzt, jetzo so erteilen«, so wird das von Hauptmann aufs Korn genommene Strebertum der Beamten außer an der Oberspree auch sonst im Lande gefunden. Aber es gibt je nach individueller Veranlagung Schlauköpfe und Dummköpfe unter den Strebern. Hauptmann hat sich den Spaß gemacht, einen Dummkopf aufzuzeichnen.

Er hat die Komödie der streberhaften Dummheit gedichtet. Ihr Held entwickelt eine wahrhaft bezaubernde Borniertheit. Wenn sich der Charakter des Amtsvorstehers langsamer auswickelte, würde es klarer, daß der Held der Komödie weniger der Pelzdieb ist, als der, der dieses Pelzdiebes habhaft werden soll. Die Diebsgeschichte vertritt das, was bei Molière, Holberg und andern Komikern der Tradition die Intrige war. Wie dort die Intrige dazu diente, den Heuchler als Heuchler, den Geizhals als Geizhals ad absurdum zu führen, so dient hier die Diebsgeschichte dazu, den streberhaften Dummkopf als blitzdummen Streber zu blamieren. Und wie könnte seine Blamage größer sein als da, wo ihn der Dichter entläßt, wo Wehrhahn, im traulichen Beisammen zwischen Hehler und Stehlerin stehend, beide miteinander in aller gesellschaftlichen Form bekannt macht, und wo er die Diebin nicht nur für eine fleißige Waschfrau, was sie ist, sondern auch für eine »ehrliche Haut« erklärt.

Nach der Größe dieses innerlichen Schlusseffekts, was schiert uns da noch der Biberpelz und sein Geschick? Wer ihn stahl, wissen wir. Daß man dem Dieb auf der Spur ist, wissen wir auch, und ganz wohl in der eigenen »ehrlichen« Haut wird sich weder der Hehler noch die Stehlerin fühlen, trotz der Menschenkenntnis des tiefblickenden Herrn v. Wehrhahn. Alles Psychologische ist mithin klar. Was übrigbleibt, ist Sache des Gerichtsreporters, nicht des Dichters. Wenn aber das gesamte Publikum der ersten Berliner Aufführung über das unerwartete Ende verblüfft war und die Gescheiten erst beim Warten auf die Garderobe über den Schlusswitz lachten, so ist der Dichter nicht ganz schuldlos. Schuld daran ist ein Vorzug und ein Mangel seiner Arbeit. Der Vorzug liegt in der Charakteristik, der Mangel in der Komposition. Der Vorzug liegt in der prachtvollen Gestalt der Diebin, der fleißigen Waschfrau Mutter Wolff, einer Person, mit der man gern zusammen ist, einer dichterischen Saft- und Kraftschöpfung, die den schematischen Rahmen der Traditionskomödie fast ebenso sprengt wie Shakespeares Shylock. Der Mangel liegt darin, daß man durch diese prachtvolle Gestalt in seinen verschiedenen Interessen geteilt wird und zuletzt noch hinter der Blamage des Amtsvorstehers sie, die besagte Wolffin mit ihren Schicksalen, sehen will. Hinter der boshaften Ironie, mit der der Dummkopf im Amte belassen wird, verlangt man noch vom Dichter ein moralisches Endurteil über Mama Wolff. Sie war von je ein Bösewicht, drum treff sie, wenn schon nicht Wehrhahns, so doch Gottes Strafgericht! Ein solches moralisches Endurteil, worauf unsere Ästhetik einen alten Gewohnheitsanspruch geltend macht, ist in Kleists »Zerbrochnem Krug« zu finden. In der Person des Revisors, der wie ein Blitz aus heiterm Himmel kam, geht durch das Drama eine höhere Gerechtigkeit, die den Dorfrichter seines Amtes entsetzt; während unser armes Publikum über die Schicksale des Pelzes ganz im Dunkeln bleibt, ist dort Aussicht vorhanden, daß in Utrecht dem Kruge doch noch soll sein Recht geschehen.

So schließt geschlossen die einheitlichere Komödie Kleists. Hauptmanns Komödie ist zwiespältig. Wie der Schauplatz der vier Akte zwischen Wehrhahns Amtsstube und dem Wohnraum der Wolffin wechselt, so verteilt sich das Interesse auf beide. Bei Kleist waren Richter und Missetäter vereinigt in einer Person. Und wie sich im Amtsvorsteher mancher Vergleichspunkt mit dem Dorfrichter Adam fand, so findet er sich auch in der Mutter Wolffin. Wie den Adam ein ganz menschlicher Zug, der Hang zum süßen jungen Blut, in den Bereich des Kruges lockte, so lockt auch sie ein rein menschlicher Zug zum Biberpelz hin. Es ist die Sorge um ihre Familie. Sie ist in ihrer Art das, was man eine gute Mutter nennt. Sie beweint mit treuen Tränen ihr heimgegangenes Söhnchen. Mit ihren beiden Töchtern will sie hoch hinaus. Sie sollen auf Gummirädern fahren und auf dem Theater gefeiert werden. Darum sind sie auch Adelheid und Leontine getauft. Zu ihrem dußlichen Vater sagen sie Papa und geben Gutenachtkuß. Für diese Kinder und ihren Papa arbeitet Mutter Wolffin unermüdlich. Für sie raubt sie sich den Schlaf der Nächte. Für sie raubt sie Rehböcke, Knüppelholz und den Biberpelz. Sie ist ein Gemütsmensch. Man gewinnt diese naive Niedertracht so lieb, daß man ihr zuletzt nichts Böseres wünschen möchte als einen Amtsvorsteher, der nie hinter ihre Schliche kommt.

Aber man möchte noch länger bei Mutter Wolffin bleiben. Der Dichter selbst fühlte dieses Bedürfnis. Sechs Jahre später ist er noch einmal auf sie und ihren Wehrhahn zurückgekommen. Er hat uns dann in wundersamer Weise ihre letzte Lebensstunde gezeigt, in der sie es durch die naive Kraft ihres Wesens wieder dahin bringt, daß ungefährlichster Todfeind Versöhnung mit ihr trinkt. Wir erleben auch ihr seliges Ende, wo sie, ohne Schmerz, die Hände jubelnd nach ihrem vorangegangenen Julian langend, plötzlich nicht mehr da ist. Diesen schönen Schlussakt war sich der Dichter schuldig. Er hat uns darüber beruhigt, daß der Wolffin nun doch Gefängnis und Zuchthaus erspart blieb, daß sie im Gedanken an ihr kleines durch den Tod verklärtes Söhnchen dahinging und nun ganz geborgen ist. Freilich war sie auch als Julian Wolffs Witwe, als Frau des Flickschusters Fielitz, der im Nebenamt Wehrhahns Spitzel ist, ihren Weg weitergegangen. Sie hatte sich sogar entwickelt. Sie gibt sich nicht mehr mit Kleinigkeiten ab, wie Wildfrevel, Holz- und Pelzdiebstahl. Sie verübt Größeres. Auf die baufällige, aber hochversicherte Hütte ihres Flickschusters setzt sie »den roten Hahn« und richtet es so ein, daß der Verdacht dieser Brandstiftung auf einen blödsinnigen jungen fällt. Im Vater dieses Kretins erwächst ihr jener rachsüchtige Feind, den sie aber doch noch in letzter Stunde beim Glase Wein begütigt, weil er selbst ein verbrauchter, lebensmüder armer alter Hund ist, der nur noch bellen, nicht mehr beißen kann, und – weil noch immer die undurchdringliche Dummheit des Herrn v. Wehrhahn auf dem Dorfrichterstuhle sitzt, Der irdischen Gerechtigkeit entgeht sie. Aber geholfen hat ihr die ganze Betriebsamkeit ihres unverfrorenen Strebens auch gar nichts. Sie stirbt als arme Frau. Abgesehen von der Schlussszene und einem großartigen Zusammenprallen aller Gegensätze im Gerichtsakt ist »*Der rote Hahn*« (so heißt die Fortsetzung) ein loseres Stück als der »Biberpelz«. War es schon im »Biberpelz« eine überflüssige Wiederholung, daß zuerst Holz und dann erst der Pelz gestohlen wird, so zeigt sich auch die Brandstifterin in keinem anderen Lichte als die Diebin. Wir wissen schon genau, wie sie so etwas anstellt. Daher erwacht das Interesse an ihr erst wieder gegen Ende. Eine Anzahl neuer Personen, die ziemlich verworren auftreten, wie der jüdische Arzt Boxer, ein weibstoller Schmied und sein weltphilosophisch-mephistophelisch lächelnder Geselle, auch Adelheid Wolffs Mann, ein kratzbürstiger Bauspekulant, sie können sich nicht mit den lebensvollen humoristischen Nebengestalten des Biberpelzes vergleichen. Nur der alte Racheengel Rauchhaupt, der Gegenpart unserer Wolffin, könnte in seiner hilflosen Verzweiflung und in seiner Liebe zum trottelhaften Jungen, die erst mit der Gefahr erwacht, in ergreifendsten Lebensszenen stehen.

Während sich der »Biberpelz« immer weiteren Raum auf den Bühnen eroberte (der Sieg ging diesmal vom Wiener Deutschen Volkstheater aus), konnte ihm »Der rote Hahn« auf diesem Wege nicht folgen. Der Dichter hat ihn mit zu lockrer Hand aufs Dach gesetzt.

VIII

Weltweh und Himmelssehnsucht

»Wie eine Windesharfe sei deine Seele, Dichter! Der leiseste Hauch bewege sie. Und ewig müssen die Saiten schwingen im Atem des Weltwehs; denn das Weltweh ist die Wurzel der Himmelssehnsucht. Also steht deiner Lieder Wurzel begründet im Weh der Erde; doch ihren Scheitel krönt Himmelslicht.« Mit diesen schönen, sein ganzes dichterisches Wesen durchleuchtenden Worten wollte Gerhart Hauptmann 1885 »Das bunte Buch« eröffnen. Wo in diesem »Bunten Buch« die »lyrische Form« allmählich von der »epischen Form« abgelöst wird, steht ein langes Gedicht, das » *Die Mondbraut*« heißt und den Kontrast zwischen Weltweh und Himmelssehnsucht aus der Seele des Dichters in die Seele eines phantasiebegabten Volkskindes überträgt. Ein armes, verwaistes Bettelkind, Bergliese genannt, hat unter den Fäusten und Flüchen ihres grausamen Pflegevaters bitterlich zu leiden. Er jagt sie bei Nacht aus dem Hause hinaus in Sturm und Schnee. Sie irrt über Feld. Ermattet sinkt sie beim Reisigsammeln vor einer hohen, schlanken Fichte nieder, die im Mondschein himmelan strebt. Bergliese schläft vor Müdigkeit ein. Aber sie ist mondsüchtig und »wandelt durch die Nacht«. Sie klettert dem Mond entgegen zum Fichtenwipfel empor, sie will weit ersteigen, tritt in leere Luft, und –

> *Was dröhnte der Grund, was scholl durch die Nacht?*
> *Mir schien es ein klagender Ton:*
> *Sie liegt an der Föhre, sie hat es vollbracht,*
> *Auf ewig dem Jammer entflohn.*

Soweit behandelt das Gedicht einen ganz realen Vorgang, über den alltäglich »Der Bote aus dem Riesengebirge« berichten könnte. Der Dichter aber legt dem realen Vorgang ein seelisches Motiv unter. Dieses seelische Motiv ist die Sehnsucht, die ein vom Weltweh schwer belastetes Menschenkind nach dem Himmel empfindet. Je jammervoller das Dasein, desto höher und schöner die Hoffnung aufs Jenseits. Des Kindes Phantasie hält sich zunächst an das, was aus der Himmelswelt sichtbar entgegenglänzt, an den Mond:

Du Schöner am Himmel, so matt und so bleich,
Hoch, hoch in den Wipfeln, da hast du dein Reich,
Hoch, hoch in den Wipfeln der Föhren.

Mehr und mehr aber verwandelt sich den schwärmenden Sinnen des Mädchens der Mond in den himmlischen Bräutigam, neben dem der tote Vater, der hienieden als Lump galt, die tote Mutter, die hienieden als Dirne galt, auf ihr verlassenes Kind warten. Das lockt und zieht himmelwärts. Darum klettert das Kind die Fichte entlang:

»Ich grüß dich, du Schöner,« so lispelt sie hold,
»Wie bist du so strahlend im Gürtel von Gold,
Ich folge dir gerne, so gerne!«

Der Mond hebt sie liebend in seinen Sichelkahn; ihrem verzückten Auge tut sich alle Herrlichkeit des Himmels auf:

Und Mütterlein steht auf der Schwelle und winkt,
Und Väterlein auch, und der Nachen – er sinkt.
Er sinkt in die duftenden Gärten.

Für Bergliese war die Erfüllung ihrer Himmelssehnsucht nur ein Traumglück. Aber nun liegt sie am Fuße der Fichte, befreit von allem Weltweh.

Mehrere Jahre später ist der Dichter auf dasselbe Motiv noch einmal zurückgekommen. Mit seiner gereiften Bühnenkenntnis wagt er, den Vorgang auf das Theater zu bringen. Sein »Hannele« ist eine Schicksalsgefährtin der Bergliese. Vom bösen Stiefvater geplagt und geprügelt, vernimmt auch sie den Lockruf der toten Mutter, den Weckruf des himmlischen Bräutigams. Aber jener Ruf erschallt ihr nicht aus den Wipfeln des Waldes; er kommt aus den Tiefen des Wassers, in das die Mutter ihr vorangegangen ist. Und der himmlische Bräutigam erscheint ihr nicht mehr, wie der Bergliese, als unpersönliches ungreifbares Himmelslicht, sondern wie den ersten Christen in menschlich vertrauter Gestalt.

Als Gerhart Hauptmann im Spätsommer 1893 das Drama aus Schreiberhau fertig nach Berlin brachte und den Freunden vorlas, hieß es noch »*Hannele Matterns Himmelfahrt*«. Später wurde der Titel in »Hannele« verkürzt, weil vorsichtige Hoftheater alles meiden mussten, was überfrommen Gemütern als Entweihung der Heilandsgestalt und der Heilandsgeschicke gelten könnte. Inzwischen ist man halbwegs zum Urtitel zurückgekehrt und gönnt dem »*Hannele*« wenigstens seine »*Himmelfahrt*«. Nun drückt sich die Doppelwelt des Stücks, das Diesseits und das Jenseits, schon in der Überschrift aus. »Hannele« war nur das verlassene Bettelkind, das abgerissen und zerprügelt, hungrig und frierend sein fieberndes Elend endlich in den Dorfteich schleppt; war nur die Lumpenprinzessin, wie sie ihre Mitschüler schimpften, nur das störrische Mädel, wie sie die gedankenlose Exaktheit des Amtsvorstehers schilt, der etwas heller als Wehrhahn ist. »Hannele« war nur das hilflose Häuflein Menschenjammers und Weltwehs. Erst durch die »Himmelfahrt« befriedigt sich die Himmelssehnsucht, weitet sich der innere Gesichtskreis: »Millionen Sternchen« blinken nun am Firmament auf; die Stimme Gottes ruft aus den Tiefen des eiskalten Gewässers; freundliche Engel trösten im Traum; der liebe Herr Lehrer verwandelt sich in den lieben Herr Jesus, der die Kindlein zu sich kommen läßt und den Sünderinnen vergibt. Zugleich weckt in der unschuldigen Kindesbrust sein Name das erste Ahnen einer Leidenschaft. Sinnlichkeit und Seligkeit werden eins. Im sterbenden Kind erregt sich das werdende Weib. Die Himmelssehnsucht empfindet bräutlich.

Hannele liegt zuletzt verendet auf dem Strohsack des Armenhauses. Aber in der Todesstunde hat sie ihr Kinderglaube selig gemacht. Aus dem Religionsunterricht des Lehrers, aus den geistlichen Liedern, die sie im Kloster gesungen hatte, aus den Heiligenbildern der Dorfkirche, aus den Volksmärchen, die sie von der Mutter gehört hatte, war der Phantasie des träumerischen Kindes eine überirdische Welt aufgegangen. Sie sieht nun diesen Himmel offen. Ihr Herr und Heiland hält sie bei der Hand. Wie Gottvater einst die Menschheit nach seinem Bilde geschaffen hatte, so schuf sich Hannele ihre Gottheit und ihren Himmel nach den Bildern ihres eigenen Lebens. Alles was hienieden »ihren armen Blick« entzückt hatte, alles was sie entbehrt und erhofft hatte, hilft diese Herrlichkeit wie eine wunderschöne Stadt auferbauen. In ihrem Himmel wird nicht bloß gesungen und geliebkost und gebetet, sondern auch rechtschaffen gegessen und getrunken. Ihr Himmelstischlein deckt sich mit allen den guten, appetitlichen Sachen, die das darbende Kind auf Erden nur vom Hörensagen kannte. Nicht bloß »die Milch der weidenden Rinder«, »das goldene Brot auf den Äckern« wird dargereicht, sondern auch der Pupursaft der Reben. Auch einen gewandten und galanten Dorfschneider gibt es im Himmelreich. Hannele wird nicht nur eine reine Seele sein, sondern auch eine schön geputzte kleine Himmelsbraut, in Seide glänzend. Das fromme Kind ist in seiner natürlichen Unschuld Weltkind geblieben: alle kleinen Lüsternheiten und Eitelkeiten des Weibes nahm es mit in seine heilige Hoffnung. Alles dreht sich allein um sie, niemand kümmert sich um sonstwen.

Die kleine Proletarierin im rauen Gebirgsdorf empfindet nicht anders als so mancher selbstbewußte Würdenträger in der großen Welt. Wer auf ein »langes, segensreiches Leben« zurückblickt, läßt sich gerne feiern, aber sein höchster Ehrgeiz wird durch siebzigste Geburtstage und fünfzigjährige Jubiläen nicht befriedigt. Das Schicksal hat es in seiner Bosheit so gefügt, daß die höchste Ehre zugleich die letzte Ehre ist, denn dann folgen die Hofequipagen in Gala, und womöglich kommt der Kaiser in die Kirche. Wie mancher gab was drum, wenn er Zeuge seines eigenen Begräbnisses sein könnte. Das eigene Begräbnis – Hannele Mattern erlebt es im Traum.

Sterbend sieht sie sich tot. Sie sieht die zahlreiche Beteiligung von Alt und Jung. Sie hört die gute Nachrede, von der die Selbstmörderin sogar heiliggesprochen wird. Die kleinen Schulkameraden müssen ihr manches abbitten, und die Himmelskinder tragen ihren Leib dahin, »sanft, daß sein krankes Fleisch der Druck nicht schmerze«. Sie lauscht besonders freudvoll auf, wenn die barmherzige Schwester Martha und der liebe Lehrer Gottwald, so herzquicklich um sie trauernd, miteinander, als ob kein Drittes hörte, von ihr sprechen. Sie erkennt, daß es nun doch auf Erden eine Gerechtigkeit gibt; während sie selbst so hoch geehret wird, nimmt der Stiefvater, der sie mißhandelte, das schimpflichste Ende; denn der liebe Herr Lehrer hat es ihm endlich einmal tüchtig gesagt; so tüchtig daß sich der trunkene Bösewicht vor Schmach und Reue erhängt.

Auf der Bühne sehen wir das träumende, sterbende Kind in seiner ganzen kläglichen Existenz vor uns liegen. Wir hören ihr leibhaftiges Wehklagen, ihr Geplauder; wir hören, wie das Fieber aus ihr spricht; wir verfolgen, wie ihr kranker Zustand wechselt, wie Bewußtsein und Fieberwahn ineinander übergehen. Jede Schwankung im körperlichen Befinden der Sterbenden macht sich bemerkbar; wird der Zustand fiebriger, so kommen böse Träume; tritt etwas Ruhe ein, so tauchen lieblichere Bilder auf. Um sie her walten hilfreiche Hände. Sie verkehrt wachend mit lebendigen Menschen. Zwischendurch aber tritt ihre schwärmende Seele immer wieder in eine andere Welt. In schroffen, mächtigen Kontrasten erscheint der rohe Stiefvater im Traum, erscheint tröstend der Geist ihrer toten Mutter. Es kommen Engel mit Notenblättern, wie das Kind sie auf dem Altarbild mag gesehen haben. Es erscheint, wie der schwarze Mann, den die Kinder fürchten, der stumme Tod und richtet das Schwert gegen ihr Herz. Diese Traumgestalten sind nicht nur vereinzelt da, sondern sie treten auch untereinander in Aktion. Engel tragen einen Sarg und legen das tote Hannele selbst hinein. Einige dieser Traumgestalten sind uns vorher als lebendige Menschen bekannt geworden. Der Waldarbeiter Seidel, der das Kind aus dem Wasser zog, die halb vertierten, aber zum Teil doch gutmütigen Armenhäusler, die Diakonissin, die vom fiebernden Hannele mit ihrer toten Mutter verwechselt wird, der Lehrer, den sie für den Erlöser hält – sie alle haben wir leibhaftig vorher gesehen und sehen sie dann in Hanneles Träumen wieder. Wir nahmen sie zuerst mit unseren eigenen klaren Sinnen wahr und müssen sie dann mit dem verwirrten Sinn eines anderen Wesens wahrnehmen.

Manchmal geht Hanneles wechselndem Fieberzustand gemäß das Wirkliche jählings in die Einbildung über. Schwester Martha war eben noch eine reale Person, und schon ist sie ein verklärtes Traumbild, verquickt mit Hanneles Mutter. Diese Schwester Martha, die dem Krankenbett am nächsten steht, wirkt wie eine Vermittlerin zwischen den Fieberphantasien der Sterbenden und der lebendigen Außenwelt. Mit welcher Meisterschaft vom Dichter durch sie unmittelbar auf das Visionäre hingedeutet wird, hat zuerst Otto Pniower sehr fein bemerkt (»Dichtungen und Dichter«, Berlin, S. Fischer, S. 355).

So wenig das frommgläubige Hannele mit seiner Himmelssehnsucht eine Rationalistin ist, so wenig wäre dieses kleine Dichtergenie, das vom Himmel her so wunderschöne Verse hört, Anhängerin des sogenannten Naturalismus. Ihr Herzchen schlug höher, wenn die erhobene Stimme des Pfarrherrn den Segen sprach, wenn ein Choral erklang, wenn sie beim Lehrer Gottwald biblische Geschichte hatte, wenn ihr die Mutter ein Märchen erzählte. Schneewittchens gläserner Sarg, Aschenbrödels gläserne Pantoffelchen begleiten sie schützend und schmückend in ihren Himmel. Gemischt mit jenen feierlichen Tönen, ist es dieser naiv getragene Ton der Märchenerzählerin, den sie aus ihren Traumbildern wiederhört. Diesen Ton hat die Schauspielkunst zu finden und zu treffen. Es ist ein Ton der Dämmerung. Man möchte an »die blauen Blitze der Nacht« denken, von denen Hanneles selige Mutter raunt. Im Wiener Burgtheater traf Josef Lewinsky als spukhaftes, buckliges buckelndes Dorfschneiderlein diesen Ton. Und auf der Berliner Hofbühne, der dieses Wunderwerk nur allzu rasch entwunden ward, wurde das Verschwommene schaurig schön getroffen durch die leidtragenden Dorfweiber, die auf stillen Sohlen schattenhaft ineinander huschend und mit tonloser Schärfe flüsternd Hanneles Lager umschwirrten. Ist auf diesen Ton einmal das Ganze gestimmt, so läßt sich aus jedem einzelnen eine volle Gestalt schaffen. Am wichtigsten ist für die Bühnendarstellung neben Hannele selbst ihr vergötterter Lehrer, der Weib und Kinder hat, der von des fremden Kindes stiller Schwärmerei nicht das mindeste ahnt, der bei aller seiner Menschenfreundlichkeit doch nicht opferfähig genug ist, das sterbende Stückchen Elend in der eigenen Wohnung zu bergen, sondern es von dort ins Armenhaus trägt. Nur in ihrem Traum erscheint er als Hauptleidtragender, der Hanneles keusche Neigung zart erwidert, und als Ministrant beim Begräbnis, der den Schulkindern die Seite des Gesangbuchs angibt, worauf der Text des Grabliedes steht. Dann, tritt er, wieder nur im Traum, schon halb verwandelt, als Mahner und Warner ihrem bösen Stiefvater machtvoll entgegen. Zuletzt erweckt er das Hannele von den Toten, wie Jesus Christus des Jairi Töchterlein, und öffnet ihr in Heilandsgestalt mit Mutterchens Himmelsschlüsselblume den herrlichsten Himmel, gütig bedeutend, wundervoll redend. Und nun Hannele selbst! Um diese Gestalt schauspielerisch ganz zu verderben, dazu gehört schon ein vollgemessenes Maß von Talentlosigkeit; um ihr ganzes Innere zu zeigen, dazu bedarf es einer dem Dichter und gerade diesem Dichter kongenialen Naturkraft, die kindhaftes, tiefes, phantasievolles Empfinden mit vollendeter künstlerischer Reife und auch mit Humor vereinigt.

Unter den ersten, die vom Dichter selbst das wundersame Traumstück hörten, befand sich der damalige Chef der königlichen Bühnen in Berlin, Graf Hochberg, des Dichters engster Landsmann. Er stand sofort im Bann dieser heimatlichen Poesie. Es war für ihn kein Zweifel, daß dieser Poesie die Bühne bereitstehen müsse. Und am 14. November 1893, am Abend vor Hauptmanns 31. Geburtstag, ward »Hannele« im königlichen Schauspielhause in Berlin zum ersten Mal auf eine Bühne getragen. Erst jetzt musste Graf Hochberg erkennen, wie verschieden über das Werk geurteilt werden konnte. Wie hat man um dieses Kind gezankt und gezetert! Die Frömmler wollten es den Sozialdemokraten, die Sozialdemokraten den Frömmlern unterschieben. Die einen ärgerte aufwiegelnde Kritik sozialer Zustände, die anderen ärgerte »Mystizismus« und »Kirchlichkeit«. Sogar hygienische Gründe wurden ins Feld gerückt; weil der Gestalt des stummen Todes einige überreizte Frauennerven nicht standhielten, verleugnete man die sonstige Gegnerschaft gegen Theaterzensur und rief schlankweg nach der Polizei. An das Ohr des Monarchen drängten sich Flüsterstimmen, die von Gotteslästerung raunten, weil sich dem kleinen Hannele das Bild des angebeteten Schulmeisters mit dem Bilde des Heilands im Fieberwahn verwebt. Der Hof- und Garnisonprediger Emil Frommel soll eigens ins königliche Schauspielhaus entsandt worden sein, um über den blasphemischen Charakter des Stückes ein vertrauliches Gutachten abzugeben. Aber man war bei der Wahl des Begutachters an den Unrechten gekommen, denn man war an einen Dichter gekommen. Frommel ging tief ergriffen und poetisch gehoben aus der Vorstellung, die er noch einigemal mit steigender Liebe für das arme Hannele besucht haben soll. Vom Angstschrei dieser gequälten Kreatur schien man, wie vorher von den »Webern«, ein tausendfaches Echo in den Scharen der sozial Unzufriedenen zu befürchten, während umgekehrt Nicolais geistige Nachkommenschaft den Dichter einen Frömmler schalt, der uns ins finstere Mittelalter zurückführen wolle. Wenn Hauptmanns Traumstück etwas mit dem »Umsturz« zu tun hat, so ist ein »Umstürzler« nicht der Dichter, sondern höchstens der Maurer Mattern, der sein Stiefkind prügelt, weil es ihm nicht das nötige Kleingeld für Schnaps erbettelt hat. Und wenn jemand im Stück ein wundergläubiger Christ ist, so ist es nicht der Dichter, sondern das arme Hannele selbst.

Wie der fromme alte Weber Hilse in Langenbielau, der auch sein Weltweh nur aus Himmelssehnsucht trug, kommt das kleine Hannele von den pietistischen Gärten Schlesiens her. Die Armenhäusler, die Hanneles Sterbelager umlärmen und umlungern, reden den Dialekt der schlesischen Berge. Aber das Schlesiertum liegt nicht bloß im Armeleutedialekt. Wie tief schlesische Volksart in diese Dichtung versenkt ist, hat vor allen andern der Schlesier Gustav Freytag erkannt, der ein Jahr vor seinem Tod die Traumdichtung des jungen Stammesgenossen besprach. Freytag rühmte die Bühnenkenntnis, mit der Hauptmann hier »etwas geschaffen hat, was nur ein echter Dichter, vielleicht nur einer aus dem Regierungsbezirke des Berggeistes Rübezahl ersinnen konnte.« Während sich ein Teil der Tagespresse über den »naturalistischen« Anfang ebenso erboste, wie über das »symbolistisch-mystische« Ende des Stücks, sah in Übereinstimmung auch mit Spielhagen der alte, die poetischen Mittel des Kontrastes genau kennende Verfasser einer »Technik des Dramas«, daß »erst auf der Grundlage der gemeinen, harten Wirklichkeit des Daseins, des Kampfes mit der Not, der Schwäche und sittlichen Verderbnis die Poesie des idealen Inhalts, welchen frommer Glaube dem Kinde des Volks zuteilt, verständlich und ergreifend wird.«

»Hanneles Himmelfahrt« ist ein Ergebnis des Aufenthalts, den Gerhart Hauptmann seit 1891 wieder in Schlesien genommen hatte. Hier traten dem gereiften Dichter heimatliche Kindeseindrücke mit gesteigerter und gereinigter Kraft wiederum vor die Seele. Wer bei dem lang gestreckten, am Fuß einer hügelan steigenden, bewaldeten Wiese gelegenen Bauernhause, das damals Carl und Gerhart Hauptmann mit ihren schwesterlichen Frauen noch gemeinsam bewohnten, vorüber ins meilenweit hingelagerte Dorf Schreiberhau wandert, kann auf der Landstraße den Armenhäuslern begegnen, dem stottrigen, schlottrigen Vater Pleschke, der fromm gewordenen Zuchthäuslerin Tulpe, der Straßendirne Hete, die noch nicht Betschwester geworden ist, dem Flegel Hanke; auch wohl dem Maurer Mattern, der im Stück nur Schreckgespenst des Traums ist. Am Verkehr mit Volk und Natur hat sich auch hier des Dichters Kunst gestärkt. Auch diese Dichtung wurzelt im Weh der Erde. Doch ihren Scheitel krönt Himmelslicht.

Dieses aus Lust und Schmerz gefügte Werk widmete der Dichter der Frau Marie Hauptmann gebornen Thienemann mit Worten, auf denen Abschiedsstimmung liegt.

IX

Florian Geyer

Seit dem Tiberiusdrama hatte sich Gerhart Hauptmann in der Wahl dramatischer Stoffe nicht wieder aus seinem Land und seiner Zeit entfernt. Denn die drei Stücke, die in der östlichen Umgebung Berlins spielen (Das Friedensfest, Einsame Menschen, Der Biberpelz) stehen noch unter schlesischem Einfluß, und das »Schauspiel aus den vierziger Jahren« führte in eine Zeit, die noch nicht hinter lebender Menschen Gedenken lag. Jetzt erst wagte der Dichter wieder einen Sprung in andere Zeit und anderes Land. Bei seiner Beschäftigung mit den sozialpolitischen Bewegungen der Gegenwart und jüngsten Vergangenheit war ihm ein Buch in die Hände gefallen, das den großen deutschen Bauernkrieg behandelt, und dessen Verfasser ein alter vormärzlicher Demokrat, der schwäbische Pfarrer Dr. Wilhelm Zimmermann, ist. In seinem wissenschaftlichen Wert wird dies Buch von der Geschichtsforschung für abgetan erklärt. Aber es ist mit populärem Schwung geschrieben. Ein freiheitlicher Geist, Liebe für die Unterdrückten, Haß gegen Bedrücker geht durch seine Zeilen. Deshalb entschloss sich Wilhelm Blos, von dem alten Buch eine neue, billige, gut ausgestattete illustrierte Ausgabe zu besorgen. Sie ist 1891 (bei Dietz in Stuttgart) erschienen, berichtigt manche Irrtümer Zimmermanns im Einzelnen, hält aber im ganzen an der demokratischen Tendenz des seligen Pfarrers fest und hat in Arbeiterkreisen ziemliche Verbreitung gefunden. Als Hauptmann dieses Buch las, steckte ihn der Enthusiasmus an, womit Zimmermann die Gestalt des ritterlichen Bauernführers Florian Geyer hervorhebt. Und noch unter dem Eindruck sozialpolitischer Weberstimmung, noch bevor er an den »Biberpelz« und »Hannele« ging, entschloss er sich, Florian Geyer zum Helden eines historischen Dramas zu wählen.

Während des Sommers 1894 war er von einem mehrmonatigen Aufenthalt in New-York und Umgegend, wo er Gattin und Söhne bei alten Freunden aufgesucht hatte, eben heimgekehrt. Nun hielt er sich längere Zeit in Rotenburg ob der Tauber auf, kam auch nach Würzburg und Schweinfurt, und in Nürnberg ergriff ihn aufs tiefste die alte, starke, deutsche Kunstgewalt der Adam Kraft, Veit Stoß und Peter Vischer. Dann ging er nach Schreiberhau zurück, um seine Arbeit vorläufig abzuschließen. Während des Frühlings 1895 brachte: er seinem Freund Brahm, der inzwischen das Deutsche Theater gepachtet und sein erstes Direktionsjahr durch den Erfolg der »Weber« geborgen hatte, ein starkes Manuskript nach Berlin. Auch dies Werk las er uns vor, erklärte aber gleich anfangs, es eigne sich von allen seinen Stücken am wenigsten zur Vorlesung, weil es sich von allen seinen Stücken am meisten fürs Theater eigne. Die Vorlesung gab kein klares Bild und auch keine rechte Hoffnung auf Gelingen der Bühnenaufführung. Aber der Dichter selbst blieb seiner Sache so sicher, daß er im Herbst 1895 daran dachte, mit Felix Hollaender zusammen das Theater des Westens in Charlottenburg zu übernehmen und hier zunächst ganz nach seinen eigensten Intentionen den »Florian Geyer« aufzuführen. Er ging dabei vom richtigen Gefühl aus, daß ein Bühnenwerk nicht im Buche schon fertig sei, sondern erst wenn der Vorhang über den letzten Akt fällt, und daß der Verfasser bis zu diesem letzten Punkt die Oberhand im Spiel haben müsse. Alte Ideale poetisch-plastischer Schauspielkunst wurden wieder lebendig, aber hart im Raume stießen sich auch diesmal die Sachen. Eine Weile wurde mit dem Baumeister Sehring wegen des Charlottenburger Schauspielhauses unterhandelt, aber für diesmal scheiterte der Plan. Am 5. Januar 1896 kam »Florian Geyer« in Berlin aufs Deutsche Theater. Das weitschichtige Werk, nicht zum Besten dargestellt, erfuhr eine sehr stürmische Aufführung, der dann nur wenige Vorstellungen folgten. In dem Sturm jener ersten Aufführung kam es zu drolligen Szenen. So rief ein werter Mann, der sich mehr auf Witz als auf Wissenschaft versteht: »Das ist doch nicht der Florian Geyer, den wir alle kennen und lieben!« Der Brave hatte keine Ahnung, wie wenig auch die gelehrtesten Kenner des Bauernkrieges von Florian Geyer wissen.

Kein kritischer Forscher hat es bisher der Mühe für wert gehalten, das Bild des Mannes biographisch zu erhellen. Aus den Chroniken und Urkunden seiner Zeit müssen wir einzelne Züge herauslesen, und immer wieder entweicht dieser schwarze Ritter im bunten

Gewimmel leibhaftigerer Gestalten. Wir kennen weder Tag noch Jahr seiner Geburt, aber wir dürfen ihn uns als Altersgenossen Franzens von Sickingen und Ulrichs von Hutten denken. Daß er Franke war, ist sicher. Seine Burg Giebelstatt ragte unweit des Würzburger Bischofssitzes in dieses schöne Land hinein. Er war aus altem Rittergeschlecht. Sein Vater und mehrere Brüder überlebten ihn. Zum Weibe ward ihm ein Fräulein von Grumbach angetraut, deren Sippe ganz in der Nachbarschaft auf Schloss Rimpar saß. Durch diese Ehe bekam er zum Schwager den glänzend begabten Abenteurer Wilhelm von Grumbach, der nach einem Leben voll kühner Eroberungsgelüste und wilder Händel endlich 1567 in Gotha hingerichtet wurde. Die Sage geht, zu den vielen Gewalttaten dieses Herrn gehöre auch die hinterlistige Ermordung seines eigenen Schwagers Florian Geyer. Soviel ist gewiß, daß die beiden Schwäger Todfeinde waren, als Florian Geyer 1525 fiel. Sein früher Tod nach einem ritterlichen Leben, von dem auch bauernfeindliche Chroniken und Volkslieder nichts Nachteiliges zu melden wissen, läßt seine Gestalt in einem reineren Lichte erscheinen, als jenen Götz von Berlichingen, dessen treuloses, räuberisches Verhalten weder die ahnenstolze Pietät später Enkel noch die dichterische Verklärung durch Goethe vor dem Richterspruche historischer Forschung retten durfte. Nicht so erkenntlich den Augen des Historikers steht mit seiner dunklen Schar Florian Geyer. Desto mehr muss es dichterische Phantasie reizen, von ihm ein deutlicheres Bild aus dem Grunde des Zeitalters aufsteigen zu lassen.

Gerhart Hauptmanns Drama teilt sich in ein Vorspiel und fünf Akte. Die Zeit der Handlung liegt zwischen Ostern und Pfingsten 1525. Würzburg, Rotenburg, Schweinfurt sind die drei Hauptorte der Handlung. Das *Vorspiel* beginnt vor der Schlacht bei Weinsberg auf dem Würzburger Bischofsschloss. Wir sehen die bedrängten Umstände der bauernfeindlichen Ritterschaft. Der fränkische Adel ist versammelt und erwartet den Bescheid seines bischöflichen Herzogs. Das *Vorspiel* scheidet sich in zwei Teile. Im ersten Teile werden durch ein Schreiberseelchen des Ritters die »Zwölf Artikel« bäuerlicher Ansprüche vorgelesen, die hier teils empörend, teils beängstigend wirken, wie das Weberlied in Fabrikantenkreisen. Im zweiten Teile spricht der Bischof-Herzog zu den Rittern. Dem Bischof-Herzog ist es auf seinem

Schlosse nicht mehr geheuer; er will sich vor den heranziehenden Bauern nach Heidelberg zum rheinpfälzischen Kurfürsten verkriechen, vorgeblich um dessen Beistand anzurufen; der ebenso kluge wie feige Kirchenfürst trägt, wie sein Zeitgenosse Eck sich ausdrücken würde, »einen Hasen im Busen«, aber er weiß dieses Hasenpanier so diplomatisch und wohlrednerisch zu drapieren, daß die große Mehrheit der Ritter nichts merkt, und die Zurückbleibenden dem entweichenden Herrn Hab und Haus hüten werden. Unter den Rittern, den »festen Junkern«, die in den aufgestandenen Bauern nur Gesindel, in der Bauernbewegung nur den Umsturz von Recht, Sitte, Ordnung sehen, heben sich mit kleinen, feinen Zügen, anfangs nicht leicht zu sondern, dann sehr unterschiedlich, Typen ab, wie sie auch in den politischen Kämpfen unserer Gegenwart wiederkehren: der stockkonservative, vierschrötige, im bösen wie im bessern Sinn einfältige, unerschrockene Haudegen (Graf Wolff von Kastell); der kleine, großmäulige, schneidigtuerische Emporkömmling, der durch überheizte Gesinnungstüchtigkeit seine Bauernherkunft verdecken will (Kunz von der Mühlen); der geistliche Fanatiker (Domherr Hans von Lichtenstein); der geschmeidige, redegewandte, wetterwendisch-staatsmännische Höfling (Sebastian von Rotenhan); daneben ein abtrünniger Sohn Ulrichs von Hutten und etliche Kavaliere, die ohne besondere Merkmale mithalten und allerlei über feindliche Vorgänge der letzten Zeit zu melden wissen. Aber dieser Schar fehlt auch der Opponent nicht: der freigesinnte Edelmann, der offen und kühn die gerechten Beschwerden des Bauernstandes anerkennt und aus seiner Abneigung gegen Junker und Pfaffen kein Hehl macht (Wolf von Hanstein); er ist der *geistige* Nachfahr Ulrichs von Hutten und Franzens von Sickingen. Er ist in dieser Ritterrunde der Stellvertreter und Sachwalter Florian Geyers. Um seine Übereinstimmung mit diesem ritterlichen Bauernhelden noch klarer zu machen, steht neben dem Geistesfreunde Florian Geyers, in verdeckterer Haltung, ein leiblicher Bruder, der an Florians Person und Ehre brüderlich hängt, aber der Sache Florians ehrlich Feind ist. Als der Bischof Würzburg verließ, hatte sich Florian Geyer schon zu tief in die Sache der Bauern eingemischt, um noch bei Hofe möglich zu sein. Er hatte bereits Weinsberg erobert und Kitzingen für sich gewonnen und war schon auf dem Wege gen Würzburg.

Er gilt diesem Junker- und Pfaffenkreis als die Seele aller Feindseligkeit. Sein Geist geht schreckhaft und gehaßt durch die Versammlung. Körperlich muss ihn daher ein anderer vertreten. Dieser andere leitet unser Interesse am Helden aus dem parlamentarisch gehaltenen Vorspiel ins Drama selbst über. Hier werden wir diesen Wolf von Hanstein nicht wiederfinden, sondern den echten und rechten Florian Geyer.

Bei der ersten Aufführung hinterließ dieses Vorspiel, von mäßigen Schauspielern dargestellt, nur den betäubenden Eindruck eines wüsten Durcheinander schreiender Lungen und rasselnder Rüstungen und schwächte von vornherein die Gesamtwirkung des Dramas so ab, daß man es an den nächsten Abenden weg ließ und die Aufführung gleich mit dem ersten Akte begann.

Der *erste Akt* hält uns noch in Würzburg auf. Aber nicht mehr jenseits des Maines auf der Bischofsburg, sondern unten in der Stadt selbst. Wir sind in der Kapitelstube der Neumünsterkirche. Nebenan ist Dankgottesdienst. Die Kirche ist dicht voll. Die Kapitelstube schmückt sich mit grünen Reisern. Unter Führung Florian Geyers haben die Bäurischen Würzburg in Besitz genommen. Der Siegestaumel ist gewaltig. »Das Glück schneiet mit großen Flocken,« jubelt im Übermut Florian Geyers Feldschreiber Lorenz Löffelholz. Aber bald darauf muss derselbe Lorenz Löffelholz klagen: »Bös Ahnen nestelt sich an mich.« Die Bauernpartei erlebt einen großartigen Triumph. Die stolzen Ritter vom Bischofssitz müssen unten in der Kapitelstube antreten, um mit der bäuerischen Übermacht zu unterhandeln. Die kecken Spötter und Schimpfer aus dem Vorspiel finden sich murrend bereit, jene »Zwölf Artikel«, die sie so feindlich glossierten, für Recht und Gesetz anzuerkennen. Die Bäurischen lassen es dabei ihrerseits an hochfahrender Schadenfreude nicht fehlen; ihre Begehrlichkeit steigt. Die mannigfaltigsten Interessen der einzelnen geraten in Wirrwarr. Den Siegern gebricht es an Eintracht. Quot capita, tot sententiae! könnte der humane und humanistische, gegen die Scholastik aufgebrachte Rektor Besenmeyer, der freudig zu Florian Geyer steht, in seinem Heidenlatein sagen. Die Bauernpartei, wie sie hier in der Kapitelstube zum Ratschlag über zwei wichtige Dinge, über die Angebote der Bischöflichen und über die Wahl eines Führers, versammelt ist, bildet sich aus den verschiedensten Ständen. Das bäurische Element selbst tritt fast zurück hinter all den Rittern und Bürgern, Geistlichen und Gelehrten, Schreibern und Kriegsknechten, die irgendein wirklicher oder eingebildeter Vorteil der eigenen Person auf diese Seite geschlagen hat. Es hallt wider von Worten wie Freiheit, Gleichheit, Brüderlichkeit, aber jeder legt in diese Worte seinen besonderen Sinn. Äußerlich entwickelt sich ein farbiges bewegtes Bild. Noch ehe die Einzelnen in das ehrwürdige Kirchengemach eintreten, sehen wir mit den begierigen Augen derer, die zum Bogenfenster auf die Straße hinabschauen, das Getriebe draußen vor dem Dome. Da hebt sich schwer von seinem Rößlein der volle Wanst des Odenwälder Bauernhäuptlings Jakob Kohl. Dann reitet auf seiner Schindmähre Götz von Berlichingen heran; er hat mit Goethes biederm Helden kaum mehr als den Namen, die eiserne Hand und etliche Schicksale gemein; sonst ist er ein kurzes »Nußknackerlein«, voller Unfried und Tücke. Wir sehen Florian Geyers Schwager in die Tür treten, den äußerlich glänzenden, innerlich rohen Ritter Wilhelm von Grumbach, der im Trüben dieser Händel nach bischöflichem Gut fischen möchte. Endlich tönt Jubel die Gassen herauf. Sie grüßen draußen den Helden des Tages, den Einzug Florian Geyers in Würzburg. Nun sitzt er ab, nun tritt er ins Gotteshaus, nun erscheint trunken von Wonne und Wein sein treuer verwilderter und verwelschter Kriegsgesell Tellermann, und endlich, nach Predigt, Gebet und Segen, ist er selbst im Zimmer, der schwarzgeharnischte Sieger.

Gleich seinen ersten Worten merkt man's an, daß ihn zuvor Rektor Besenmeyer richtig beurteilt hat: »Ein brennendes Recht fließt durch sein Herz.« Auch der bürgerlich gewordene Ritter von Menzingen, der Schultheiß Bezold, der junge Diakonus im Dom und vor allen Tellermann und Löffelholz hangen an diesem Helden. Aber schon musste Löffelholz sorgend bekennen: »Sie denken nit alle so wie wir«; und je dichter sich die Stube füllt, desto bedenklicher zeigt sich's, daß Florian Geyer über diese buntscheckige Siegerschar »in keinem Weg« die unbestrittene Herrschaft hat. Der eifersüchtige, von alters her grollende Raubritter Berlichingen fühlt sich in seinen eigenen Strauchdiebzwecken durch ihn beeinträchtigt. Der hetzende Bauernpriester Bubenleben aus Mergentheim will so wenig einen Junker zum Feldherrn haben, wie der Soldat Tellermann einen Pfaffen leiden kann, und schlägt den feisten, faulen, weinschwelgenden Bürger Jakob Kohl zum

Führer vor. Der radikale Anarchist Flammenbecker, einer von den »Weinsberger Blutbuben«, für die Götz und Geyer nur den Galgen haben, will gar keinen Hauptmann. Der glatte Schreiber Sartorius, in Schwager Grumbachs Dienst, schlängelt sich zwischen diesen widerhaarigen Köpfen hin und her. Leis abwartend, auf welche Seite der günstigere Vorteil fallen werde, hält sich im Hintergrunde sein Herr. Es beginnt unter Florian Geyers Vorsitz die Beratung. Damit treten wir aus der breiten Darlegung des historischen Standes der Dinge in die Aktion ein, von der wir nun wünschten, daß sie rascher fortschreite.

Konnte sich diese Ratsversammlung schon mit den bischöflichen Unterhändlern über das Maß von Geben und Nehmen nicht einigen, nahm sie schließlich nach alter deutscher Sitte gar nichts, weil ihr nicht alles geboten ward, so entsteht bei der Wahl des Führers noch wirrsäligere Zwietracht. Aller Dank und alle Freude sind hin. In diesem Durcheinander von Wünschen und Meinungen hebt am ruhmvollsten Tage seines Lebens der Held schon den Fuß auf zum Schritt ins tragische Verhängnis. Ein feiner Diplomat, ein weiser Staatsmann, ein gewalttätiger Tyrann hätte dieser zügellosen Schar den Herrn gezeigt, mit dem überwundenen Feind paktiert und sich die Führerschaft erzwungen. Denn je verrannter der Haufe, desto günstigere Zeit für die Despoten. Von alledem aber lag in Florian Geyers Natur zu wenig, und alles Tragische ist entweder ein Zuviel oder ein Zuwenig; meist ist es beides. Er ist, modern gesprochen, kein Realpolitiker, sondern ein Idealist. Florian Geyer, ein ganzer Mann, ist doch nur einen halben Weg gegangen. Den verbündeten Rittern galt er als Bauer, den Bauern blieb er trotz der Lockenschur ein Ritter, und die Geistlichkeit sah in ihm den Ketzer. Er hat nach eigenem Rechtsgefühl gehandelt, aber schon wuchs aus seiner Saat etwas hervor, was seinen Willen überwucherte. Draußen in der Stadt tobt noch der Siegesjubel. Das Volk schlägt aus. Man will an den Überwundenen sein Mütchen kühlen. Weinsbergs böses Beispiel wirkt nach. Die Unterhändler des Bischofs finden nicht das freie Geleite durch die Stadt, das Geyer ihnen zugesichert hat. Weiber möchten zu Hyänen werden, und alle diese Rechtswidrigkeiten geschehen unter dem Feldgeschrei: »Vivat Florian Geyer!« Es fallen Schüsse. Der Knall der Schüsse wirkt auf die Ratsversammlung ungefähr so, wie 1848 die Schüsse vor dem Schloss

Friedrich Wilhelms des Vierten auf die Berliner Bevölkerung. Die Empörung bricht los. Geyer aber handelt nun nicht, sondern redet. Er wirft sich nicht zum alleinigen Herrn der Situation auf, sondern plädiert für einen vielköpfigen Kriegsrat. In ehrlichem Pathos leitet er die Wut in eine symbolische Handlung ab, zu der sich nun die Getrennten vereinigen. Ein Stoß des Messers in die Kirchentür bedeutet für sie einen Stoß »mitten ins Herz« des Feindes. So findet jeder, der Soldat wie der Pfaff, der Anarchist wie der Bürger, der Bauer wie der Gelehrte, der Feste wie der Schwankende irgendein Herz, in das er ohne Blutvergießen mitten hinein stechen kann. Und die meisten Stiche ins Holz gelten dem Truchsess von Waldburg. Diese körperliche Übung, die einen Akt Schlusseffekt macht, lenkt das Blut aus den Gemütern ab. Zwei aber haben ihr Messer nicht gestoßen: die beiden Mitbewerber ums Hauptmannsamt, Kohl und Berlichingen. Und doch ist Geyer ihren Wünschen nicht mehr gefährlich. Er, der Mann des Rechts und der Rechtsdoktrin, hat freiwillig auf die Wahl verzichtet. Statt des festen *einen* Herrenwillens waltet ein Vielerlei.

Zwischen dem ersten und zweiten Akt liegt die strategische Situation so: Das Würzburger Bischofsschloss soll von der Stadt aus beschossen werden. Das kann ohne den Beistand der Rotenburger Stadtgeschütze nicht geschehen. Diese zu heischen und zu holen, wird Florian Geyer von Würzburg nach Rotenburg verschickt. Die Zurückbleibenden geloben, etwas Feindliches gegen das Schloss nicht früher zu unternehmen, als bis Geyer mit den Geschützen wieder da ist. Dieses feierliche Versprechen wird nicht gehalten. Während Geyer in Rotenburg ist, beschießen seine wortbrüchigen Brüder in Würzburg das Schloss, und da sie mit Geschützen nicht genügend versorgt sind, so erleiden sie eine schmachvolle Niederlage, die zusammen mit dem gleichzeitigen Böblinger Siege des Truchsess die bäurische Sache an den Rand des Abgrundes bringt.

Der *zweite Akt* spielt in Rotenburg. Geyer ist in der Stadt. Wenn im Vorspiel die äußere Handlung in zwei Teile, Verlesung der Artikel und Ansprache des Bischofs, zerfällt, wenn im ersten Akt die Stimmung von der Siegesfreude zu heißer Zwietracht umschlägt, so sind auch im zweiten Akt zwei Teile zu unterscheiden. Der erste ist wieder zuständlicher Art. Der zweite bringt die tragische Wendung. Dieser

Akt erinnert, nicht nur durch anschauliche, breite, den Fortgang der Aktion hemmende Schilderung von Zuständen, sondern auch durch die Szenerie zunächst an den dritten Akt der »Weber«. Auch hier sind wir in einer Schenkstube: am Marktplatz von Rotenburg beim Gastwirt Kratzer, der zur Bauernpartei gehört und ihr stiller Vertrauensmann ist. Bei Kratzer finden sich von auswärts und aus der Stadt die »Brüder« ein, um unter dem Vorwand eines guten Trunks, einer Erholung hinter dem Krug, über die Lage zu schwätzen und Neuigkeiten zu hören. Die erste Hälfte des Akts ist der Besprechung der Lage gewidmet, die zweite den neusten Nachrichten vom Kriegsschauplatz. Der Verkehr in diesem Wirtshause schafft wieder ein lebendiges Bild. Weinselige Bürger plärren die großen Schlagworte der Zeit her wie Bundschuh und Evangelium. Es wird weidlich auf Pfaffen und Klöster geschimpft, und an einigen verlaufenen Mönchen wird die Verwahrlosung des Klosterlebens offenbar. Die Reformationsstimmung ist so stark, daß sie sich schon zu Spott und Hohn entschließt. Der schmucke Bürgermeistersohn, der mit den Geschützen gen Würzburg ziehen soll, wird in seiner kecken Großjungenhaftigkeit von den zechenden Philistern als Hoffnung künftiger Zeiten beliebäugelt. Ein antipapistischer Hausierer ruft die neuesten Flugschriften aus, und in dieser Marktschreierei vergegenwärtigen sich alle Gewalten des Zeitlaufs: Ablaßkram und päpstliche Weltherrschaft, der Opfertod von Hus und Savonarola, Huttens letzte Tage und Thomas Münzers Streit mit Luther. In glücklichster Weise dient die Episode zur Charakteristik der Zeit, der Zeitstimmung wie der Lage des Augenblicks. Unter diesen bunten Gestalten, die nur als episodische Merkmale der Zeit erscheinen, begegnet so mancher Bekannte aus der Würzburger Kapitelstube. So der eingebürgerte Ritter von Menzingen und der Schultheiß Bezold von Ochsenfurt, der den Geyer nach Rotenburg begleitet hatte; beide gut bäuerisch, hegen aber im Nachhall der Würzburger Zänkereien über die zweifelhafte Haltung des Markgrafen Casimir von Anspach sehr verschiedene Meinung und gerieten hart aneinander, wenn nicht dem Schultheißen, der ein fester Zecher ist, noch rechtzeitig die friedenstiftende Kraft des Tauberweins einfiele.

Auch sonst ist unter den bäurischen Brüdern viel Uneinigkeit. Weder Karlstadts Bilderstürmerei noch sein Lutherhaß werden von andern gebilligt, und wo sich zwei in einer Sache einig sind, geschieht's aus verschiedenen Gründen; auf Karlstadts Bildersturm erwidert Geyer das feine Kulturwort: »Gott grüß die Kunst!«, während Geyers Todfeind, der Schäferhans, dieselbe Bilderstürmerei um seines alten katholischen Volksglaubens willen haßt.

Auch Rektor Besenmeyer, der Humanist, ist dabei. Wir sehen ihn gleich bei Beginn des Akts in Kratzers Wirtsstube wieder und sind Zeugen seiner Humanität; er hat unterwegs eine todmüde, zigeunerhafte Dirne aufgegriffen und schafft ihr barmherzig bei Kratzer Unterschlupf. Der Dichter wurde auf die unheimliche, heimatlose Gestalt der »schwarzen Marei« durch die schwarze Hofmännin aus Böckingen bei Heilbronn geführt. Diese Petroleuse des Bauernkriegs war mannhafter als alle Männer. Ihre Zaubersprüche hatten fortreißende Macht. Ihr Segen, der ein Fluch war, tat das Seinige, um die Bauern durch jene Weinsberger Greueltaten ins sittliche Unrecht zu setzen. Gerhart Hauptmanns schwarze Marei ist freilich nur ein Schatten dieser Gestalt. Sie ist zahmer und scheuer. Der Dichter hat die Böckingerin dem Käthchen von Heilbronn angenähert. Wie das Käthchen in hündischer Treue ihrem Ritter folgt, so die schwarze Marei dem Florian Geyer. Wie sich das Käthchen mit dringlicher Kunde den Atem ausläuft, so kommt über Nacht die schwarze Marei mit Hiobsposten von Würzburg nach Rotenburg gerannt. Am Ziel sinkt sie übermüdet in todesähnlichen Schlaf, und während beim Kratzer an den verschiedenen Wirtstischen die »Läufte« beredet werden, während durch wimmelnde Gestalten die damalige Welt im Kleinen erscheint, liegt hinten, unbemerkt und ungestört, wie sein schlafendes, schwarzes Verhängnis, Florian Geyers schwarze Marei.

Aber die schwarze, treue Marei ist nur das äußere Scheinbild seines Schicksals. Leibhaftig verkörpert sich dieses Schicksal in einer Männergestalt. Gleichfalls in Kratzers Wirtshaus zu Rotenburg tritt er zur selben Stunde ihm entgegen. Wie den Wallenstein sein Buttler umkreist, so umkreist den Florian Geyer sein Schäferhans. Der Schäferhans, ein einfältig frumber Landsknecht, der sich gegen seine bäurischen Brüder nicht will brauchen lassen, aber ein in der Soldateska verrüdeter Rauf- und Saufbold, wollte in der Glut des Branntweins dem verhaßten Bilderstürmer Karlstadt, der ebenfalls bei Kratzer untergekrochen ist, ans Leben, wird aber von dessen Mut der Demut abergläubisch gebannt, dann jedoch durch Lärm und Spottlied gegen den eingetretenen Florian Geyer, mit dem er schon vor Pavia Händel hatte, so aus der Maßen frech, daß dieser ihn mit einem Faustschlag ins Gesicht niederwirft.

Florian Geyer trifft mit diesem sinnbildlichen Faustschlag die ganze Wildnis und Wüstheit des Zeitalters und beweist, daß sein Herz dem niedern Volk, aber nicht dem verrotteten Pöbel gehört. Zwar liegt der Schäferhans jetzt bewußtlos am Boden. Aber es kommt ein Tag, da er den Florian Geyer zum zweiten Mal treffen wird. Jetzt hat Florian nur seinen verräterischen Schwager Wilhelm von Grumbach zur Seite, und hinten im Dunkeln auf der Bank schläft noch immer, durch keinen Schäferhans zu erwecken, und auch nicht zu erwecken, als das Volk seinen Helden umjauchzt, und der Held zu seinem Volke spricht, die schwarze Marei. Man hatte ihrer und ihrer Hiobsposten lange vergessen. Nun aber wird sie doch geweckt, und sie bringt stockend, unbeholfen, maulfaul vor Müdigkeit, mürrisch aus Ohnmacht, mühsam hervor, was sie weiß, und was ihr mitgegeben ist. Auf einen Ruck sind wir damit in die seit Würzburg fortgeschrittene Aktion hineingerissen. Wir erfahren mit Florian Geyer und den andern, wie sich seit jenem Siegestag alles gewendet hat, wie verzweifelt es um die bäurische Sache steht. In der Böblinger Schlacht fielen gegen den Truchseß von Waldburg zwanzigtausend Bauern. Aber auch in Würzburg selbst steht es schlimm. Während sich Florian Geyer unheilvollerweise hierher nach Rotenburg »verschicken« ließ, wurde dort gegen seinen Willen und wider Versprechen beschlossen, die bischöfliche Burg anzugreifen. Nur Tellermann hatte sich widersetzt. Er wurde für diese Treue zum Herrn ins Eisen gelegt. Die andern samt Geyers schwarzem Haufen wagten den Angriff und wurden schmählich niedergemetzelt. Als Geyer diese Nachrichten von der schwarzen Marei empfängt, verläßt ihn sein Vertrauen zur Sache. Solange er nur von der Übermacht des Feindes bei Böblingen hörte, erscholl immer wieder sein ermunternder Ruf: »Gen Würzburg«. Als er aber vom Wortbruch der Freunde hört, verstummt sein Ruf; anstatt die Rotenburger Geschütze zu fordern, legt er selbst Stück für Stück seine eigenen Waffen ab. Er denkt ans Kloster. Dieser Akt, in allen Tonarten spielend, endigt mit einem elegischen Akkord. In der entscheidenden Stunde, vom Orte der Entscheidung weit entfernt, hält sich Geyer damit auf, einem einzelnen Mann die Faust ins Gesicht zu schlagen und zum Fenster hinaus eine schöne Volksrede zu halten. Ist das sein Charakter oder sein Schicksal? Statt frischer Tat Sinnbild und Worte!

Der *dritte* Akt führt nach Schweinfurt. Die tiefe Niedergeschlagenheit, in der wir Florian Geyer verließen, hat inzwischen alle Beteiligten ergriffen. Die Lage ist für die Bauern schlimmer geworden. Markgraf Casimir von Anspach, der die letzte Hoffnung blieb, hat sich zu Ungunsten der Bäuerischen entschieden und die Stadt Kitzingen, mit furchtbarer Grausamkeit gegen die wehrhaften Bewohner, genommen. Scheinliberale Edelleute sind eilends abgefallen. Der Truchseß von Waldburg, den sie jetzt den Bauernjörg nennen, ist nach der Böblinger Metzelei weitergezogen und hat die Stadt Weinsberg, diese Wahlstatt der schlimmsten Gräueltaten empörter Bauern, niedergesengt. Ein Bauernausschuß, der in Heilbronn kommunistisch-reichseinheitlich-liberale Verfassungsentwürfe beraten wollte, stob vor dem unbarmherzigen Truchseß auseinander. Jetzt, da es zu spät ist, geschieht, was Geyer schon in der Würzburger Kapitelstube gewollt hatte, jetzt, da der rechte Augenblick bereits verpaßt ist, hat der bäurische Kriegsrat einen Landtag aller Genossen nach Schweinfurt berufen. Aber alle Schwachen und Schwanken sagen ab, und der Festen bleiben nur wenige. Wir sehen unsre alten Bekannten aus der bäurischen Gruppe nacheinander in die Schweinfurter Ratsstube treten. Ein umherziehender reicher alter Handelsjude, Jöslein, dient, ähnlich wie zuvor in Rotenburg der Hausierer, als Verkünder der neusten Begebenheiten. Zunächst sitzen die beiden von der Kapitelstube her bekannten Feldschreiber da, der Geyerische Biedermann Löffelholz und der Grumbachische Gleißner Sartorius; jener sterbenskrank an Leib und Seele, wie die Sache, der er und sein Herr dienen, dieser ängstlich fragend, mit wem es sein Herr nun hält, wo ihm selbst der Ausschlupf sein wird. Dann kommt der Würzburger Demagog Link, der Mordbrenner Flammenbecker, der finstere soziale Pastor Bubenleben, der gute alte Rektor Besenmeyer, der eingebürgerte Ritter von Menzingen, der Hauptblamierte vom Würzburger Schlossberg Jakob Kohl. Jeder weiß was Neues, keiner was Tröstliches. Einer gibt dem andern die Schuld am Unglück. Aus allen diesen Vorwürfen, dieser eigensinnigen Borniertheit, diesem Schimpf und Groll und Zank entrollt sich eins der trübsten Gemälde deutscher Vergangenheit, deutscher Zerklüftung und Zerfahrenheit: im Dienst für *eine* Sache das vielspältigste Wesen. So verläuft vom dritten Akt der erste Teil.

Den zweiten Teil beherrscht Geyer selbst. Er tritt in derselben Stimmung auf, in der wir ihn beim Rotenburger Weinschenken gesehen hatten: still gefaßt und ohne Vertrauen, ein Besiegter in der Größe des Siegers. Er ist gütig gegen seine Getreuen, nimmt für seine Gleichheitsbestrebungen gelassen den naiven Dank des Juden hin, zerschneidet mit einem kurzen, messerscharfen Wort das Tischtuch zwischen sich und seinem Schwager Grumbach und ignoriert verächtlich jenen Jakob Kohl, der bei Würzburg den Hauptkarren verfahren hatte. In dieses wartende Rumpfparlament bricht eine gräßliche Szene ein, die auch Geyers Blut wild aufrührt. Ein altes Weib führt ihren zu Kitzingen beim Einzug der Markgräflichen mit zahllosen andern Bürgern geblendeten Sohn herein. Im Irrsinn ist sie bekehrt zum ältesten Glauben; alle Menschen, besonders aber den Luther und den Geyer verflucht sie; Gott und allen Heiligen singt sie Lob. Der Wut und dem Wahn ihres Wehs begegnet Geyer sanft, ergeben und mildtätig. Dann aber feuert es, wie aus einem langverhaltenen Krater, flammenspeiend hervor, und sehr verschieden von den Hadereien, Nörgeleien und Ärgereien der andern, hält er ein Strafgericht über alle die Halben, Ungetreuen, Unverträglichen, Habgierigen, Eigenmächtigen, Eitlen, die ihm seine Sache verdorben haben, »eine Sache, die Gott einmal in eure Hand gegeben hat und vielleicht nimmer.« Es ist wieder bloß in *Worten* ein Strafgericht, aber die ganze derbe Ausdruckskraft des lutherischen Zeitgeistes steht diesem ritterlichen Helden zu Gebot, und auch das welterschütternde Hohngelächter, in das Goethe seinen Götz vor den Heilbrunner Ratsperrücken ausbrechen läßt.

Geyer, der Held der unerschrockensten Tat, der mannsmutigste von allen, muss wieder in Scheltreden seine Brust erleichtern und, wenn er das Schwert zieht, kann er nur seine Verbündeten herausfordern. Die Macht seiner Persönlichkeit wirkt durch diesen emphatisch ausgeschrienen Seelenschmerz stärker als bisher. Er beugt sie alle nieder. Am erschütterndsten wirkt er auf den armen dicken Jakob

Kohl, der nun ganz zerknirscht ist. Und doch! So hoch Geyer über den andern steht, so bestätigt und bestärkt sich der erste, aus der Würzburger Kapitelstube geholte Eindruck: Geyer ist nicht der Mann, diese tobenden Zeiten zu führen.

Ziele, wie Karl der Große, wie Luther, wie Bismarck, kann er sich setzen, aber er wird sie nicht erreichen. Der idealistische Doktrinär ist in ihm größer als der durchgreifende Realpolitiker. Weil er für Recht und Freiheit ist, gibt er in der Stunde seines höchsten Triumphes seinen eigenen Willen auf und läßt einer unsichern, uneinigen Vielheit die Macht. Und in entscheidender Stunde der Gefahr läßt er sich zu minderwertigem Geschäft beiseiteschaffen, damit die andern, die Vielen, gegen seinen Willen ihr Stück durchsetzen. Hätte ein Geyer vor fünfzig Jahren mit dem preußischen Abgeordnetenhause im Militärkonflikt gelegen, so hätte der treue und gewissenhafte Rechtsfreund die Verfassung nicht gebrochen. Er hätte keiner Indemnität bedurft, aber auch kein Königgrätz, Sedan und Versailles erreicht. Bei Geyer denkt man an einen andern Mitbegründer des neuen Deutschen Reichs, der, um Napoleons gehässiges Wort auf die Deutschen hier anzuwenden, ein Ideolog war und doch ein Held des Krieges. Wie wenig eins das andere ausschließt, hat der moderne Dichter an Geyer mit psychologischer Schärfe dargestellt. Denn auch die lange, derbdeutsche Strafpredigt auf dem gescheiterten Landtag in Schweinfurt endigt mit einem heldenmütigen, tatkräftigen, nur schon zu späten Entschluss. In Rotenburg hatte Geyer die Waffen abgelegt, weil nichts mehr zu hoffen schien. Jetzt ist noch weniger zu hoffen, und doch ergreift er mit seinem alten Feldruf »Gen Würzburg« wieder das Schwert zum letzten Verzweiflungskampf um Leben und Tod. Noch eh' er, begleitet von den Treugebliebenen und einem wieder Treugewordenen, dem reuigen, rührend lächerlichen Jakob Kohl, davon schreitet, umfaucht ihn sichtbar schon ein Hauch des Todes. Er läßt seinen Löffelholz im Sterben zurück. Er rückt in ein Feld, wo er eines Feldschreibers nicht mehr bedürfen wird.

Während des *vierten Aktes* sind wir wieder in Kratzers Herberge am Markt zu Rotenburg. Der Ort ist derselbe, aber wie anders die Stimmung! Rings her brennen die Dörfer. Der Glutschein steigt über die nächtlichen Dächer der Stadt. Es ist schwül und verzagt. Unter den Bürgern Rotenburgs herrscht eine reaktionäre Strömung. Die kleinen selbstischen Interessen kommen zum Vorschein. Man will Fried im Land und sich ducken. Der Harnischweber Kilian, der zuvor hübsch bäurisch war, überlegt jetzt, wem er denn noch Harnische weben soll, wenn es keine Ritter mehr gäbe. Man petitioniert um Wiedereinführung der alten Kirchenbräuche. Das heimliche Treiben in Kratzers Wirtshaus wird von der Gegenpartei argwöhnisch beobachtet. Kratzer selbst ist überaus ängstlich geworden. Er verteidigt sich mit dem echten Geldverdienerwort: »Ein Wirt ist allweg ein Freund seiner Gäste. So bin ich des Karlstadts Freund gewest.« Kunden, denen er nicht recht traut, gönnt er seinem Konkurrenten. Ein klägliches, feiges Pfahlbürgertum macht sich breit. Nur eine Minderheit vertraut noch auf den Götz und den Geyer und läßt sich von herumziehenden Spielleuten die neuen Volkslieder auf diese Helden vorbänkeln. Die Gegenpartei antwortet mit Spottliedern auf Thomas Münzer und Martin Luther.

Der Standhaftgebliebenen Hoffen richtet sich auf den Schweinfurter Landtag. Als Geyer von Rotenburg nach Schweinfurt geritten war, scheint die schwarze Marei in der Herberge zurückgeblieben zu sein. Während Gevatter Schuster und Schneider sich »kleines Lauts« zur Ruhe trollen, liegt sie wieder hinten auf ihrer alten Bank und schläft. Aber ihre Träume stehen in der Feldschlacht bei Geyer und seinem Tellermann. Sie ist nicht das einzig Unheimliche in der jetzt so unwirtlichen Herberge. Wie aus der Nachtluft gebildet, steht plötzlich vor dem erschreckten Wirt sein gefährlichster Gast, Andreas Karlstadt, der Bilderstürmer. Eine ganz gescheiterte Existenz! Mutlos und unwillkommen kehrt er von Würzburg zurück, das sichtbare Gespenst einer verlorenen Sache. Er spricht jetzt das Wort aus, worin sich die ganze Tragödie spiegelt: »Hat ein Aussehen gehabt, als sollte der Frühling hervorkeimen, allenthalben, ist aber alles wiederum verfaulet in Finsternis!« Karlstadt ist nicht der einzige, der in dieser düstern Nacht die Herberge des armen Kratzer heimsucht. Von Marei sofort aus dem Schlafe heraus von weitem erkannt, kommt Geyer mit anderen Abgeordneten, darunter Menzingen und Rektor Besenmeyer, vom Schweinfurter Landtag zurück. Unverrichteter Sache! Gegen Würzburg, wo nach Karlstadts Äußerung die Hölle ist, Leute anzuwerben, um seinen schwarzen Haufen wieder herzustellen, ist auch vergebliche Mühe gewesen.

Still in sich gekehrt, sitzt er wieder an Kratzers Tisch, auf den seine verlorene Hand Kreidefiguren hinmalt, während seine Gedanken um das deutsche Schicksal kreisen. Wir kennen diese Situation schon, aber wir sehen jetzt tiefer in sein Inneres. Sein Lebenszweck schwindet. Sein Traum verschäumt: »Der heimliche Kaiser muss weiterschlafen, die Raben sammeln sich wieder zu Haufen.« Und doch ist noch ein Strohhalm, nach dem dieser Bestmeinende greift. Einer steht noch im Feld wider den Truchseß, freilich der Unberechenbarste von allen. Der Berlichinger. Aber doch lebt an diesem Gedanken aus seiner stillen Schwermut etwas auf wie Galgenhumor und Ironie. Tändelnd scherzt er mit seiner hundstreuen Dirne, deren lange Strähnen dem Ketzer lieber sind als das Haar der allerseligsten Jungfrau. Er lächelt über die Verdächtigungen seiner Feinde, die ihn für einen Anhänger der Franzosen ausschreien. Sein weit und frei gebliebener Blick, der mir manchmal das Nächste nicht sah, sucht über den großen Wassern das neu entdeckte Land, und während sich die Propheten um ihn her, der Humanist und der Bilderstürmer, durch gelehrte Disputationen über das Seinsollende die ängstliche Zeit vertreiben, erwacht in ihm das Weltkind. Er begehrt Musik und Tanz. Da plötzlich unterbricht ein anderer Ton dieses ganze müßige Brüten über ein gesuchtes und nicht gefundenes Glück. Der schwerverwundete, sterbende Tellermann, den Stumpf einer schwarzen Fahne in der Hand, stürzt taumelnd im irren Fieberwahn herein. Bei Königshofen ging wieder eine Schlacht verloren. Götz hat Verrat geübt. Dieser Todeskampf Tellermanns mitten unter denen, mit denen er zusammenhielt, ist die mächtigste Szene im Drama. Es ist, als müsse nun jeder einzelne in sein Grab steigen. Der Herbergswirt verbrennt alle kompromittierenden Schriftstücke. Karlstadt betet inbrünstig zum Gott seiner Auslegung. Der Rektor Besenmeyer fühlt sich einen alten Mann geworden. Menzingen sieht den langen Todeszug der Brüder. Wir werden keinem von ihnen mehr begegnen. Nur Geyer nimmt noch einmal den stummen Dienst seiner Dirne in Anspruch. Er läßt sich noch einmal den schwarzen Harnisch umlegen und trägt sein Letztes in den letzten Kampf. Jetzt, da er einer göttlichen Sache gedient hat, will er keinem König mehr dienen. Er ist schon dem Grab vertrauter als dem Diesseits. »Wo ist man die erste Nacht nach dem Tode?« fragt er. »Bei Sankt Gertrauden,« antwortet

Marei. »Wo ist man die zweite Nacht nach dem Tode?« fragt er wieder. »Bei Sankt Michel,« antwortet Marei. »So will ich übermorgen Sankt Gertrauden und über drei Tagen Sankt Michel von euch grüßen.« Vom alten Bänkelsänger läßt er sich eins der Volkslieder, die über ihn durchs Land zogen, als Nänie singen. Er weint. »Ihr Herren, ich schäme mich nit vor euch. Ich habe nit um mich geweint!« Er lächelt bitter seines Ruhms, seines Segens für Deutschland: »Ich hab gedacht, ich wollt Wandel schaffen. Wer bin ich, daß ichs gewagt.« Er selbst fällt in den Ton der Lieder, die das Volk von ihm singt. Er denkt huldigend der Großen, die ihm vorangegangen sind, des Sickingen und des Hutten. Sein Feuer flackert noch einmal auf. »Lustig Brüder! Warum sollen wir nit lustig sein? Die heilige Agathe ging zum Märtyrertod als wie zum Tanz. Das heilige Mädchen Anastasia verachtete den Tod, und wir sind Mannskerle.« Mit so grimmem Humor nimmt er Abschied von den Brüdern. Er nimmt Abschied vom toten Tellermann, der noch immer den Fahnenstumpf fest umklammert hält: »Willst sie nit hergeben? Ei, Bruder, gib dich zufrieden. Auf Bauernehr, Bruder! Ich will ihr so treu sein wie du.« Wie zu Schweinfurt mit seinem Löffelholz, so ist jetzt mit seinem Tellermann ein Stück des eigenen Selbst von ihm abgestorben. Löffelholz war freilich nur sein Federkiel. Tellermann ist der Griff seines Schwertes gewesen. Von Geyers schwarzem Haufen, seinen »Dunkelknaben« bleibt nur noch Geyer selbst übrig.

Im *fünften Akt* sind wir im Schloss zu Rimpar, unweit Würzburgs, auf dem Herrnsitz Wilhelms von Grumbach. Die Grumbachischen sind in großer Ängstlichkeit. Mit den Bauern und Florian Geyer ist es aus, und der Schlossherr hat sich in seiner Gier, vom besiegten Bischof Land und Leute zu erschnappen, so weit bloßgestellt, daß nun vom Zorn der Sieger Übles zu befürchten steht, und die Annäherung an den Schwäbischen Bund, die Versöhnung mit dem gegen Würzburg ziehenden Truchseß Schwierigkeiten macht. Frau Anna von Grumbach, die harte und doch feige Huttentochter, ein Kind ihrer wilden Zeit, leidet an bösen Träumen, und ein altes Weib vermag ihr mit seinem Aberglauben nur wenig Trost zu schaffen. Der Schreiber Sartorius wird höchst übel aufgenommen, und wie bedenklich jetzt die Verschwägerung mit dem berüchtigten Geyer ist, tritt der Schlossfrau in unheimlicher Körperlichkeit vor Augen.

Die schwarze Marei sollte der uns unbekannt gebliebenen Gemahlin Geyers eine letzte Botschaft bringen. Sie sucht diese ängstliche Dame, eine Schwester Grumbachs, vergeblich im Schloss ihres Bruders und steht nun trotzig, doppelt trotzig, weil sie von ihr mißhandelt wurde, vor Anna von Grumbach. Wieder ist Marei der schwarze Schatten, der dem Schicksal ihres Helden voranzieht. Denn hier auf Grumbachs Schloss wird sich das Schicksal Geyers erfüllen. In nächster Nähe, beim Dörfchen Ingolstadt, haben die Bäuerischen ihre letzte Schlacht verloren. Geyer war dabei gewesen. Ist er gefallen oder lebt er? Ein hoher Preis steht auf seinen Kopf. Ins Schloss des Schwagers stürmt ein Rudel Ritter, ihn zu suchen. Es sind jene Ritter, die wir in ganz anderer Stimmung zu Würzburg beim Bischof und dann in der Kapitelstube kennen gelernt haben. Sie mißtrauen ihrem Freunde Grumbach und kehren bei ihm zu einer regelrechten Haussuchung ein. Unter ihnen befindet sich der Schlossherrin Bruder, Lorenz von Hutten, der verwandtschaftlich warnt und doch auch sucht. Aber stärker als jener kriminalpolizeiliche Trieb ist die Gier der Ritter, ihren Siegesrausch schwelgen zu lassen. Durch Speise und Trank setzt sich Grumbach bei seinen Standesgenossen wieder in besseren Kredit.

Rasch, für so geübte Frühstücker zu rasch, herrscht allgemeine Bezechtheit, und sie treiben mit dem armen, gefangenen, aufs ärgste mißhandelten Bauernvolk ein so schnödes Spiel, daß die Zuschauer im Deutschen Theater diese grausame Szene nicht ertrugen. Während nebenan bis zur Bewußtlosigkeit gebechert wird, schleicht auf heimlichen Wegen, zu Tod ermattet, allein, Geyer herauf. Wie er gerade hierherkommt, wo ihn am allerehesten das Verderben treffen kann, weiß er selbst nicht. Er ist nun auch so weit, wie vor ihm sein Löffelholz und dann sein Tellermann. Er hält sich schon für tot. Auf der Stelle, die ihm zum Sterben bestimmt ist, trifft ihn sein Schatten, die schwarze Marei. Derselbe Wein, der nebenan seine Todfeinde aus den Siegesbechern berauscht, erlabt ihm noch einmal die ausatmende Seele. Vom entsetzten Schwager, der nun doch den Vogelfreien herbergt, erbittet er nichts anders als »ein Stündlein Schlafes«. Es ist der letzte Lebenswunsch dessen, der sich selbst schon für tot gehalten hat. Grumbach kann diese Bitte nicht weigern: er versteckt ihn, aber er duldet, daß ihn sein Weib, die entartete Huttentochter, den Rittern verrät. Und nun erhebt sich ein tragisches Possenspiel, eine Szene von weltgeschichtlicher Diabolik. Nur schwer ernüchtert die betrunkenen Ritter der Anblick des einen, dem sie den Tod geschworen haben. Und der sterbende Mann schreckt sie noch ebenso wie ehedem. Seine Dirne, die Marei, in ihre gezückten Schwerter fallen zu lassen, war im Nu getan. Aber gegen des einen eignes Schwert die Klingen zu heben, wagt keiner dieser Kavaliere. Statt gegen ihn loszuschlagen, redet man ihm gut zu, sich zu ergeben. Man erweist ihm unfreiwillig mit dieser Scheu die größte Ehre, die er je erfahren hat. Nun fühlt er noch einmal die Lebenskraft in sich: Einer gegen viele, die ihn fürchten. Kein Ritter kann ihn mehr verraten, kein Bauer kann ihn mehr verlassen. Sein Tellermann, seine Marei sind tot. Er steht allein, und sie fürchten ihn. Noch einmal reicht sein Atem aus zu jenem Goethe-Götzischen Hohngelächter. Noch einmal stößt ihm aus der Brust das donnernde Feldgeschrei seines verwehten schwarzen Haufens, der Heerruf, den auch die Ritter verstehen, der Heerruf »Her!« Die Ritter, die sich kurz zuvor über ein zusammengelesenes, schlotterndes Häuflein eingefangnen Bauerngesindels so mutig, so tierquälerisch belustigt hatten, denen das Niederstechen eines wehrlosen Weibsbildes gar nichts gewesen war, stecken die Köpfe zusammen, und Florian Geyer müßte wohl am eignen Kummer sterben, wäre nicht der Schäferhans da, jener frumbe Landsknecht, der jetzt im Solde Grumbachs steht. Er hat die Stunde von Rotenburg nicht vergessen und läßt sich das verhaßte Haupt seines Züchtigers gern bezahlen. So fliegt über die ratlosen Schädel der Ritter hinweg, geräuschlos, unverhofft, in die Brust des Gefürchteten der Mordpfeil eines gemeinen Söldlings, der sich diesen Meisterschuß mit Gold bezahlen läßt. Und während die Ritter noch der erlegte Löwe ängstigt, macht sich Schäferhans wie ein Schlächtergesell, der sein Handwerk versteht, über den Toten her. Den opferwilligsten Freund des Volks hat ein Pöbelknecht umgebracht. Und nun geht ein Aufschrei der Befriedigung durch die ritterliche Runde. Nun schachert man um das Schwert des Ermordeten. Und der die frohe Botschaft: Florian Geyer (der Bauer gewordene Ritter) ist tot, am frühesten und lautesten in die Weite schrie, ist jener lächerliche Kunz von der Mühlen (der Ritter gewordene Bauer).

Hier ist die Stelle, an den großen Menschengestalter zu denken, der seit dem Jägermoritz seinem oberschlesischen Landsfreunde Gerhart

Hauptmann immer die besten Dienste geleistet hat. Vor vielen Jahren haben wir den Amerikaner Edwin Booth bewundert, wie er es verstand, in ein und derselben gewaltigen Szene heute als Jago das Gift der Verleumdung zu spenden, morgen als Othello es zu empfangen. So hat in dieser großen Szene des Geyerdramas während jener ersten Vorstellungen Rudolf Rittner den mordenden Schäferhans verkörpert und zehn Jahre später, als Otto Brahm wieder einen Versuch mit diesem Stück machte, dem gemordeten Florian Geyer selbst Blut und Leben, Geist und Herz und Seele gegeben. Als Schäferhans hatte Rittner den Florian Geyer getötet, später hat er ihn lebendig gemacht. Wer diesen Florian Geyer mit dem Schwert in der Faust, eine Heldenkraft im Letzten, sah und hörte, wird es nie vergessen. Wer es nicht sah, bekommt eine Ahnung davon aus dem Gemälde Lovis Corinths.

Mit seinem Helden endet der Bauernkrieg. Wie groß dieser Held war, sagen am deutlichsten seine Todfeinde: »Wo aber der Geyer sich aus dem Handel schleift, so haben wir den Bundschuh zum andern Mal, bevor ein Jahr ins Land gehet.« Der Krieg aber war doch größer als sein Held. Es ist nicht so unrichtig, wenn ihm sein Schwager Grumbach zuletzt sagt: er habe sich vermessen, den Fürsten und Pfaffen aufzuspielen, daß sie sollten das Tanzen lernen; aber er kunnt nit recht spielen und so schlug man ihm die Laute am Kopfe entzwei. Darin liegt in Geyers Leben die Tragik. Aber auch woran es ihm fehlte, führt ihn uns nah. Jene Zeit bedurfte eines Bismarck, und Florian Geyer war eine Kaiser-Friedrich-Natur, wenigstens wie sie in der liberalen Legende fortlebt.

Die Zeit hat sich ohne Geyer weiter entwickelt. Es konnten über das erste Viertel des 16. Jahrhunderts gründliche, gediegene und gerechte Geschichtswerke verfaßt werden, ohne daß Geyers Name darin genannt wurde. Das Drama Gerhart Hauptmanns straft diesen historischen Standpunkt nicht Lügen. Denn wohin Florian Geyer seine Hand auch strecken mag, überall findet er einen Stärkeren gegen sich. Als Kaiser Max, das romantische Vorbild seiner Schwärmerei, gestorben war und ein neuer Kaiser über die Welt kommen sollte, stand Geyers Herz bei einem landesflüchtigen Schwabenherzog, aber die Krone erhielt der spanische Karl. Im Felde steht gegen ihn kein Edlerer, aber ein Rücksichtsloserer, kein Kühnerer, aber ein Mächtigerer: der blutige

Truchseß an der Spitze des Schwäbischen Bundes. Geyers Ehrlichkeit führt ihn zu falschen Entschlüssen, und gegen ihn stehen Verräter auf, wie der Markgraf Casimir, der Berlichinger, der Grumbacher, die recht behalten. Aus seinem Adelsstande treibt ihn die Rohheit des Raubrittertums, und als er sein Herz dem unterdrückten Volke preisgibt, befleckt sein reines Edelmannskleid der Pöbelschmutz der Bauern. Im Kampfe für die religiöse Freiheit steht ihm zur Seite der kunst- und kulturfeindliche Eifererwahn eines Karlstadt, während Martin Luther seine eigne Bauernfaust gegen die Sache hebt, der sich Florian Geyer zugeschworen hat. Luther wollte überwucherndes Unkraut ausrotten, und unter das Unkraut fiel, von seiner derben Hand gebrochen, ein Edelgewächs. Das Drama deutet auf einen jener dämonischen Helden hin, an denen die Menschheitsgeschichte reich ist. Jeder Sieg gegen die Bäurischen gewinnt in den Städten dem Katholizismus neue Renegaten. Aber auf den Ritterburgen, die Geyer aus Gleichheitsprinzip alle zerstören wollte, berufen sich seine Feinde, die Herren von Hütten und von der Mühlen, auf den Reformator Martin Luther und seinen Bauernbrief. Luthers Wort ist schließlich das Mächtigste, das aufsteht gegen den Freund des Evangeliums, gegen den Freund der leidenden Menschheit, der in seinem Gerechtigkeitsgefühl nicht stark genug durchgriff und doch auch weiter ging, als die gerechte Sache es vertrug. Was er wollte, die Vollstreckung der »Zwölf Artikel«, hat sich später erfüllt. Die Zeit des Faustrechts war diesem Ideale noch nicht reif. Und in die Zeit der eigenmächtigen Ritterfaust fiel das Wünschen Geyers, der doch auch andererseits ein Kind jener Zeit war, wo die Köpfe so locker auf den Schultern saßen, und Englands Herrscher eine Schöne nach der anderen zuerst in sein Ehebett und dann aufs Schafott steigen ließ. Geyers Blut floß dahin, aber es half den Boden der Zukunft tränken.

So steht die Gestalt im Drama vor uns. Aber wie der historische Florian Geyer im Dunkeln bleibt, so tritt auch im Drama seine Gestalt nie ganz in den Vordergrund. Wir sind nie ganz allein mit ihm; Gerhart Hauptmann haßt im realistischen Drama die Monologe und hat ein anderes Ausdrucksmittel für das, was im »*einsamen*« Menschen vorgeht, noch nicht gefunden. Aber er zeigt seinen Helden auch nicht einmal im vertraulichen Zwiegespräch. Der Held steht immer vereinzelt unter vielen; er soll immer im Umrisse seiner Zeit erblickt werden, und es ist kaum zu bezweifeln, daß seinen Dichter die Zeit mehr interessierte, als der Held selber. Auf sein Weberdrama ließ er sein Bauerndrama folgen. Wie dort, so geht auch hier durch das ganze Stück der große Zug des sozialen Mitleids. Soziales Mitleid erweckt man nur durch Wahrhaftigkeit in der Darstellung mitleidswürdiger Zustände. Auch im historischen Drama ist Gerhart Hauptmann seinem konsequenten Realismus treu geblieben, und hier mehr als je hat er bewiesen, wie unendlich reich der konsequente Realismus sein kann, und daß er auch ein so romantisches Wesen wie die schwarze Marei in sich begreift. Gerade in ein so insubstanzielles Wesen kann sich der konsequente Realist verlieben. Im historischen Drama ist der konsequente Realismus nichts anderes als historische Treue, und wenn man gegenüber modernen Naturalisten zwischen niederer Wirklichkeit und höherer Wahrheit einen Unterschied zu machen beliebte, so hat Hauptmann hier bewiesen, daß dieser Unterschied nicht stofflich, sondern formal zu verstehen ist. Die niedere Wirklichkeit beschränkt sich auf das, was wirklich geschehen ist, auf die zufällige Tatsächlichkeit. Die höhere Wahrheit aber greift in die weite Fülle von Möglichkeiten hinein und stellt sich nur selbst die prüfende Frage, ob dieses und das so und so hätte geschehen können. Die exakte, pragmatische Geschichtsforschung muss sich in diesem Sinne mit der niedrigen Wirklichkeit begnügen. Den Dichter hindert sein konsequenter Realismus nicht, in jenem Sinne die höhere Wahrheit zu suchen. Neben historische Wirklichkeiten, wie den Bischof von Würzburg, Grumbach, Götz, Karlstadt stellt er andere, deren Namen er zwar in Chroniken fand, denen er aber das Fleisch und Blut selber geben muss, wie Tellermann, Kratzer, Anna von Grumbach, Jakob Kohl und zum großen Teil auch Florian Geyer. Was sich seiner Beobachtung entzieht, gestaltet er frei im Sinne dieser Beobachtung. Was er findet, verwendet er, und wo er nichts findet, erfindet er im Sinne des Gefundenen.

Über den historischen Götz gibt es einen Gelehrtenstreit: Zoepfl verteidigte ihn, Wegele griff ihn an. Durch eignes Studium ist Hauptmann zu der Überzeugung gelangt, daß Götz nicht die Gestalt war, die Goethe aus seiner Selbstbiographie herausempfunden hat. Der moderne Dichter hält sich daher für verpflichtet, Götz so zu zeichnen, wie ihn sein historischer Blick erkannt hat. So darf der Dichter über

Historiker, die ihm nachweisen, daß sich die Situationen nie begeben haben, daß die und die Worte nie gefallen sind, die und die Leute nie existiert haben, lächeln und an ihrer Unpoesie vorbeigehen. Aber er wird ernsthaft aufhorchen, wenn ein tieferer Kenner jener Zeit ihm sagen sollte, die und die Situationen hätten sich damals nie begeben, die und die Worte nie fallen, die und die Leute nie existieren *können*. Liegt für diesen Vorwurf kein Grund da, so hat er auch künstlerisch gewonnenes Spiel. Denn was er wollte, hat er dann erlangt, und wir hätten wieder ein Beispiel dafür, wie reich und frei die dichterische Phantasie auch innerhalb der realen Möglichkeiten walten und wirken kann.

Bauern, Bürger, Ritter, Mönche, Landsknechte, fahrende Leute – es gibt ein Getümmel und ein Gewimmel, und zunächst geht, wie bei einem richtigen Volksauflauf, alles wirr durcheinander. Wer aber näher hinsieht, unterscheidet immer deutlicher die einzelnen Gesichter. Aus jedem Gesicht schaut ein Wesen heraus. Der anfangs so mühsame Gang durch diese sechs Räume des Dramas belohnt mit der Bekanntschaft von einem halben Hundert lebendiger Menschen.

Mit der Menschengestaltung aber begnügte sich der Dichter nicht. Er hat auch den unsichtbaren Geist der Zeit getroffen, in die sich sein Interesse versenkte, die Luft der Zeit. Dazu braucht er allerdings eine sehr breite Ausmalung, ein liebevolles Arbeiten ins einzelne, die ganze Buntheit einer nicht nur äußerlich, sondern auch im tiefsten Wesen bewegten Welt, welche Schicksale und Menschenleben durcheinander wirft, ohne viel zu fragen, was ihnen der nächste Augenblick bringen wird. So scharf der Dichter den einzelnen ins Auge faßt, so leicht läßt er ihn laufen, weil ihm das Ganze mehr gilt als der einzelne. Das Individualisierungsbedürfnis Gerhart Hauptmanns ist hier zu einer typischen Kunst zurückgekehrt, die schon in den »Webern« vorhanden war. Aber dadurch, daß wir an die Webertypen näher herangeführt wurden, mehrten sich dort die individuellen Züge, und wir hatten mit den Personen ein intimeres Mitgefühl. Die Mehrzahl der Vierundsechzig um oder gegen Florian Geyer wird uns nur durch das Ganze, zu dem sie gehören, interessant. Schauspieler, auch gute Schauspieler, können nicht allzuviel damit beginnen, und auf solcher Höhe steht unsere Schauspielkunst nicht, daß sie aus sechzig bis siebzig Atmungsorganen die Temperatur und den Dunst einer bestimmten Welt sichtlich, hörbar, greifbar darstellte. Deshalb musste auch der zweite Bühnenversuch trotz Rudolf Rittner scheitern. Aus den Zeilen des gelesenen Buchs strömt das alles zu; mit einer wahren Entdeckerfreude begrüßt man immer neue Eindrücke. Die außerordentlich mühevolle, mit größtem Apparat arbeitende Bühnenvorstellung hat zwar einzelne lebendige Vorgänge gewiesen, aber von dem Hauch über den Dingen, von einer Übersinnlichkeit aus Sinnlichem konnte man wenig spüren.

Die wechselnde Stimmung des Dramas läßt sich in Worte des Rektor Besenmeyer fassen: »Wie fing sich der Handel so glücklich an und wie fast gewaltig, und wie gehet es gar so kläglich aus.« Der langsame Niedergang der bäurischen Sache von einem Scheintriumph ins tiefste Elend stellt sich stückweise dar. Wir erleben nicht die entscheidenden Ereignisse, sondern wir belauschen den Eindruck, den die Meldung dieser Ereignisse auf Beteiligte macht. Wir sehen nicht handeln, sondern wir sehen leiden, Freud und Schmerz erleiden. Wir haben Entschlüsse vor der Tat und Stimmungen nach der Tat. Im Buch wirkt das alles wie das Leben selbst. Denn große Ereignisse tragen sich nicht bloß zu, sondern sie haben auch ihre Voraussetzungen und Folgen. Die Bühne aber verhält sich gegen diese Art der Darstellung spröd, und es ist dem Dichter hier nicht gelungen, die Spröde zu gewinnen. Er wollte sie nicht durch einen festen Griff um die Hüfte, sondern gleichsam durch Überredung zwingen. Es ist ein parlamentarischer Grundzug in diesem »Florian Geyer«. Eine Debatte löst die andere ab. Wirtshausgespräche, Disputationen, Landtagsverhandlungen erörtern immer dasselbe Thema: die schwere Not der Zeit. Botenberichte melden, was geschehen ist oder was geschehen wird. Das Wichtigste und Entscheidendste erfahren wir nicht durchs Auge, sondern durchs Ohr. Diese Tragödie ist ein Drama des Hörensagens, und darin liegt künstlerischer Widerspruch, denn fürs Ohr ist das Epos, das Drama im Schauspielhaus ist fürs Auge. Es ist fein zu lesen, aber schwer auf der Bühne herauszumerken, wie jeder seine Sondermeinung hegt und bald mit diesem, bald mit jenem »Bruder« in Zwist gerät. In jedem der sechs Akte wird gewissermaßen von neuem eine Sitzung eröffnet: bald zu Würzburg, bald zu Rotenburg, bald zu Schweinfurt und zuletzt, im handlungsreichsten Schlussakt, wo so viel Entsetzliches geschieht, und der doch auch mit Hin- und Herreden beginnt und im Momente höchster dramatischer Spannung noch lange Erzählungen vollzogener Geschehnisse einflicht, auf Schloss Rimpar, der Schädelstätte Florian Geyers. Vorwürfe, Klagen und Fragen, Schmähworte sind der Grundton dieser Diskussionen. Aber was im Buch durch die Überfülle der abwechslungsreichsten Details frisch und lebendig wirkt, wirkt auf der Bühne durch die Entfernung der bühnenwidrigen Details monoton.

Ein anderer Übelstand ist, daß wir gerade den Hauptakteurs am fernsten bleiben. Wie Geyer selbst im Vorspiel durch einen gleichgültigeren Gesinnungsgenossen vertreten wird, wie er in allen fünf Akten mit auffallender Regelmäßigkeit immer erst in der zweiten Akthälfte erscheint und dann immer entweder vor oder nach der fälligen Tat steht, so treten seine mächtigsten Widersacher, der Truchseß von Waldburg, der Bundeskanzler Eck, später Martin Luther überhaupt nicht auf. Auch Götz bleibt bloß in einer einzigen Szene auf der Bühne und spricht hier als einer unter vielen nur wenige Worte; dann hört man auch von ihm und seinen Sünden immer nur sagen. Auch damit man die episodische Figur Karlstadts, damit man Lorenz Huttens Haß gegen den ebenfalls unsichtbar bleibenden Ulrich von Württemberg, den Geyer zum deutschen Volkskaiser machen wollte, ganz verstehe, genügt das Drama nicht allein, sondern man muss, ein schwerer künstlerischer Einwand, seine eigenen Geschichtskenntnisse zu Hilfe nehmen.

Wie in den »Webern«, so treten auch hier in jedem Akt neue Leute auf. Andere, die Interesse erregt haben, wie der Würzburger Bischof und sein Hofmeister, verschwinden auf Nimmerwiedersehen.

Zweimal werden wichtige Vorgänge dem Publikum erst durchs Fenster vermittelt. In der Würzburger Kapitelstube sieht man durchs Fenster den Eintritt Geyers in die Stadt, und in Rotenburg redet Geyer durchs Fenster der Wirtsstube zum Volk, das unsichtbar auf der Straße steht. Das ist auch für das Verhältnis des Publikums zu diesem Drama charakteristisch. Die dramatischen Vorgänge selbst tragen sich auf der Straße zu, das Publikum sieht nur in eine Stube hinein und soll den Leuten, die durchs Fenster gucken, alles aufs Wort glauben. Dieses dramatische Grundgebrechen zu heilen, wird die Fülle lebensvoller, tief menschlicher Details vielleicht erst fähig sein, wenn des Dichters Name literarhistorisch gebucht ist.

X

Rautendelein

Wider alles Hoffen des Dichters versagte beim »Florian Geyer« die Bühnenwirkung. Das zyklopische Werk versank. Tief erschüttert sah der Dichter ihm nach in den Abgrund. Wie düster diese Stunden der Enttäuschung waren, blieb kein Geheimnis. Mit der Aufrichtigkeit, die dem Manne ziemt und den Künstler ziert, hat der Dichter seinen Schmerz eingestanden, als ihm unmittelbar nach »Florian Geyers« Sturz am 15. Januar 1896 für »Hanneles Himmelfahrt« der Grillparzerpreis zuerkannt wurde. Von Wien kam diese Huldigung, für die sich besonders Max Burckhard eingesetzt hatte, ebenso unerwartet wie kurz zuvor der Berliner Mißerfolg. Sie warf in des Dichters bewölkte Brust einen Sonnenstrahl. Erst dadurch gewann er Freiheit, den seelischen Stimmungen jener Zeit künstlerische Gestalt zu geben. Dieser Preis hat nicht nur ein Meisterwerk belohnt, er hat auch geholfen, ein Meisterwerk entbinden. Er gab dem Dichter den freien Mut, zu sagen, was er litt. Dieser Mut hob die alte Kraft empor, und so erstand, während eines langen Aufenthaltes am Luganersee noch im selben Jahre 1896 »Die versunkene Glocke«.

Vorher vertiefte er sich jedoch in die Werke desjenigen Dichters, dem jener Preis zu danken ist. Er las *Grillparzer* und kam dabei zu der weniger bekannten Novelle »*Das Kloster bei Sendomir*«. Sie ist 1828 entstanden, zwischen »König Ottokars Glück und Ende« und dem »Treuen Diener seines Herrn«. Beide Stücke halten sich in einer gewissen sarmatischen Sphäre; in ihr bewegt sich durchaus auch jene Novelle. Ein Schauerhistörchen, erzählt von einem Dichter. Graf Starschenski, der als dienender Klosterbruder das Verbrechen des Gattenmordes abbüßt, vertraut zwei zugereisten Fremden seine bitterböse Lebens- und Ehegeschichte an. Er selbst begreift nicht recht, wie er zu dieser Redseligkeit kommt, und erklärt es sich aus zwei untriftigen Gründen: Der Abt würde zürnen, wenn er auf Fragen der Gäste nicht antwortete, und – »am Ende sprech' ich selbst gerne wieder einmal davon.« Durch diese Einkleidung erreicht Grillparzer das Vorgefühl einer schaurigen, geheimnisvollen Situation und zum Schlüsse die Überraschung, daß der Erzähler alles selbst erlebt hat, daß wir den Mann selbst gehört haben. Die Geschichte ist eine romantisch aufgeputzte, in polnisches Starostenkostüm gewickelte Ehebruchsaffäre. Ein älterer Mann hat ein junges, begehrenswertes Weib aus dem Elend aufgelesen und geheiratet. Das Weib aber hält zum Jugendliebsten und ihr Kind ist nicht des Gatten Kind. Das enthüllt sich allmählich dem Manne, er setzt das Kind aus und tötet das Weib. Dann entsagt Graf Starschenski der Welt, baut bei Sendomir ein Kloster, darin er dienend büßt, und erzählt dreißig Jahre später fremden Menschen sein Schicksal.

Was konnte hieran Gerhart Hauptmann zur Dramatisierung reizen? War es nur Dankbarkeit gegen den großen Wiener Dichter, der auf der Grenzscheide zwischen klassischer und moderner Poesie steht? Man tut einem Dichter keinen Gefallen, wenn man das, was er sich selbst für die epische Form vorbehalten hatte, ins Dramatische überträgt. Gerhart Hauptmann fühlte sich offenbar hier nach längerer Zeit wieder durch das Problem des Verhältnisses zwischen Weib und Mann getroffen. Seine vier letzten Werke, so verschieden sie unter sich sind, die »Weber«, die beiden Komödien, »Hannele«, »Florian Geyer« liegen alle diesem Probleme fern. Nun drang es mit aufgespeicherter, abenteuerlicher Gewalt auf den Dichter ein, der selbst in einer Seelenkrise stand. Er hatte von Altgewohntem, Liebgewesenem Abschied zu nehmen. Denn ein neues, junges, strahlendes Leben lockte. Er stand mitten im »Rinascimento des vierten Jahrzehntes« und empfand eine Erneuerung seiner ganzen Existenz als Vorbedingung weiteren Glücks. Nun sah er in Grillparzers Erzählung die Gefahr, die einen solchen Schritt begleitet. Er las, wie Starschensky, »von Jugend auf an Einsamkeit gewöhnt, die Freuden des Hofes und der Stadt nur in der Freude, die seine junge Gattin daran zeigte, mitgenoß«; wie Starschensky »bald sich in Geräusch und Glanz fügen lernte, ja wohl gar daran Vergnügen finden konnte, wenigstens insoweit Elga es darin fand, deren Geschmack für rauschende Lustbarkeiten, jung und schön wie sie war, sich immer bestimmter aussprach«. Er las ferner, wie dieser schrankenlose Aufwand den Vermögensstand des Grafen erschütterte und schleunige Vorsorge heischte. Er las noch manches andere, und das Problem, wie ein stiller, einsamer, älterer Mann mit einer weltfrohen, jungen Gemahlin lebt, ging ihm näher. Es war wohl ein innerer Trieb, der ihn auch zu den sechs Szenen der »Elga« zwang.

Wie Grillparzer legt auch er um den Vorgang einen Rahmen. Der fremde Ritter, der zur Nachtzeit ins Kloster kommt, wird vom Mönch Starschensky bedient, aber der ist kein redseliger Autobiograph, sondern unheimlich gerade in seiner Einsilbigkeit und Zurückhaltung. Seine Gestalt beschäftigt die Phantasie des einschlafenden Fremden, der im Traume des andern Schicksale sieht. Eine waghalsige dichterische Idee, die sich auf der Bühne in starke suggestive Kraft umgesetzt hat. Solange die sechs Szenen in der geschickten Einrichtung des Brahmschen Theaters spielten, saß man in einem narkotischen Bann, und Begleitmusik tat das übrige, die Nerven spukhaft zu kitzeln. Über diesen angenehmen Albdruck geht die Wirkung nicht hinaus. Hauptmann hatte da, wo er von Grillparzer abweicht, nicht immer die beste Hand. Der Graf tötet hier nicht die Frau, sondern den an sich gleichgültigen Nebenbuhler, den Grillparzer entfliehen ließ. Vielleicht hätte er auch die Frau getötet, aber – der, der das alles träumt, wird gerade »im schönsten Moment« geweckt. Recht peinlich wirkt die alte, fadenscheinige Gräfin-Mutter, die ohne Rat und Tat, ja ohne Leib und Seele ihres Sohnes Vertraute ist in seinen Zweifeln und Qualen. Bei Grillparzer hat Starschenski das alles mit sich allein abzumachen. Das Bedenklichste ist aber der Träumende. Wie kommt er zu diesem Traume, was geht er ihn an? Ist dieser träumende Ritter der verkleidete Dichter? Derselbe Dichter, der die Technik des Traumes in »Hanneles Himmelfahrt« mit meisterhafter Kunst verwendete, macht hier ein äußerliches Kunststück, einen Virtuoseneffekt. Er hat das Stück lange genug verborgen gehalten. Als er es dann aber doch hergab, überraschte ihn ein flüchtiger Sensationserfolg, wie er manchem seiner guten Werke bisher nicht beschieden war.

»Elga« ist kein genügender poetischer Ausdruck für das, was in des Dichters Seele mit doppelter Macht damals kämpfte: für den Konflikt zwischen alter und neuer Liebe und für den Schmerz um ein gestürztes großes Werk. Von diesen beiden Gewalten tönt erst » *Die versunkene Glocke* «.

Das Symbol der Glocke war und blieb dem Dichter, der so tief in christlichen Vorstellungen steckte, ein vertrautes poetisches Motiv. Noch Michael Kramer hört aus Glockengeläute das heraus, was auf seiner Seele liegt, und sagt: »Die Glocke ist mehr als die Kirche ... Der Ruf zum Tische ist mehr als das Brot.« Schon im Hohenhauser Liebeshain hörte Gerhart Hauptmann den Klang der Glocke, der ihm Glück bedeutete. Es war die Geliebte, die mit ihrer bräutlichen Hand damals des Glöckleins Klöppel rührte, so daß es leis hinunter dem Liebsten ans Herz schlug. Neben diesem kleinen Gelegenheitsgedicht steht schon im »Bunten Buch« ein anderes, mit der Überschrift: »Gestorbenes Erz«. Die Glocke ist hier das Sinnbild jener einst so frohen Botschaft, die niemand auf der Welt mehr hören wolle:

Es geht, ein verlassener Armer,
Ihr Ton durchs öde Land;
Er predigt vom großen Erbarmer,
Den Gott aus dem Himmel gesandt.

Auch diese Glocke schon versinkt:

Wohl hast du zu Grabe geleitet
Manch müdes Menschenherz
Nun ist auch dein Hügel bereitet,
Du armes, gestorbenes Erz.

Diese begrabene, ins Erdreich versunkene Glocke fällt dem Dichter zehn Jahre später wieder ein. Sie tönt ihm wieder. Sie soll der Welt wieder tönen. Florian Geyers Freund, den Rektor Besenmeyer, läßt der Dichter sprechen: »Es ist Sag: von wo unser Herr Jesus aufgefahren gen Himmel, im Mittelpunkt der Erden, da, heißt es, hangt eine große Glocke, die soll einst laut und fürchterlich anschlagen, so laut und so fürchterlich soll sie anschlagen, daß selbst die Tauben sie hören werden. Wolan! knöpfet die Ohren auf, ihr Tyrannen und Peiniger Leibes und der Seele und merket, daß euer jüngster Tag nahet.« Als sich Rektor Besenmeyer und Florian Geyer nach Jahren wiedersehn, drückt Geyer seine frohe Hoffnung also aus: »Die Glocke ist gar gegossen und der Pfeifer mag aufpfeifen; das wollen wir Gott im Himmel danken.« Begeistert rufen darauf seine Anhänger: »Das danken wir Gott und dem Florian Geyer.« So tönt eine Glocke auch in Geyers Glück hinein. Aber ihr Ton war falsch. Florian Geyer unterlag. Er unterlag als Held, er unterlag als »Bühnenspiel.«

Und nun kommt »Die versunkene Glocke«, die den Namen ihres Dichters populär gemacht hat.

Wie Meister Gerhart am »Florian Geyer«, so hat auch Meister Heinrich an seiner Kirchenglocke lang gegossen. Nun ward die Glocke, die heller klingen soll als alle frühern Glocken desselben Meisters. Aber wie Hauptmanns Geyerdrama auf dem Weg über die Bühne versank, so geschieht es der neuen Glocke Meister Heinrichs auf dem Weg von der Werkstatt hinauf zur neuen Kirche hoch oben im Waldgebirg. Am achtspännigen Wagen, der die eiserne Masse auf Bergpfaden hart neben dem Abgrund hinaufschleppen soll, bricht ein Rad. Die Glocke schießt viele Klafter tief in ein unergründliches Wasserloch. Der Meister, der sein Werk versinken und ertrinken sieht, stürzt »wars willig? widerwillig?« nach. Freunde aus dem Dorf finden ihn in der Bergeinsamkeit, vor der Hütte eines verrufnen, alten Weibes.

Am frühen Morgen desselben festlichen Tags, an dem die Glocke zum erstenmal läuten sollte, bringen sie auf einer Tragbahre den Glockengießer seiner Frau ins Haus zurück. Meister Heinrich liegt auf den Tod. Im Fieber sucht er nach Ursachen seines Unglücks. Er sucht sie in seinem verlornen Werke selbst. In eignen Zweifeln an der Bühnenkraft des »Florian Geyer« mag es gewesen sein, daß Meister Gerhart den Meister Heinrich klagen ließ. »Ja, mein Werk war schlecht: die Glocke, Magda, die hinunterfiel, sie war nicht für die Höhen – nicht gemacht, den Widerschall der Gipfel aufzuwecken ... Im Tale klingt sie, in den Bergen nicht ... Noch einmal denn: mein jüngstes Werk mißlang. Beklommnen Herzens stieg ich hinterdrein ... Sie fiel hinab, wohl hundert Klaftern tief und ruht im Bergsee. Dort im Bergsee ruht die letzte Frucht von meiner Kraft und Kunst. Mein ganzes Leben, wie ich es gelebt, trieb keine bessre, konnte sie nicht treiben: So warf ich's denn dem schlechten Werke nach ... So Glock, als Leben, keines kehrt mir wieder ... der Dienst der Täler lockt mich nicht mehr.«

Wie der Dichter der »Einsamen Menschen«, der »Weber«, des

»Hannele« im »Florian Geyer« zum erstenmal den Anstieg aus räumlichen und zeitlichen Engen des eignen Daseins auf die weltgeschichtliche Höhe der Jahrhunderte gewagt hatte und scheinbar dabei gestrauchelt war, so wollte auch Meister Heinrich fortan »im Klaren überm Nebelmeere wandeln und Werke wirken aus der Kraft der Höhen.« Weil er das nicht vermochte, will er trotz Weib und Kindern sterben. Aber er wird auf wunderbare Weise gesund. Er wird »noch einmal seinen Schritt ins Leben wenden, noch einmal wünschen, streben, hoffen, wagen – und schaffen, schaffen.« Dies Wunder hat kein tröstendes Preisgericht vollbracht. Dies Wunder, das Frau Magda zunächst ach! so jubelnd begrüßt, dies Wunder, an dem sie dann mit ihren Knäblein selber sterben soll, vollführt der junge Zauber eines fremden, weiblichen Wesens. Ein Mädchen küßt ihn gesund.

Kaum erstanden, verläßt Meister Heinrich sein Dorf im Tal, seine Frau und seine Knaben. Er steigt hinauf zu jenen Waldeshöhen, wo im Turm des Kirchleins, das, kaum erbaut, ein Blitz zerschlug, seine versunkene Glocke erklingen sollte. Dort läßt er sich in einem verlassenen Hüttenwerk nieder und schmiedet Schmuck für sein Liebchen. Das Heimatdorf ist entsetzt über so unerhörten Frevel. Der Seelenhirte des Dorfes macht sich auf, »das verstiegne Lamm zurückzuretten«. Zunächst kanzelt dieser Pastor die reizende Verführerin ab:

Du freches Ding!
Nicht mir, dem Weib allein, noch seinen Kindern:
Du nahmst der ganzen Menschheit diesen Mann!

Alsbald tritt ihm dieser Mann selbst entgegen, so frei und leicht und stark und frühlingsfroh und königlich, wie ihn der gute Pfarrer nie zuvor gesehn, und auch so schaffensfreudig und so voller Zuversicht, wie er ihn noch nie gesehn hatte:

Was in mir wächst, ist wert, daß es gedeihe,
Wert, daß es reife. Wahrlich, sag ich euch! –
Es ist ein Werk, wie ich noch keines dachte:
Ein Glockenspiel aus edelstem Metall,
Das aus sich selber klingend sich bewegt.

Keiner Kirche gilt dies Glockenspiel der Einbildung. Es gilt einem Tempel der Einbildung. Aus seinem Kunsthandwerk ist dem Meister das Sinnbild für Höheres, für Unbestimmtes geworden. Der Realist schwebt zum Ideal empor. Der Arbeiter wird Künstler, der Schaffende wird Schöpfer. Selber menschlich-übermenschlich beglückt, erfüllt ihn ganz ein Menschheitsbeglückungstraum. Wie aber seine Worte und in ihnen seine Gefühle immer höher aufsteigen, kehrt unser leiser Gedanke von diesem verzückten Glockengießer heim zu einem Dichter, der durch die unbeschönigte Darstellung irdischen, zeitlichen Jammers Menschenfurcht und Menschenmitleid erregt hatte und nun in hellen Jubeltönen das neue Lied von der Glocke, das Lied einer versöhnten, schönen Zukunft singen läßt. Die Sehnsucht, die den aufgereizten Webern aus dem Eulengebirge nie gestillt wurde, die Hoffnung, die sich dem sterbenden Bettelkind nur im Todestraum erfüllt, hier springt und singt sie aus dem Glauben einer Manneskünstlerbrust hervor und jauchzet dem zu, was vorhin der Pfarrer in so viel engerm Sinne »die ganze Menschheit« genannt hatte.

> *Und nun erklingt mein Wunderglockenspiel.*
> *Und wie es anhebt, heimlich, zehrend-bang,*
> *Bald Nachtigallenschmerz, bald Taubenlachen –*
> *Da bricht das Eis in jeder Menschenbrust,*
> *Und Haß und Groll und Wut und Qual und Pein*
> *Zerschmilzt in heißen, heißen, heißen Tränen.*

Das Buhldirnchen an seiner Hand versteht ihn, denn sie ist in der Freiheit, in Luft und Licht auf den Höhen geboren. Der Seelsorger vom Tal unten, obwohl kein starrer Eiferer, sondern nur ein milder Mahner, ein geistlicher Onkel Schubert auf Lederose, kann ihm nicht folgen. Väterlich warnend tritt er vor ihn hin, wie einst der alte Vockerat vor seinen Johannes. Der Geistliche, der seiner Gemeinde über das Jenseits predigt, will in diesem Falle von »überstiegnen Dingen« nichts wissen und hält sich an das, was diesseits von Gut und Böse liegt. Er hält dem »Überstiegnen« nicht blos seine Christenpflicht vor, sondern noch mehr seine Bürgerpflicht, seine Gatten- und Vaterpflicht und sagt dem Ungläubigen noch eins. Von jener Glocke, die unten im

Bergsee liegt und nun beiden ein Symbol des vergangnen Meisterlebens unten im Tale wird, weissagt der Priester:

Sie klingt euch wieder, Meister! Denkt an mich!

Aber mit dem häuslichen Herd, wo sie entstand, soll für den Meister auch die versunkene Glocke abgetan sein. Mit übermenschlichen Kräften arbeitet er, vom Glockengießer unversehens zum Baumeister geworden, an seinem neuen Werk (halb Kirche und halb Königsschloss), dessen »hochgetürmter Bau in einsam freier Luft zur Sonnennähe seinen Knauf soll heben«. Aber dieselben geheimen Kräfte, die ihm halfen, versagen sich dem Vollbringen. Dieser Mann der Tat, der nicht wie Johannes Vockerat die feiernde Dämmerstunde liebt, der nur entweder wach schaffen oder sich schlafend zu neuem Schaffen stärken will, fällt in einen qualvollen Halbschlummer. Was er träumt, ist – der Pfarrer hatte recht – die alte versunkene Glocke. Tief niedergeschlagen, ungestärkt zu neuem Schaffen wacht er auf und sucht bei der Liebsten vergebens müßige Labung. »Gib meiner Seele den erhabnen Rausch, des sie bedarf zum Werk!«

Sie will ihn durch die gewohnten Genüsse trösten. Er aber klebt an seiner unverrichteten Sache. Sie fühlt schmerzlich, daß sein eingebildetes Werk ihm mehr gilt als ihre spielenden Reize. Aber als ihm die Nöte des Lebens, die Rache seiner Schuld auf' den Leib rücken, schüttelt er noch einmal alles ab, im Hoffnungsblick auf die Geliebte: »Du bist die Schwinge meiner Seele, Kind, zerbrich mir nicht!«

Und nun, da Körper und Geist im Sieg über die Mächte der Vergangenheit gestärkt sind, ist er wieder zum Spiel der Liebe bereit. Aber die Mächte der Vergangenheit sind nicht so ganz besiegt. Zu den Küssen der Geliebten drängt kältende Reflexion, die sich wiederum bis zur Gespensterfurcht erhitzt. Sein böses Gewissen – der Pfarrer hat es geweissagt – hört den Klageton seiner versunkenen Glocke, sieht, von den eignen Kindern im Krüglein dargebracht, die Tränen der ertrunkenen Frau, die er verließ.

Aus nassen Grüften steigt seine Vergangenheit wider ihn auf; geängstigt und fluchend stößt er die sündhaft-holde Gegenwart des schwangeren Liebchens weg. Was er besitzt, verläßt er. Was er verloren hat, findet er nicht wieder. Den ungetreuen Hausvater, den schlimmen Christen empfangen die Nachbarn unten im Dorf mit Steinwürfen und hetzen ihn wieder hinauf in die Wildnis des Waldes, wo er seine Bergschmiede und den Bau seiner Zukunft in Flammen aufgehn sieht. Ein Gebrochner schleppt er sich bis vor die Hütte jenes verrufnen, alten Weibes, wo er schon einmal zu Tod erschöpft niedergesunken war. Die Alte ist eine kluge Frau. In ihrer Weltweisheit blitzt noch einmal sein ganzes Leben an ihm vorüber. Dann gibt sie ihm den Erlösungstrank. Und dann ist es vorbei.

Dieses Künstlers Erdenwallen hängt nicht ab von Raum und Zeit. Der Dichter hat Zeit und Raum auch nur flüchtig angedeutet. Als Schauplatz sind wieder dieselben schlesischen Heimatberge gedacht, wo auch das Hannele her ist; man denkt am liebsten an das steile, dicht bewaldete Zackental, das von den Schneegruben nach Schreiberhau herunterkommt. Die alte Waldfrau spricht (ein großer dichterischer Gedanke) im Dialekt der Weber. Aber in die Bergbezirke Rübezahls zog fremde Kultur ein. Was Heinrich der Glockengießer in seinen guten Bürgerjahren schafft, deutet auf Blütezeit und Blüteort des deutschen Kunstgewerbes. Als Gerhart Hauptmann zugunsten Florian Geyers jene fränkische Forschungsreise unternahm, bannte seine entzückten Sinne fast noch mehr als Rotenburg und Würzburg die alte Stadt Nürnberg mit ihren Kunstschätzen und Künstlererinnerungen. Schon sein Florian Geyer sprach das Wort: »Gott grüß die Kunst« aus der vollen Seele Adam Krafts, Veit Stoßens, Peter Vischers. Nun schmücken Werke Peter Vischers und Adam Krafts auch die gute Stube des schlesischen Glockengießers, der in seinen Wanderjahren gewiß einmal die Glocken von Sankt Lorenz und Sankt Sebaldus hat läuten hören. Seine Hausfrau Magda darf ehr- und tugendsam gekleidet gehn, wie die Frau des Hans Sachs oder des Dürer, obgleich ihre Kinder den Vater Papa nennen, obgleich Tabakspfeife und Schwefelhölzchen sogar für Waldteufel schon im Gebrauch sind. Aber auch die finstern Seiten jenes glänzenden Zeitalters deutscher Kunst treten hervor: ein qualmiger Abglanz, der Florian-Geyer-Läufte. Für Ketzer und Sünder brennen Scheiterhaufen im Land. Die Alte im Walde gilt den Leuten als Hexe, die man schmoren sollte, und nur ein rationalistisch angewehter Schulmeister, der wieder aus Nicolais achtzehntem Jahrhundert zu stammen scheint, wagt sich zu der nüchternen These vor: »Hexen gibt es nicht!« Wer so weit wie der Glockengießer vom Wege bürgerlicher Pflichten abweicht, gilt seinen Zeitgenossen als besessen von bösen Geistern.

Dieser Volksaberglaube und jene Anachronismen schlugen dem Dichter die Brücke, um aus der Künstlertragödie ins Märchendrama zu gelangen. »Die versunkene Glocke« ist das erste Märchendrama, das Gerhart Hauptmann für die Bühne vollendete. »Hannele« wurde fälschlich so genannt. Bei »Hannele« liegt alles Ereignis in den Grenzen irdischer Wirklichkeit. Was dort überirdisch scheint, vollzieht sich nur im Fiebertraum des Kindes, der an sich auch eine, irdische Wirklichkeit ist. Die verderblichen Geister der »Versunkenen Glocke« hingegen führen in ihrer übermenschlichen Existenz ein reales Leben.

Die Bühnendarstellung, die den Traumgestalten Hanneles etwas Subsistenzloses, Schemenhaftes geben muss, darf hier bei diesem Wald- und Bergspuk fest ins Fleisch und Blut gehn. Von der Illusion des Zuschauers wird der sichere Glaube an diese Zauberwesen gefordert, denen der Dichter Böcklins Farbenfülle und Lebenswärme, denen er auch etwas von Böcklins Humor gab.

Überall greifen diese Geister leibhaftig ein, wo sich des Glockengießers Schicksal wendet. Jenes Wagenrad, das er am liebsten, wie das feurige Sonnenrad der Sage, zündend durch die Welt triebe, zerbricht der bocksfüßige, ziegenbärtige *Waldschrat*, ein urgesunder, munterer Bursch von strotzender Naturkraft, lustig, genußfroh, unanständig und stark, in seinem menschenfeindlichen Schabernack von naiver Grausamkeit, wie ein Knabe, der Fliegen quält; zerstörend wie ein Orkan, der durch die Baumkronen tobend bricht, doch ohne Größe. Seinen heidnisch-weltlichen Sinn ärgert das Glockengebimmel. Die Glocke stürzt daher in den Bergsee und gelangt so auf das Gebiet eines froschartigen Wasserkönigs, des aristophanischen *Nickelmann*, der an die Schwerkraft des Erdmittelpunkts so verhaftet ist, daß er aus seinen Brunnenbecken und Wassertrögen immer nur auf Nabelhöhe emporsteigen kann. Er hütet die versunkene Glocke, und er sieht auch, ihm selbst ein schauriges Wunder, wie Heinrichs Frau, die vor Gram ins Wasser ging, mit ihren Totenfingern dort unten der Glocke Klöppel rührt, so daß sie laut herauf dem Meister ans Gewissen schlägt. Der Wassernix' ist kulturbeleckter, tiefsinniger, schwermütiger als der Waldneck. Er ist schon ein philosophischer Frosch. Er kennt die Sehnsucht. Ihn plagen die Grillen seiner Eifersucht. Bedachtsam und betrachtsam, auch verachtsam blickt er von seinen Brunnenrändern ins Menschliche hinein. Wenn den Waldschrat die Menschen stören, so stellt er ihnen ein Bein: er wirkt körperlich gegen ihre Körper. Nickelmann hingegen macht sich seelisch bemerkbar. Er quält den Menschen, der ihn ärgert, mit Albdruck. Wie jedes feuchte Element, so sind ihm auch die Menschentränen dienstbar. In seiner Welterfahrung ist er mit christlichen Anschauungen so vertraut, daß er wie ein Pfarrer den strafenden Gott, das Schreckgespenst von Schuld und Sühne, vor ein beladnes Gewissen zu zaubern vermag. Mit derselben Glocke, die der Waldschrat ins Wasser stieß, läßt Nickelmann dem Glockengießer ins Gemüt läuten; denn er mißgönnt ihm das Liebchen. Nickelmann streckt seine feuchten, tausendjährigen Arme nach dem reizenden Kind aus, das er an eines Menschen Brust glühend erwärmen sieht, das bald auch ein Menschenkind unter dem Herzen trägt. Und wirklich, als auch sie vom Glockengießer verstoßen wird, als sie der Mensch zerbrach, zieht der Wassermann auch sie herab in seinen Brunnen und in seinen Schlamm. Berührt von Menschlichkeit sinkt das luftige, leichte Waldvöglein schwer in »der Erde moderigen Schlund« zu Kröten und Fröschen. So fällt eine Blüte ins Erdreich zurück, und aus ihrem Samen wächst dann neues Grün und Blühn.

Auch dieses liebliche Kind, *Rautendelein* (hochdeutsch Rot-Ännchen), ein Elfchen unter Elfen, ist in seinen Einwirkungen auf menschliche Schicksale kein guter Geist. Sie kennt sich und erzählt wie Shakespeares Puck selbst von ihren kleinen Schandtaten. Sie gehört nicht zu denen ihres Geschlechts, von denen Ariel vor dem Lager des schlummernden Faust sagt:

Kleiner Elfen Geistergröße
Eilet wo sie helfen kann,
Ob er heilig, ob er böse.
Jammert sie der Unglücksmann.

Als Rautendelein helfen möchte, ist es zu spät. Denn sie selbst ist es, durch die ihr Unglücksmann, der Glockengießer, entheiligt wird. Ihn verwandelnd, verwandelt sie sich selbst. Der Waldschrat, mit dem sie auf dem Neckfuße steht, war naiv und bleibt naiv. Nickelmann, der mit ihr äugelt, ist längst sentimentalisch geworden. In Rautendelein geht eine Entwicklung vor. Sie war naiv und wird nun sentimentalisch. Anlage zu dieser Wandlung war immer da. Schon früh beschäftigt sie ihre dunkle Herkunft. Aber sie ist rasch getrost: »Kann es nicht sein, füg ich mich drein.«

Doch als dem Kindersinn dieses unbekannten Wesens ein Menschenherz nahe tritt, lernt sie, die bisher nur lachen konnte, auch weinen. Sehnsucht überkommt sie zu den Menschen. Sie möchte es ihren Bergbächen, dem Zacken, der Elbe nachtun:

Da ist kein Wässerlein so dünn und klein,
Es will und muss ins Menschenland hinein.

Nickelmann warnt:

Laß du die Knechtlein ihrer Wege gehn,
Den Menschen Wäsche waschen, Mühlen drehn,
In ihren Gärten wässern Kohl und Kraut,
Ich weiß nicht, was verschlucken, brrr, mir graut.

Aber Nickelmann warnt und fleht umsonst.

Rautendelein eilet nun wirklich zu helfen. Als heilende Fee tritt sie an das Sterbelager des Glockengießers. Sein Leib wird gesund, aber seine Seele bleibt im Banne der, die seinen Leib genesen ließ. Rautendelein zieht den Sterblichen in ihren Zauberkreis. Unter ihrem Kusse scheinen sich ihm »alle Himmelsweiten« zu öffnen und »ahnungsweis ergreift er ihre Welt«. Er folgt ihr nicht am Gängelband. Gerade an ihr entfaltet sich seine Persönlichkeit freier. Zwischen Elfchen und Menschensohn entsteht ein Verhältnis von gegenseitigem Geben und Empfangen. Er wird Übermensch, wenn auch nur in seinem Willen; sie wird menschlich, wenn auch nur in ihren Wünschen. Kaum ist sie ihm nah, so tritt an sie die Auffassung heran, die von ihr und ihresgleichen unter Menschen gilt:

Aber wir dienen froh und bereit,
Weil uns beherrschet, der uns befreit.

Sie ahnt etwas von einem Bann, von dem Geister ihrer Art zu erlösen wären, von einem Fluch, unter dem sie alle stehn, wissend oder nicht wissend. Sie nähert sich der christlichen Anschauung, daß in verderblichen Geistern ihrer Art das Heidentum der alten Gottheiten weiterspukt, und sie muss sich den Spott des Waldschrat gefallen lassen: »Den Heiland wirst du nicht gebären.« Indem sie aber den Menschen durch ihre natürliche Wildheit entheiligt, wird sie selbst durch ihn heiliger. Wie sein Fleisch und Blut in ihrem Körper zu quillen beginnt, so geht auch das Stück Christentum, das er verliert, in *sie* ein.

Er dagegen ist schon ein halber Heide. Wie die alten indogermanischen Sonnenanbeter schwört er schon »bei Hahn und Schwan und Pferdekopf«, den Symbolen des Sonnenkults. Die christliche Legende vom verlornen Sohne muss sich in seiner Anschauung mit Gott Freyr vertragen. Aus seinem überspannten, von ihr gesteigerten Selbstbewußtsein heraus sieht er in sich eine Einheit von Christus und dem heidnisch-germanischen Licht- und Frühlingsgotte Balder. Der tote Heiland soll »strahlend, lachend, ew'ger Jugend voll, ein Jüngling, in den Maien niedersteigen.« Wie dem Fiebergesicht Hanneles der Geist Gottes in geliebter Menschengestalt erscheint, so bildet sich im Glockengießer eine heidnisch-christliche Zweieinigkeit von Geist und Natur aus.

Seines Mädchens Zauberkünste, mit denen sie die äußere, sinnliche Natur beherrscht, wollen ihm auch die Wege zur höchsten innern, geistigen Vollkommenheit ebnen. Heinrich aber kann diese Wege so wenig wandeln, wie Rautendelein ihm diese Wege ebnen kann. Er hat Augenblicke, da seinem pflichtgewohnten Menschensinn ihr ganzes Wesen wie eine Kinderei vorkommt, die bunte Schmetterlinge zärtlich liebt und lachend tötet. Er erwehrt sich: »Ich aber bin was mehr, als solch ein Falter!« Sie jedoch ist kein Waldschrätlein und darf mit tiefem Ernste fragen: »Und ich? bin ich nicht mehr als solch ein Kind?« Dieser menschliche Ernst, der aufs Innere dringt, lähmt ihre übermenschliche Kraft, die bisher nur im Genießen lebte. Als menschlicher Eifer, sittliche Entrüstung gegen ihren Geliebten einschreiten, kann sie nicht mehr helfen, und bei allen Geistern ihrer Art sucht sie vergeblich Hilfe. Im Kampfe gegen menschlich-sittliche Mächte ist sogar seine Menschenkraft stärker als ihr Hokuspokus. Diese beiden, die miteinander ihr Bestes getauscht haben, zerbrechen aneinander; beiden wird derselbe Zwiespalt ihres Innern klar: »fremd und daheim dort unten – so hier oben fremd und daheim!« Aber in dieser Halbheit ist keine Dauer. Der Ruf der Urheimat zieht jedes von beiden wieder dorthin, woher es kam. Mit den dumpfen Schlägen seiner versunkenen Glocke treibt den Menschen das Gewissen weg, und Rautendelein sinkt über den Brunnenrand in Nickelmanns feuchtes Gebiet. Die Elfenwelt trauert über Balders Tod. Aber den sterbenden Balder umschwebt mit der ganzen Unbestimmtheit des Traumes, bald fern, bald nah, bald unbekannt, bald innig vertraut sein blasses, mattes, schon schmerzlich und schwer an seiner Liebe tragendes Verhängnis. Noch einmal umweht ihn ihr lichter Geist, noch einmal fühlt er die alte Kraft seiner Hände, aber beides flackert zum letzten Mal auf, und dann stirbt Heinrich der Glockengießer in den Armen seiner Elfe; die Wirklichkeit stirbt am Märchen und im Märchen.

Dieses Märchen, aus Leben und Phantasie zusammengewoben, hat einen Schluss, in dem sich das Gewebe zu verwirren droht. Beide Welten fluten schließlich durcheinander wie im Traume, wo dieses Gewebe allein Realität hat, wo diese Realität gerade in ihrer Verworrenheit besteht. So geht der Dichter des Hannele zuletzt auch hier auf einen Todestraum aus, und zuletzt steht auch hier wieder die Bühne vor der schweren Frage, wie sie das Unbegreifliche begreifen, wie sie Symbole realisieren soll.

Zwischen Geisterwelt und Menschenwelt ließ der Dichter eine vermittelnde Gestalt treten. Es ist jene alte Frau, vor deren Hütte der Glockengießer zweimal im Sterben liegt. Sie hat in beiden Welten ihren Platz. Für die Menschen im Dorf ist sie *die alte Wittichen*, ein Weib wie andere mehr, die im Hexenrufe stehn; für die Geister ist sie die »Buschgroßmutter«, von der Rautendelein ihre Zauberkünste gelernt hat. Diese Alte tritt nur zweimal in den Vordergrund: ganz zu Anfang und ganz gegen Schluss. Dort gehört sie mehr zur Geisterwelt, denn sie füttert mit brummiger Güte die kleinen Kobolde des Waldes, und auch Waldschrat nennt sie Großmutter; die Menschen aber, die gegen sie zetern und zagen, läßt sie ihre geistige Überlegenheit fühlen, eine unerschütterliche Ruhe der Verachtung: sie ist unter den Geistern die einzige, die Größe hat. Was dem Glockengießer nicht glückt, Mensch zugleich und Übermensch zu sein, ist dieser uralten Frau gelungen. Sie weiß all seine Schmerzen und steht über solchen Schmerzen. Christ wie Heide gelten ihr gleich. Ihr klangen Heinrichs Glocken so wenig gut wie ihm selbst; denn sie wohnt nicht mehr im Tale; sie hat in den Bergen festen Fuß gefaßt. Wie sie ihren kleinen Holzmännerchen und Holzweiberchen wohl getan hat, so erweist sie zuletzt, wo sie Mensch beim Menschen steht, auch ihm eine Wohltat. Sie braut ihm Tränke, die ihn von den Qualen des Lebens erlösen. Und in ihre Weine mischt sie Wahrheiten und Weisheit. Sie ist einsilbig und regt doch mit kargen Worten die Erkenntnis seiner selbst breit in ihm auf. Die verrufne Hexe setzt ihm ein christliches Wort wider die Brust: er ward berufen, aber nicht auserwählt! Sie weiß es, daß ihm seine Toten zu mächtig sind. Und sie, die das Leben ihm nicht gibt, sondern von ihm nimmt, wird ihm wie eine Mutter.

Die alte Wittichen steht skeptisch über religiösen Dingen. Sie kümmert sich weder um Balder noch um Christus. Von Freya und Freyr, von Loki und dem Meister Thor, die in den Vorstellungen der andern Geister noch leben und herrschen, will sie so wenig wissen, wie von dem Gott, mit dessen Kreuz ihr der Priester entgegen tritt. Sie hält es mit der sichtbaren *Sonne*, die, wie sie selbst, weltlich, ist und überweltlich scheint. Aus der unmittelbarsten Naturanschauung, der erhabensten Bedingung alles Lebens nimmt sie ihr Gleichnis der Größe. Von dem Menschensohne, der zertreten vor ihr liegt, dem sie raten und helfen soll, sagt sie das stolz-mitleidige Wort: »Der dort hat die Sonne nie gesehn.« Sie selbst aber sieht die Sonne. Sie begrüßt sie schon frühmorgens nach altheidnischer Vorstellung als das güldne Ei, das dem – Sonnenaufgang verkündenden – Hahn seine Henne gelegt hat.

Auch Nickelmann, der Wassergreis, fühlt sich der Sonne näher als das arme Menschenvolk, von dem er verächtlich spricht:

Mit Schmachterarmen langt es nach dem Licht,
Die Sonne, seine Mutter, kennt es nicht.

Balder ist ihm ein »Sonnenbote«, der den Köcher mit den »Sonnenpfeilen« trägt. Auch in Rautendelein, dessen goldenes Haar aus Sonnenstrahlen gesponnen ist, lebt dieselbe Vorstellung. Im Geliebten erscheint ihr Balder, der Sonnenheld. Aber Meister Heinrich, der Mensch, sucht in sich selbst vergeblich den Sonnenhelden. Das mächtige Gottesauge, um das alle diese Geister schwärmen, wird auch ihm zum Sinnbild seines höchsten Strebens. Im Fieber schreckt ihn der Gedanke, daß die Sonne flieht. Als er sterben soll, beglückt ihn der Glaube, daß die Sonne kommt, daß ihm seine Glocken aus der Sonne klingen. Zeitlebens sucht er die Sonne. Ihren Untergang begleitet seine Klage:

> *Die Sonne, allen Purpur um sich hüllend,*
> *Steigt in die Tiefen ... läßt uns hier allein,*
> *Die wir, des Lichts gewohnt, nun hilflos schauern,*
> *Uns ganz verarmt der Nacht ergeben müssen.*

Die Sonne ist ihm Urmutter. Sie wird ihren verirrten Kindern das Erlösungsfest geben, das nach alter heidnisch-christlicher Übergangsvorstellung Balder und Christus, beiden in einem, gelten soll. Für dieses Fest war Heinrichs Tempel bestimmt. Das war in guten Stunden seine Zuversicht.

Auch in bösen Stunden folgt seine Pein demselben Sonnenziel:

> *Ich bin der Sonne ausgesetztes Kind,*
> *Das heim verlangt; und hilflos ganz und gar*
> *Ein Häuflein Jammers, grein ich nach der Mutter,*
> *Die ihren goldnen Arm sehnsüchtig streckt*
> *Und nie mich doch erlangt.*

Der Stoff des Märchendramas scheint einen andern Stoff verdrängt zu haben, von dem nur wenige Szenen fertig wurden. Das Fragment ist in den »Gesammelten Werken« gedruckt; ein Beweis, daß es der Dichter nicht fortsetzen will. Es gibt Rätsel auf, die kaum zu lösen sind. Ein junger, kranker König läßt sich nachts auf das Meer rudern, um auf dem Meeresgrund Glocken läuten zu hören, versunkene Glocken, die jeder hören und wieder hören muss, der sie einmal gehört hat, vergehend in Sehnsucht nach der Tiefe. Man denkt an Vineta, man denkt auch an Ludwig den Zweiten von Bayern. Alles ist mit dem König und um den König herum krank und matt: der Spielmann und der Schalksnarr, der alte Koch und sein Lehrjunge; ja sogar der schöne urgermanische Krieger sieht ein wenig blaß. Ort und Zeit liegen ganz im Unbestimmten: Wechsel von Heidentum und Christentum, Völkerwanderungsvorstellungen, orientalischer Menschenschacher, Verfall: alles deutet sich an, alles spukt hinein ins Kellerloch der Handlung, das an Nickelmanns Schlünde erinnert. Aber in diese Finsternis bricht plötzlich ein Strahl des Lichts. Ein »Sonnenkind« erscheint, ein junger, schlanker, kecker, heiterer Knabe mit goldenem Gürtel. Draußen ist es Nacht. Die Sonne hat sich im Westen verblutet. Der Mond bescheint den König im Ruderboot. Der Knabe blickt dem schönen, jungen, kranken König ins Gesicht und versinkt entzückt ins Schauen. Was weiter geschieht, wissen wir nicht. Wird dieser König der Nacht, der auf dem Heidenmeer schwimmt, auch den Knaben verdüstern wie all sein Volk? Oder wird der Knabe, wie der junge Tag, die Sonne wiederbringen? Der Knabe heißt »*Helios*« und seine Sehnsucht geht nach dem tanzenden, singenden, spielenden Apoll. Von diesem liegengebliebenen Heliosgedicht scheint der Dichter den Sonnenkult und einige Gedanken an die Vinetasage, die ihm auf Rügen nähergetreten war, in die »Versunkene Glocke« herübergeholt zu haben.

Wie Ikaros, fliegt auch Heinrich der Glockengießer zur Sonne. Er hebt sich von der Niederung, wo ihm Herd und Werkstatt mäßig gediehen. Sein Denken sucht eine überirdische Kunst, sein Fühlen eine übermenschliche Liebe. Am Übermaße dieses Doppelwollens stürzt er und sinkt mit allen seinen guten und bösen Geistern der versunkenen Glocke nach. Der Dichter des »Florian Geyer« aber stand nun lichtumflossen da, im wundersamen Schein einer höheren Poesie. Er kam durch dieses Werk in Mode. Aber gerade das, was den Zauber der »Versunkenen Glocke« ausmacht, das Übersinnliche, Übermenschliche, märchenhaft Sinnbildliche ist nicht ganz schlackenfrei. So köstlich Nickelmann und auch der Waldschrat, so berückend Rautendelein in unhold holde Zauberkreise zieht, so fein in ihrer schattenhaften Entferntheit die alte Großmutter über das Leben gestellt ist, so spukt doch allerhand blecherner Fabelkram umher, wie die Zwerge in Meister Heinrichs Höhenwerkstatt, die Ausweitung des Glockenmotivs zum Tempelmotiv, die undurchsichtige Symbolik der drei Becher, aus denen Heinrich Kraft, Licht und dann doch den Tod trinkt.

Der Dichter hatte sich hier starken Eigenwillens begeben. Er rief sich den Goethe des zweiten Faustteils und den schlegelisierten Shakespeare des Sommernachtstraums zu Hilfe, und diese Muster halfen ihm nun, eine Verssprache schmieden. »Die versunkene Glocke« war das erste dramatische Werk Gerhart Hauptmanns, worin er nicht mehr künstlerisch revoltierte. Als man es ihm ohne Vorwurf sagte, ward er stutzig und bewies sofort, daß er seine Urkraft nicht an schöne; alte Traditionen verloren hatte.

XI

Heimkehr

Der große Erfolg, der rasche Ruhm wirkt auf einen Dichter, dem alles Erlebnis nahe geht, erschütternd. Gerhart Hauptmann war von Freund und Feind als »konsequenter Naturalist« eingeschrieben. Mit dieser Marke galt er hier als Vernichter, dort als Erlöser. Und doch errang er seinen Weltsieg erst durch Abkehr vom konsequenten Naturalismus. So fand er in sich selbst ein künstlerisches Problem. Er durfte sich nicht auf ein Prinzip festlegen; er konnte aber auch nicht sein Naturell verleugnen. So geht er seitdem als Schätzegräber bald in die Ferne, bald kehrt er wieder heim.

»Gott grüß die Kunst«, rief Florian Geyer zu Zeiten des Bildersturms. Nun trat vor Hauptmanns selbstprüfender Phantasie Gottes Engel an einen »armen Künstler« heran, der arbeitsmüde und untätig darniederliegt. Vor Hanneles Bett stand der Todesengel. Vor dem Lager des »armen Künstlers« steht der Engel seines Lebens. Er will ihn in die »Heimat« führen. Das Wort Heimat wirkt auf den »armen Künstler« wie Alltäglichkeit, Niedrigkeit, Gemeinheit; deshalb lästert er Gott: »Das Brot, das in dem Kot der Straße liegt, ist mir zum Ekel. Bücke sich, wer will, es aufzuheben. Weiß mir Gott im Himmel nicht reinere Speise, meid ich seinen Tisch … Wo hat ihm einer treu wie ich gedient? Ich hab ihm rein bewahrt die reine Flamme, warum versagt er mir das heilige Öl? Mit Talg von Schweinen mag ich sie nicht nähren.«

Schweinetalg oder ähnliche dem Schweinernen entnommene Vergleiche hatte Hauptmann über sein frühstes Drama und auch über die »Weber«, ja sogar über »Hannele« genug zu hören bekommen. Wollte nun dem Dichter der »Versunkenen Glocke« selbst vor den Konsequenzen seines Naturalismus bange werden? Sein »armer Künstler« sieht mit Grauen diesen »Heimweg« vor sich: »Durch abgelegne Gassen muss ich schleichen, in Keller kriechen, die nach Fusel duften, muss Speise schlingen, die mich ekelt, muss Gestank, verdorbne Dünste in mich atmen. Dort, wo die Pest des Lasters ewig frißt, Verworfenheit Gott schändet, wo der Mensch, ein viehisch Zerrbild, sich im Schlamme wälzt, ist meine Wohnung: dorthin führt mein Weg.«

Solch ein Jammer schrie schon einmal aus dem »Promethidenlos«. Den »armen Künstler« fesselt ein Idealwerk, aber es will ihm nicht glücken. Er sucht es nicht in der Scheußlichkeit des Realen und Gegenwärtigen; er malt an einem Bild aus legendarischer Nomadenzeit: Rahel am Brunnen. Da lacht ihn sein guter Engel aus: »Armer, armer Mann! Wie willst du malen, was du nie gesehn?« Und nun führt ihn dieser seraphische Realist ins biblische Hirtenland und realisiert ihm das Ideal, vergegenwärtigt ihm die Ferne. Rahels Anblick (»kein Füllen ist so wild und so gesund in Labans Herden«) gibt dem Ermatteten eine wahre Jakobskraft; er vermag den Stein vom Brunnen zu wälzen. Rahel heißt diesen starken Fremdling willkommen. Sie hält ihn für ihren Vetter Jakob selbst, den versprochnen Bräutigam. Nun hätte er auch Kraft genug, Rahel, die »wilde Blume«, zu malen, weil er sie sieht, weil er sie liebt. Aber weil er für sie Jakob wurde, so hört er auf, Maler zu sein, und wird auch für sich selbst Jakob. Der Künstler und sein Gegenstand werden Eins. Nur der Romeo in Shakespeare konnte Juliens Bild, nur der Werther in Goethe Lottens Gestalt schaffen.

Aus dieser Einswerdung von Kunstobjekt und Künstler, die der pantheistischen Einswerdung von Schöpfer und Schöpfung entspricht, die aber auch das künstlerische Schaffensgebiet über Erfahrung und Beobachtung hinaus in die Unendlichkeit der Phantasie steigert, hat Gerhart Hauptmann mitten im jungen Nachruhm der »Versunkenen Glocke« einen dramatischen Akt geschaffen, der an Tiefe und Größe beinahe die ganze »Versunkene Glocke« übertrifft. Es ist prachtvoll, wie hier jedes Wort eine Seele hat, jedes Wort nach innen und nach oben weist. Man möchte diesen einen Akt als Ganzes, Rundes, Abgeschlossenes anerkennen.

Aber es ist nur der *erste* Akt, richtiger nur der Prolog einer dramatischen Dichtung, die eigentlich erst im *zweiten* Akte beginnt. Sie heißt »*Das Hirtenlied*«. Jakob, in dessen Gestalt die des »armen Künstlers« verwandelt ist, steht mitten im Hirtenland bei Laban und Labans Töchtern. Laban stellt die bekannte schwere Bedingung: erst Lea, dann Rahel! Die ersten sieben Jahre sind um. Lea zehrt sich in Sehnsucht nach Jakob ab. Rahel – »die Kinder Gottes harren aus der

Ferne, wenn sie vorübergeht, bis sie sich neigt, und Cherubime senken ihre Augen« – Rahel rechnet auf Jakob. Und es geht anders zu, als in der naiven mosaischen Legende. Lea und Laban werden sentimental. Lea, anstatt rücksichtslos den ihr bestimmten Mann ins erlaubte, lang ersehnte Ehebett zu ziehn, beklagt gutschwesterlich die »arme Rahel«, die auf ihr Glück noch sieben Jahre warten soll, und Laban gibt schließlich klein bei. Am Ende des zweiten Akts entscheidet er zu Gunsten Rahels. Es scheint, als hätte Lea das Nachsehen, als hätte sie sieben Jahre umsonst gewartet.

Hier stockte der Dichter. Der Künstler ließ Rahels Bild fallen. Hatte ihn sein guter Engel doch irregeführt? Der Dichter brach schroff ab, ließ ideale Ferne ideale Ferne, Mesopotamien Mesopotamien, das »Hirtenlied« »Hirtenlied« sein und kehrte trotzigen Laufschritts ins Haus seiner eignen Kindheit heim, nach der »Preußischen Krone« zu Salzbrunn in Schlesien. Sein guter Engel führte ihn doch in die »Heimat«. In dieser jähen Flucht nach Hause lag etwas wie Angst, den eignen Urboden unter den Füßen zu verlieren. Oder wollte er nur sich und andere überzeugen, daß er noch immer fest und stark auf seiner Vatererde stand? So wurde das »Hirtenlied«, das leider liegen geblieben ist, durch ein Meisterwerk ganz anderer Art verdrängt: durch »*Fuhrmann Henschel*«.

Hauptmanns Hotel „Zur Krone" in Salzbrunn

Stofflich steht dieses Schauspiel neben den »Webern« und »Sonnenaufgang«. Aber als es mir der Dichter im Herbst 1898 in seiner damaligen Grunewaldvilla beim Abenddämmerschein wunderbar stimmungsvoll aus der Handschrift vorlas, als beim letzten Lichte des Septembertages durch Dichters Mund Fuhrmann Henschel mit dem Gespenst seiner toten Frau redete, überliefen uns zwei Hörende Schauer der Unterwelt. Man empfand, daß das große, gewaltige Schicksal, gepackt durch Dichterfaust, von Zeit und Art, von nah und fern, von alt und neu, von hoch und niedrig unabhängig ist. Man sah das zweite Gesicht dieses Dramas.

Für die Erlebnisse Henschels schwebte dem Dichter sein Elternhaus vor, da er noch Kind war. Er verlegt die Geschehnisse in einen schlesischen Badeort und in die sechziger Jahre, als noch keine Eisenbahn dorthin ging, als Fuhrleute noch auf ihre Kosten kamen. Er erwähnt die schlecht ausgenützte Heilquelle im Hof und die mißlichen Finanzen des Eigentümers, der dem einfachen Fuhrmann, seinem Mieter, verschuldet ist und deshalb ein umso willigerer Vertrauter seiner Seele wird. Das Stück kommt aus diesem Gasthofe nicht heraus; nur da ist das enge Zusammenrücken beteiligter Menschen möglich, aus dem die tragische Katastrophe entsteht. Im Souterrain die Stube des Fuhrmanns, der im Hof seine Ausspannung hat. An der Einfahrt die Schenkstube, wo bei Wermelskirch kleine Leute verkehren und den Nachbarentratsch schüren, wo das Ohr Galeottos lauscht. Als unbetretenes, nie zu betretendes höheres Gefild darüber die herrschaftlichen Zimmer und Säle des Hotels, aus denen herab zu Henschels Keller sorgsames Wohlwollen, aber auch – spaßhaft gestaltet – das Verhängnis dringt. Lust und Schmerz, Kampf und Hoffnung, Leben und Tod stehen unter *einem* Dach, von vier Mauern umschlossen.

So zusammengefaßt, wie äußerlich, ist das Drama auch innerlich. Wenn man der Poetik des Aristoteles jetzt noch so viel nachfragen wollte, wie zu Lessings Zeit, so ließe sich beweisen, daß »Fuhrmann Henschel« den aristotelischen Gesetzen in einem tieferen Sinne entspricht, als alle nach der Tabulatur konstruierten Trauerspiele deutscher Schulmeister. Auch beweist »Fuhrmann Henschel« wieder, daß eine große Dichtung ein gutes Theaterstück sein darf, welches sich überall durchsetzen kann. In Berlin schien der Erfolg von Darstellern wie Rittner und Else Lehmann abzuhängen. Aber in Wien mit Sonnenthal war der Erfolg nicht geringer.

Nie zuvor ließ uns der Dichter unmittelbarer in die Vorgänge selbst blicken. Wir erleben, wie Henschels erste Frau auf ihrem Sterbebett ihn und sich mit neurasthenischer Eifersucht quält; wie ihn gerade das auf den Gedanken bringt, die kräftige Magd zur zweiten Frau zu nehmen; wie ihn dieses brutale Weib mißhandelt; wie sie ihn betrügt; wie er es erfährt; wie in dem stillen, gütigen, schwerfälligen Träumer die Wut aufkocht, wie sich die Wut in Selbstanklage, in Gespensterfurcht, endlich in Selbstverurteilung umwandelt; eine ungeheure seelische Entwicklung! Aus dem Alltagstreiben des ganzen Hauses, belichtet von vielgestaltigen Humoren, zwischen Bettstatt, Trockenofen und Waschtrog, Biergläsern und Billardkugeln, unter zigeunerhaften, hausierenden, tölpischen Dutzendleuten steigt die Tragödie eines seelisch tiefen Menschen zartesten Gewissens in die ewige Nacht hinab. Starke dramatische Gegensätze prallen heftig aufeinander. Sogar die Faust spricht mit. Jeder im Stück trägt zum Ganzen nicht nur durch Gerede, sondern auch durch Handeln bei, und jeder ist eine Figur für sich, jeder für den Darsteller eine Fundgrube der Charakteristik. Mächtig steigt die äußere Aktion bis zur stürmischen Schlussszene des vierten Akts empor, dann folgt im Notturno des fünften Akts die schwere innere Lösung. In der Geisterstunde brütet Fuhrmann Henschel über seinem Schicksal, stellt die Schuldfrage und schafft Sühne. Er entlastet sein zweites, dirnenhaft brutales Weib. Mit seinem Gotte, der kein Gott des Erbarmens ist, wird er einig, daß er selbst die Schuld zu tragen habe. Denn er brach ein Gelübde. Seiner ersten Frau hatte er in die sterbende Hand geschworen, diese Hanne Schäl nie zu heiraten. Weil er es trotzdem getan hat, verfällt er dem Gericht Gottes und verurteilt sich selbst zum Tode. Sein Glaube wird zum Aberglauben durch sein Gewissen. Der redliche Mann hängt sich auf, als sei er jener Verbrecher aus Hanneles Traum.

In dieser Tragödie glaubt nicht der Dichter, sondern der »Held« an gerechten Ausgleich von Schuld und Sühne. Was für den Dichter Aberglaube wäre, ist für seinen verwirrten »Helden« Gottes Wille. Er fühlt sich als Gottes Geschöpf und vermag mit seinem irrenden Geist Gottes Gebot nicht zu erforschen. Gott hat es gewollt! Aber warum hat Gott es gewollt? Auf diese Frage findet er eine Antwort, die man philosophisch als Identität des Guten und Bösen bezeichnen könnte. Beides kommt von Gott, wie Gott es selbst ist, der den Satan auf seinen Knecht Hiob hetzt. Auch dem armen Henschel hat Gott eine teuflische Schlinge gelegt, und nun muss er sich selbst die Schlinge um den Hals legen. Gott hat ihm die Hanne Schäl ins Haus geschickt, und daran geht er zugrunde. Hanne Schäl aber, das satanische Kraftweib, bleibt leben. Wahrscheinlich wird sie die einzige sein, die als erbberechtigte Fuhrmannswitwe ihren Platz im Hause behauptet. Denn auch Herrn Siebenhaar, dem Hotelbesitzer, wird Haus und Hof verkauft, und mit der Komödiantenwirtschaft im Schank wird es bald vorbei sein. Bloß Hanne Schäl, die rotwangige Robustheit, hätte Zukunft und ein Leben, das ihr lebenswert erscheint. Man sieht: der Dichter steht nicht auf Henschels Schuld- und Sühnestandpunkt.

Die Stimmung, in der einst Hauptmanns Eltern ihr Erbgut verließen, klingt nur als Nebenton mit. Aber sie fügt sich zum Grundthema, denn auch sie verließen vor der Zeit das, was sie für ihre Welt gehalten hatten. Eine fremde Übermacht trieb sie aus dem kleinen Weltwinkel, von dem erst der dichtende Sohn mit seiner Phantasie wieder Besitz ergreifen sollte. Die guten Salzbrunner Pfahlbürger wollten ihm nichts zum fünfzigsten Geburtstag schenken, weil sie von ihm auch noch nichts gekriegt hätten. Und doch schenkte er ihnen keinen Geringern als den Fuhrmann Henschel zum Einwohner.

Weniger gern brauchten sich die paar Salzbrunner, die ihren Dichter vielleicht lesen, zwei so lausige Kerle wie »*Schluck und Jau*« als Landsleute gefallen zu lassen. Auch sie reden die Sprache des Fuhrmanns Henschel, aber sie sind betrunkene Bauern, wie sie Hauptmann als Kind auf Landstraßen im Salzbrunner Gebiet umherlungern und umhertorkeln sah. Früh empfand er dort den schroffsten sozialen Gegensatz, wenn an so verlumptem Gesindel gräfliche und fürstliche Karrossen in vollster Gala vorübersausten, wenn in den hochherrschaftlichen Wäldern das Hifthorn Halali blies, während Bettelvolk trockne Äste stahl. Jene Magnaten, die jetzt in Salzbrunn das stolze Hotelschloss erbaut haben, herrschen in ihren Revieren wie kleine Könige. Wohl und Weh der Landbevölkerung hängt von ihnen ab. Als Knabe konnte sie Hauptmann nur aus der Ferne, von unten betrachten; sie mögen seiner Kindesphantasie als begehrenswertes Blendwerk erschienen sein. Später sah er sie zwar auch noch von unten an, aber mit dem scharfen Auge sozialer Kritik im Interesse derer, die unten bleiben. Als er dann selbst in die Höhe stieg, als er mit »Hochgeborenen« wie mit seinesgleichen zu verkehren begann, als ihm die Lebensformen der Aristokratie einleuchteten, als er sich selbst in die Berge der Heimat hinein sein Schlößchen baute, da trat ihm der Gegensatz von Volk und Herrschaft in den Schein heitrer Phantasie. Für arme Weber hatte er gegen die großen Fabrikherren Partei genommen. Jetzt ist er tendenzlos. Auch das Soziale empfindet er ästhetisch. Es gibt ihm keinen tragischen Stoff mehr. Es erbittert ihn nicht mehr. Er empfindet den Humor des Kontrastes. Dieser stimmt ihn spielerisch übermütig. So entsteht ein »Spiel zu Scherz und Schimpf«. Zwar gräbt er auch diese beiden Tröpfe »*Schluck und Jau*« aus dem Dreck des heimischen Erdreichs und stellt sie mit alter naturalistischer Kraft auf festen Boden, wenn auch nicht auf feste Beine. Dann aber verpflanzt er ihre Lumpen und ihren Schnapsgestank mit einiger Anstrengung, als wollte er alle Grillen sozialen Mitgefühls gewaltsam wegtreiben, in literarisches Gefild.

Schon die Namen »Schluck« und »Jau« deuten an, daß sich in diesem Paar der Shakespearische Kesselflicker »Schlau« zwieselt; jener Trunkenbold, dem eingebildet wird, er sei ein Lord, und dem ein wirklicher Lord »die Zähmung der Widerspenstigen« vorstellt. Über Petrucchio und seinem Kätchen verlor Shakespeare das Interesse an Christof Schlau, dem Vorspiele fehlt daher das ergänzende Nachspiel. Spätere Dichter suchten das Versäumte nachzuholen, keiner bisher mit so viel Glück wie Ludwig Holberg in »Jeppe vom Berge«. Als altes Märchen geht der Scherz vom verwandelten Bauer durch die Weltliteratur. Hauptmann kannte ihn wohl nur aus Shakespeares kurzem Fragment, aber seine Arbeit wurde das Gegenteil eines Fragments. Shakespeares Lord nannte diesen Spaß »einen schön ausbündigen Zeitvertreib, wird er gehandhabt *mit bescheidnem Maß*«. Diese Mahnung schlug Hauptmann in den Wind. An der Ausführlichkeit, an ungezählten Wiederholungen, an einer Zersplitterung in fünf Abschnitte, die der Dichter mit Recht »Unterbrechungen« nennt, an einer Überfülle gespreizter Sätze, in denen sich die preziösere Art der Adelsgesellschaft widerspiegeln soll, verweht, verwelkt, verschaalt der derbe Ulk. Schon vor der ersten Aufführung beredete Otto Brahm den Dichter zu radikalen Kürzungen, aber sie waren falsch und nützten nichts. Keine Weglassung, höchstens eine Zusammendrängung getrennter Szenen könnte helfen. Von dem Momente, da sich der Scheinfürst Jau unter Fanfaren an die Festtafel setzt, bis zu dem Momente, da er in der Wut und Verblendung des Größenwahns morden will, darf kein Vorhang fallen. Nur so könnte sich in einem einzigen großen Zuge der Charakter des Bauern entwickeln, der die ihm aufgezwungene Fürstenhoheit eigenmächtig in eine Schreckensherrschaft steigert; beweisend, wie Plebs zum Terrorismus neigt.

Dieser jähe Übergang von Spiel zu Ernst ist der tiefere Sinn der Maskerade. Für den echten Fürsten liegt darin die Mahnung, daß mit Notdurft und Rohheit des Volkes nicht zu spaßen ist. Der falsche Fürst kommt dadurch am ehesten wieder zu sich selbst und auf seinen Mist zurück. Bei Shakespeare fehlte noch das Lebensgefährliche der Mummerei. Holberg, der sein dänisches Bauernvolk kannte, deutet schon an, daß plötzliche, traumhafte Standeserhöhung den Charakter erniedrigt oder als niedrig entlarvt. Auch Jeppe vom Berge ist drauf und dran, in seiner eingebildeten Machtvollkommenheit alle zehn Gebote über den Haufen zu werfen. Holberg blieb aber im Stile der moralischen Komödie, der Komödie überhaupt.

»Schluck und Jau« hingegen verderben die gute Laune. Jau erregt mehr Furcht, Schluck mehr Mitleid, als ein Schwank vertragen kann. Aus dem Übermute des Dichters ließ sich das soziale Unterbewußtsein doch nicht wegdrängen. Und etwas säuerlich ist auch der Übermut der Hochgestellten, die mit dem Pöbel Schindluder treiben. Der ergrauende Fürst wird seiner undinenhaften Buhle, in deren Reizen ein blasser Schatten vom Rautendelein spukt, nicht ganz froh. Sein Freund, der eigentliche Spaßmacher, von des Gedankens Blässe angekränkelt, vergleicht die eigne windige Höflingsexistenz mit dem Knechtstand der geprellten Bauern.

Das niederländisch saftige Doppelbild Schluck und Jau steht, in einem breit überladnen und doch zerbrechlichen Rahmen, allerdings köstlich da. Schluck ist noch köstlicher als Jau. Es wird ihm nicht ganz so arg mitgespielt, wie dem Kumpan. Er wird sogar von schönen Mädchen abgeküßt. Er bleibt wenigstens er selbst und wechselt nur das

Kleid. Jau glaubt etwas anderes zu sein, als er ist; Schluck glaubt nur etwas anderes spielen zu müssen, als er ist. Da er sich zu Jau verhält, wie Moll zu Dur, so ist sein feminines Schneiderseelchen wie geschaffen für die Rolle der Scheinfürstin, die bei Shakespeare ein junger Page spielt. Der junge Page wird sie mit natürlichem Anstand gespielt haben. Schluck spielt sie im Schweiße seines Angesichts mit allen »Kinstlichkeiten«, die er von herumziehenden Gauklern aufgegriffen hat. Und wie er in langen fürstlichen Gewändern seinen Scheingemahl kokett umäugelt und umtänzelt, da wendet sich Jaus Stierwut zuerst gegen ihn. Früher noch als der echte Fürst gerät der gute Kamerad in Lebensgefahr, und im Erbarmen mit ihm verlischt das Gelächter. »Schluck und Jau« hinterläßt keinen tragikomischen, höchstens einen komitragischen Eindruck. Der Rest ist Traurigkeit. Man denkt bei Schlucks behender »Kinstlichkeit« an Worte der Hippolyta im »Sommernachtstraum«: »Ich mag nicht gern Armseligkeit bedrückt, Ergebenheit im Dienst erliegen sehn.« Aber bei Schlucker dem Schneider und Zettel dem Weber empfindet man derlei nicht. Woran liegt das?

»Schluck und Jau« schlagen eine allzu groteske und doch zu wenig groteske Brücke von der Größe des »Fuhrmanns Henschel« zur Größe des »*Michael Kramer*«. Man möchte diese beiden Werke, diese beiden Nachtgestalten dicht beisammen haben. Sie gehören zueinander.

Wie »Fuhrmann Henschel« den Dichter in sein Vaterhaus, so führte ihn »Michael Kramer« in sein Studienhaus zurück. Wie College Crampton, ist auch Michael Kramer Lehrer an der königlichen Kunstschule in Breslau und steht wie Crampton im Gegensatze zu jener akademischen Verzopftheit, die einst von dort den jungen Kunstschüler weggetrieben hatte. Aber sonst hat Kramer mit Crampton nichts gemein, weder dessen Liebenswürdigkeit, noch dessen Lüderlichkeit, auch nicht seine Genialität.

Michael Kramer ist ein strenger, ernster, finsterer Mann der Pflicht und der Arbeit, der aber seinen Schülern die »Kleinbürgerseele« auszuklopfen verstand, wie keiner. In seinem Innern leuchtet die Flamme eines Ideals, aber seine Hand kommt nur mühsam nach. Jahre, Jahrzehnte vergehen, und sein Gemälde des Gekreuzigten, das »feierliche ruhige Christusbild«, will seiner Selbstkritik nie genügen. Er ist in der Lage jenes »armen Künstlers«, der sich in Jakob verwandelt. Er hat

Christum nie gesehen, und doch möchte er mit ihm verschmelzen. So streng wie an die Kunst ist seine sittliche Forderung ans Leben. Er ist zugleich Künstler und Moralist. Sein hausbacknes, borniertes, quängliges Weib zu verlassen, kam ihm nie in den Sinn, denn Ehe und Familie gehörten in den Pflichtenkreis des Mannes. Gerade aus seiner Familie, die ihn niederdrückte, erhoffte er die Steigerung seiner Kunst, die künstlerische Äußerung seines Innenlebens. In seinen Kindern sollte die Kraft des Vaters wachsen. Aber Fleiß und Genie, die beiden Vorbedingungen dafür, sind ungleich verteilt. Der Sohn trägt den Vornamen des vergötterten Böcklin, die Tochter heißt nur nach dem Vater. Michaline hat Fleiß ohne Genie, Arnold Genie ohne Fleiß, ist also kein Böcklin. Die Tochter quält sich, der Sohn verwahrlost. Die Tochter deutet das Verhältnis richtig: »Um Arnolds Vertrauen hat Vater gebuhlt. Ich musste um Vaters Vertrauen ringen.« Als starker, freier, feiner Mensch errang sie sein Vertrauen innerhalb ihrer Begabung, die zur Kunstlehrerin, nicht zur Künstlerin reicht. Arnolds Vertrauen blieb dem Vater versagt. Weil er den Vater fürchtete, mied er ihn, und die dumme Mutter beging das Todverbrechen, die Furcht vor dem Vater als Erziehungsmittel anzuwenden. Nicht bloß wegen ihrer Verschiedenheit, auch wegen ihrer Gleichheit konnten sich Michael und Arnold Kramer nicht finden. Michael der Künstler sieht in Arnold das Genie; Michael der Moralist sieht in Arnold den Lump. So stehen sich Vater und Sohn zum letzten Male unversöhnter denn je gegenüber. Der Vater ist die Wahrhaftigkeit selbst, und eine kleine läppische Lüge des Trotzkopfs bringt ihn so auf, daß er den Sohn verstößt. Als er ihn wiedersieht, ist sein Junge tot. Ein skandalöser Konflikt mit den gemeinsten Trieben des um Wein, Weib, Gesang taumelnden Philistertums hetzte ihn zum Selbstmord. Und im Schlussakt – auch dieses Drama ist wie »Fuhrmann Henschel« des Schlussakts wegen da – hält der Vater beim Sohne die Totenwacht.

Ganz im Gegensatze zu den Weitläufigkeiten von »Schluck und Jau« geht hier alles einen kurzen, knappen, scharfen Schritt. Wir sehen im trübseligen Licht eines Wintermorgens die häusliche Misere, wir sehen den ringenden alten Künstler in der Werkstatt, seine Dauerarbeit ängstlich verbergend, wir sehen bei einem sogenannten gemütlichen Frühschoppen die Dutzendmenschen, von Wein und

Weib erhitzt, auf Bosheit und Wut des Einsamen die Gewalt setzen und nach all diesem kleinen Jammer dann den mächtigen Schlussakt, den ein ganz großer Schauspieler auch zur ebenso mächtigen Bühnenwirkung bringen würde. An der Leiche des Sohnes wächst Michael Kramer in die Höhe der alten Propheten, das Leben anblickend mit Augen Beethovens, dessen Totenmaske er in der Hand hält. Der reine Mensch, der andächtige Künstler, der im kleinen Leben nie freigeworden war, erhebt sich jetzt vor der Größe des Todes. Indem er seine Hoffnungen begräbt, ist er von aller Kleinheit erlöst. Das tiefe Geheimnis des Todes leuchtet ihn an, wie die große Liebe, und für diese Empfindung findet er den Ausdruck: »Der Tod ist die mildeste Form des Lebens: der ewigen Liebe Meisterstück.« Auf dem Totenantlitz des Sohnes erkennt er das Genie, das im Leben nicht aufkam. Aller Hader, aller Gram, alles Mißverstehen ist vorbei. Zwischen Vater und Sohn, zwischen Gott und Welt ist Friede. Irdisches hat keine Schrecken mehr. Der verschlossne, wortkarge, einsame Mann findet für diese Nirwanastimmung Worte vom Reichtum einer Symphonie.

Und doch endet diese Symphonie mit einer Dissonanz, mit der antwortlosen Frage nach dem Ende. Was jenem verträumten Fuhrmann in seinem Wahn ganz klar erschien, das Hirngespinst von Schuld und Strafe als Gottesfügung, das schließt bei diesem denkenden Geiste, je weiter er die Welt anschaut, je tiefer er ins Innere dringt, mit einem dunklen Rätsel. Beide, Henschel wie Kramer, sind aus dem realsten Leben geholt, beide enden in Mystik.

Mystik ist die Binnenseite der Realität. Daß Mystik und Realität keine Gegensätze sind, sondern das Auswendige und Inwendige ein und desselben Dinges, wußte noch jeder künstlerische Realismus. Diese Einsicht lag auch im konsequenten Naturalismus Gerhart Hauptmanns schon zu der Zeit, da ihn Arno Holzens Theoreme beherrschen wollten. Wenn man die Reihe seiner realistischen Werke vom Sonnenaufgangsdrama an verfolgt, so zeigt sich die fortschreitende Entwicklung des Dichters darin, daß die auswendige Haut immer durchsichtiger wird, so daß vom Innenleben immer mehr hervorschimmert, bis man dorthin sieht, wo sich das Innerste nicht mehr enthüllen will. Auf diesem Punkte steht die tragische Meditation Michael Kramers, der seines Dichters erster Denker ist.

Wie dieser Mann zuletzt weit über die Grenzen seines räumlichen Daseins hinausblickt, so wurden diese Grenzen auch dem Dichter wieder zu eng, und was sich ihm in der biblischen Sage nicht vollendet hatte, bot ihm die deutsche Legende des Mittelalters. Zunächst aber trieb es den Dichter, noch einer alten Lieblingsgestalt den Blick ins unbekannte Land zu gönnen. Bald nach »Michael Kramer« schrieb er den »*Roten Hahn*« und zeigte auch der sterbenden Waschfrau und Biberpelzdiebin in ihrer letzten schönen Vision ein Engelsangesicht.

XII

Der arme Heinrich

Als Gerhart Hauptmann im Schwabenalter stand, zog es ihn ins Schwabenland des »*armen Heinrich*«, für den das Bauernmädchen Blut und Leben lassen will. Hauptmann lernte die Legende wohl zunächst aus dem Gedichte *Chamissos* kennen, das dieser zaghaft den Brüdern Grimm gewidmet hatte. In fünffüßigen, reimlosen Trochäen erzählt Chamisso trocken und reizlos, wie der miselsüchtige Graf sich und sein Leiden in einem Meierhofe verbirgt, wie die Meiersleute ihn betreuen, wie ergeben ihm das Haustöchterchen ist. Als sie den Ausspruch des Salerner Arztes erfährt, daß ihn nur das Herzblut einer reinen, opferfreudigen Magd heilen könne, ist sie entschlossen, ihr Herz dem Messer des Salerners preiszugeben. Mühsam überwindet sie den Widerstand der Eltern, mühsamer und doch zu leicht den Widerstand des kranken Herrn. Nun liegt sie nackt auf dem Seziertische, trotzt den Widerreden des Arztes, hört, wie er das Messer wetzt, und erwartet freudig zuerst den Opfertod, dann aber auch den himmlischen lohn.

Der arme Heinrich ist es selbst, der im allerletzten Augenblicke das Furchtbare verhindert, das nackte Mädchen losbindet, ihr Opfer ablehnt. Unverrichteter Sache kehren beide nach Schwaben heim; aber unterwegs wird er gesund. Der »Spectator cordis« oder, wie Chamisso übersetzt, »der die Nieren prüft und Herzen« begnügt sich mit des Kindes gutem Willen und macht ihren geliebten Herrn auch ohne Opfer und Himmelslohn gesund. Nun wird aus dem armen Heinrich wieder ein glücklicher Heinrich; er führt das Bauernkind als ebenbürtige Gemahlin auf sein Grafenschloss. Vielleicht war es zunächst die Überwindung der Standesunterschiede und Standesvorurteile, wodurch sich der Dichter des »Schluck und Jau« auch zu diesem Stoff hingezogen fühlte. Diese sozialen Schranken sollten winzig und kläglich erscheinen gegenüber einer Größe der Nächstenliebe, der Entsagung, der Todesbereitschaft, wie sie das kleine Bauerndirnchen bewährt. Der Fürst und das Landkind hatten sich im Allermenschlichsten, Allernatürlichsten so innig gefunden, daß jede künstliche Mauer fiel. Schon die Achtjährige nannte der arme Heinrich »sîn gemahele«. Chamisso übersetzt »seine kleine Frau« oder »seine liebe Frau«. Hauptmann schließt sich auch hier, wie so oft, enger an den mittelhochdeutschen Urdichter *Hartmann von Aue* und findet für das profetische Liebeswort die trauliche Form: »Mein klein Gemahl«.

Der moderne Dichter fühlte sich dem mittelalterlichen Dichter so genähert, daß er ihm die Rolle des Vertrauten in seinem Drama zuwies. Hartmann von Aue ist der erste Dichter, den Hauptmann in seine Werke eingeführt hat. Aber er ist in dem Drama mehr dienender Ritter als Dichter. Der historische Hartmann hatte zum niedrigen Adel gehört und zu den Dienstmannen der Herren von Aue. Hauptmann macht den legendarischen armen Heinrich selbst zum Grafen von Aue, und so wird Heinrich der Herr seines ritterlichen Dichters. Diskreter Weise bleibt Hartmann im Drama eine episodische Nebenfigur. Er erscheint bloß im zweiten und fünften Akt. Eine phantasievolle Anschauung der Natur führt ihn als Poeten ein:

Und sind die kleinen Vöglein auch verstummt:
Es zwitschert unterm Rosseshuf der Schnee
Bei jedem Tritt, so daß ich lausch' und spitze
Und horch' und mich versinn' und fast verliere,
Wie Petrus Forschegrund, als ihm das Vöglein
Des Paradieses sang und tausend Jahre
Gleich einer flüchtigen Stunde ihm verrannen.

Doch ist Hartmann der erste, der aus Heinrichs eignem Munde nicht nur Heinrichs Schicksal erfährt, sondern auch den tiefsten Einblick in Heinrichs Seele empfängt. Der antipapistische aber gottesfürchtige Ritter muss es erleben, wie sein Herr von wildem Pessimismus befallen ist, Gott lästert, seine Weisheiten aus dem Koran schöpft und endlich im Verzweiflungsschrei einer Weltanklage bekennt, ihn habe das Schicksal Hiobs getroffen: »Da fuhr der Satan aus vom Angesichte des Herrn und schlug Hiob mit bösen Schwären von der Fußsohle bis an den Scheitel. Und Hiob nahm einen Scherben und schabte sich und saß in der Asche«. Diese Stelle bezieht Heinrich fast wörtlich auf sich selbst. Hartmann von Aue verstummt ob solchem Bekenntnis, das in gewaltiger dramatischer Steigerung den zweiten Akt bis dicht vors Ende führt. Wir sehen die treuherzige Rittergestalt erst wieder, als sein Herr und Held geheilt und mit dem Gotte der Christenheit versöhnt ist. Auch jetzt verleugnet Hauptmanns Hartmann den Dichter nicht. Mehr als in seinem eignen kleinen Epos erklärt er hier im modernen Drama das psychophysische Motiv, das zu jener Opferwilligkeit des Kindes führt. Die Urheberin, meint er, sei Frau Venus. Er hält das Mädchen für geschlachtet und setzt ihm die Grabschrift:

Im Tode hat ihre Liebe triumphiert:
Er war ihr lieberzwingendes Bekenntnis.

Ähnlich hatte auch Michael Kramer gedacht: »Der Tod ist der ewigen Liebe Meisterstück«.

Der Jubelruf »Hartmann« ist das erste Wort, das wir aus dem Munde des heimgekehrten, genesenen Heinrich hören. Das zweite Wort ist ein freudiges Bekenntnis zu Gott. Das dritte Wort ist die frohe Botschaft, daß auch sein klein Gemahl heil und lebendig sei. So erfährt Hartmann von seinem Herrn und Helden selbst nicht bloß dessen Elend, sondern auch dessen Glück, also Anfang und Ende seines poetischen Stoffes. Auch Hartmanns letztes Wort im Drama ist das Wort eines Dichters:

Wir wollen an die erzenen Schilde schlagen,
Und dieses alten Schlosses Fenster sollen,
Wie Munde, Freude über die Täler schrein!

Was jedoch im modernen Drama zwischen Anfang und Ausgang liegt, vollzieht sich in der Abwesenheit Hartmanns von Aue, der inzwischen seinem verschollnen Grafen das Land hütet.

Was in der Mitte liegt, konnte Hartmann nicht erleben; denn sonst hätte schon er es gedichtet. Hier geht Gerhart Hauptmann eigne Wege. Sein Gefährte ist nicht der naive Geschichtenerzähler des Mittelalters, dem die Oberfläche der Begebenheiten genügte. Sein Gefährte ist eher der tief grübelnde Verfasser des Buches Hiob. Der dritte und vierte Akt lösen sich von der mittelhochdeutschen Dichtung los und erregen deshalb bei einigen Germanisten Ärgernis.

Gerhart Hauptmann braucht zwei umfangreiche Akte zur Behandlung der großen Kernfrage des Stoffs: wie kommt Heinrich dazu, das Opfer des Kindes anzunehmen, wie wird es ihm möglich, das Kind bis an den Seziertisch des Salerner Arztes zu führen? Dem treuherzigen mittelhochdeutschen Dichter genügt das Faktum:

> *Ze jungest dô bedâhte sich*
> *ihr herre, der arme Heinrich*

Diese epigrammatische Knappheit zieht Chamisso nur in schwatzhafte Breite, wenn er erzählt:

> *Als der arme Heinrich jetzt erkannt,*
> *Daß einmütig doch das Ungeheure*
> *Alle wollten und von ihm begehrten;*
> *Stieg in ihm aufs neue Lebenslust auf,*
> *Sah er schon im Geiste sich genesen,*
> *Andres nicht gedacht er, und mit Grausen*
> *Sprach er leis und langsam: »Also sei es!«*

Hauptmann, der tiefste der drei Dichter, braucht die beiden Hauptakte des Dramas allein zu dieser Ergründung, der auch die beiden früheren Expositionsakte vorbereitend zu dienen haben.

Der erste Akt spielt in der Morgenfrühe eines frischen Herbsttages unter der großen Ulme vor dem Hause, wenig Stunden nach Heinrichs Einkehr in den Meierhof. Die Meiersleute wissen nicht, was ihm fehlt. Aus seinem seltsamen Benehmen, aus seinen andeutenden Worten schließen sie auf *seelisches* Leid. Aber ihr Töchterchen weiß es schon besser. Den Ausspruch, des Salerner Arztes erfuhr sie nie von Heinrich selbst, sondern von einem plauderhaften Kriegsknecht, der aus Angst vor Ansteckung durchbrennt. »Sie lebt von seinem Blick«, wie es im »Hamlet« heißt. Um ihm Honig zu holen, läßt sie sich schon am ersten Morgen von schwärmenden Bienen zerstechen. Der Dichter motiviert diese Zuneigung dadurch, daß sich beide schon von früherer Zeit her kannten, da Herr Heinrich seinen Pachthof öfters besuchte. Schon damals nannte der Kerngesunde das Kind »sein klein Gemahl«. Diese Abweichung vom Urtext ist eine Abschwächung und schiebt das zarte Verhältnis auf ein einseitig erotisches Motiv zurück. Viel feiner entsteht bei Hartmann von Aue die Liebe des Kindes aus Mitleid mit dem kranken Manne, die Liebe des Mannes aus Dankbarkeit für das sorgende Kind. Bei Hauptmann ist das Kind nicht mehr achtjährig, sondern im Alter der Pubertät mit Anzeichen von Bleichsucht und Hysterie. In diesem krankhaften Stadium der natürlichen Entwicklung mischen sich erotische und religiöse Ekstase. Sie denkt nicht anders, als daß ihr geliebter Herr mit seiner Krankheit für begangne Sünden büßt, und will das Lamm Gottes sein, das ihn erlöst. Die großen Wirkungen des zweiten Aktschlusses steigern sich endlich zu ihrem leidenschaftlichen Entschluss: »Ich hab's gelobt! Du musst versühnet sein.«

Hauptmanns Heinrich beteiligt sich nicht, wie der Hartmannsche, an dem kümmerlichen Hin und Her und Für und Wider, das dieser Entschluss des Kindes bei den Eltern hervorruft. Auf das Gelübde des Mädchens antwortet Hauptmanns mannhafter Heinrich mit jäher Flucht. Er verläßt das freundliche Obdach bei den Meiersleuten und ist verschollen.

Seit jenem ersten Herbstmorgen verging ein Jahr; es will wieder Winter werden. In einer Wildnis von Wald und Fels ist der arme Heinrich verwildert. Er lebt von dem, was er findet, er gräbt sich selbst sein Grab, aber er lebt. Die *Lebenslust*, die Lebenskraft erhält ihn am gräßlichsten Leben. Wer sich ihm naht, den scheucht er durch Steinwurf oder durch Warnung vor der ansteckenden Seuche von hinnen. Aber es sucht ihn niemand seiner selbst wegen auf, außer dem Mädchen. Der Spürsinn ihrer Liebe hatte ihn schon drei Tage nach der Flucht gefunden; als er sie mit Steinwürfen weggetrieben hatte, war sie nochmals zu ihm in die einsame Wildnis gekommen und hatte den Ohnmächtigen betreut. Nach seiner hier gewiß zu rechtfertigenden Manier enthält uns der Dichter diese beiden Szenen vor. In diesem dritten Akt erscheint das Mädchen gar nicht. Statt ihrer, kommen ihre beiden Väter: Stiefvater und Beichtvater; auch der Beichtvater, der dieses übersinnlich sinnlichen Kindes rechter Vater zu sein scheint. Ihnen erst erzählt der Waldmensch von jenen Begegnungen mit dem

Mädchen. Wie: so oft im »Florian Geyer«, wird statt der Ereignisse selbst der Bericht davon gegeben; statt der Hauptperson des Prozesses sprechen Anwälte. Dadurch wird die Bühnenwirkung geschwächt; selbst ein so durchdringender Darleger wie Josef Kainz konnte das Publikum im Wildnisakte nicht vor Ermüdung schützen. Selbst seinem dialektischen Genie gelang es nicht, die poetischen Kräfte dieser Reflexszenen dramatisch zu beleben. Was bei jenen heimlichen Begegnungen zwischen dem spröden, kranken Mann und dem reinen, in Unschuld werbenden Mädchen geschah und nicht geschah, ersetzt dem Leser Heinrichs wundervolle, Grausigstes und Süßestes vermischende Erzählung. Wie ihn die Verführung packte, wie er der Verführung widerstand! Wie er, unrein am ganzen Körper, rein in seinem Gewissen blieb! Wie er noch einmal vor dem Kinde und ihrem Liebreiz in weite Fernen floh, nun auch von ihr nicht mehr zu finden! Man müßte das alles so genau kennen, wie man etwa die Klassiker kennt. Dann müßte man es auch auf der Bühne zu würdigen wissen.

Zufällig entdeckt Heinrichs neues Versteck jener furchtsame Kriegsknecht, der nun zum zweiten Male vor Heinrichs Krankheit ausreißt. Von ihm erfahren es die beiden Väter des Kindes. So kommen sie zu ihm, nie ganz miteinander einig, aber doch einig in der blinden Hoffnung, der arme Heinrich könne durch seine Rückkehr ihr verwirrtes Kind zur Raison bringen. Diese besorgten Väter nehmen sogar die Miselsucht in Kauf, wenn nur das ekstatische Kind wieder zu sich kommt. Aus dem, was sie erzählen, und aus dem, was Heinrich von ihr erzählt, wird das holde Märtyrerbild des abwesenden Mädchens dennoch ganz gegenwärtig. Wie die drei Freunde zum duldenden Hiob, so spricht hier der geistliche Vater zum gottverfluchten und Gott verfluchenden Heinrich. Nur Heinrich spricht anders als Hiob. Hiobs »Auge tränet zu Gott«, Heinrich hört Gottes Hohngelächter. Wie Gott seinen Knecht Hiob in Satans Hände gab, um ihn zu prüfen, so sieht Heinrich in allem, was Gott ihm schickt, »des Teufels schlimmstes Bubenstück«. Das süße, reifende Kind schickte ihm der höllische Versucher in die Waldwildnis; denselben »verfluchten Engel, der ritterlich die Blöße Gottes schont« erkennt er nun aus der Bitte wieder, mit der sich die beiden Väter an ihn wenden. Er möge doch zu ihrem Kinde kommen! Sie bitten ihn, als wäre er ein Arzt. Auch dieser Versuchung widersteht er noch. Er verschmäht das dargebotene Obdach. Er will in der Wildnis überwintern. Er will sein Grab weiter graben. Aber seine Sinne verwirren sich, sein Geist schwärmt, sein siedendes Blut sieht hoch aufgerichtet über allem Heldentume und Heiligtume nur noch das rettende Kind. Heinrich ist am Ende aller seiner physischen und moralischen Kräfte, also auch am Ende seiner Entsagungskraft.

Den Zustand des Mädchens zeigt erst der vierte Akt. Der Dichter nennt sie *Ottegebe*. Dieser gute altdeutsche Name fehlt bei Hartmann, aber er klingt wie aus volksetymologischem Kindermund an einen Vers an, worin der mittelhochdeutsche Dichter von ihr sagt:

*jedoch geliebte irz aller meist
von gotes gebe ein süezer geist.*

D.h. als Gottes Gabe war in ihr ein Geist der Liebe.

Ottegebe ist nicht mehr bei den Eltern, sondern der Sicherheit wegen in ihres geliebten Beichtvaters Waldkapelle. Dort hält man sie verborgen, denn zur Nachtzeit um den Meierhof herum klappert die Klapper eines Miselsüchtigen. Davon soll Ottegebe nun doch nichts hören. So will es die Mutter. Nun sitzt das Kind in der Waldkapelle, geißelt seinen jungen opferfreudigen Leib, und das aufgeregte Blut spritzt. Sie geht und spricht wie eine Nachtwandlerin, aber wachsam wie die klugen Jungfrauen wartet sie auf ihren Herrn. In ihrer frommen Verblendung ist sie Hellseherin. »Pater, heut wird er kommen!« sagt sie. Und wirklich kommt er heute. Aber sie sieht nicht bloß den armen Kranken, der nach ihrer Heilkraft schreit, sondern auch die Gnade Gottes, die des Richterspruches Härte bricht. Hartmanns Motiv vom Himmelslohn ist hier innerlicher gefaßt. Nicht um Gottes Lohn für sich, sondern um Gottes Gnade für den Geliebten zu erlangen, geht Ottegebe-Gottesgabe ihren schweren Gang.

Heinrich, der Gotteslästerer, tritt in die Waldkapelle. Sein Gebet mißlingt. Ihm fehlt Hiobs Geduld. Auch seine unverwüstliche »Lebenslust«, seine Scheu vor dem Selbstmord macht er Gott zum Vorwurf und doch bittet er mit trotzigen Worten Gott um Vernichtung. Aber »die Schlangen der Sonne rasen ihm im Haupt«, sein kranker Geist verfällt wieder in eine wilde Wollust zu leben. Wie ein zweiter Aussatz, wie ein Aussatz des Gemütes packt ihn das, was Chamisso so glatt und artig »Lebenslust« nannte. Und nun schreit er aus kränkster Seele heraus nach dem Kinde, das ihn erlösen, das ihn versühnen wollte; überzeugt, daß sein Schrei nicht gehört wird. Nun erst schreit er nach Ottegebe, da er glaubt, daß sie tot sei. Das Verbrechen, das Raubtier erwacht in diesem standhaften Menschen erst, als er glaubt, daß nichts mehr zu rauben, nichts mehr zu töten da ist. Schon längst hatte ihm sein Mißgeschick das eigne Ich zerspalten und ihn für sich selbst zu einem Doppelwesen gemacht.

Ich nahm den Rest, ich raffte mir zusammen,
Was mir von mir geblieben war, und lief
Vor mir davon. Es lief ein Fürst! und der
Ihm folgte in der fürchterlichen Hatz,
War der zertretne Knecht, der annoch lebt.
Er schrie nach mir! Er winselte! Er bot
Mir junge Kindesleiber an zum Kauf ...

Ottegebe ist nicht tot. Ottegebe lebt. Ottegebe ist da. Wie ein Engel des Himmels erscheint sie ihm. Wie ein Engel des Himmels spricht sie zu ihm: »Komm, es ist spät geworden, armer Heinrich.« Und wie die Engel Gottes das träumende arme Hannele in die Stadt der Ewigkeit führen, so führt »Sankt-Ottegebe« ihren außer sich selbst gesetzten armen Heinrich aus Vater Benedikts Waldkapelle nach Salerno. Nicht er zieht sie, sondern sie zieht ihn dorthin. Sein Wille ist unfrei, unterworfen einer stärkeren Macht, und wer darf entscheiden, ob diese Macht von außen nach innen oder dennoch von innen nach außen wirkt? Nicht darauf kann es dem Dichter ankommen, sondern auf die Seelenkämpfe, in denen der Mensch gegen sich selbst zu streiten hat.

Als Heinrich und Ottegebe wieder daheim sind und im Glück, erfahren wir einiges von dieser märchenhaften Wanderung aus dem Schwarzwald nach Salerno. Der Dichter weiß aus Erfahrung, welch schöner Weg durch Gottes Welt das seltsame Paar führte, und das ekstatische Schwabenmädchen blieb nicht unempfindlich gegen die neuen Wunder der Landschaft. Aber ihr Ziel blieb der Seziertisch des Salerners. Natürlich hat der Dichter auf die große Szene in Salerno verzichtet. Aber Heinrich schildert sie seinem treuen Hartmann so wundervoll, daß man sich wundert, warum Hartmann nicht mehr davon für sein kleines Epos profitiert hat. Auch den bängsten Augenblick schildert er, als der Arzt das nackte Mägdlein auf den Opfertisch legt:

> *Da schloss er sich mit ihr in seine Kammer. –*
> *Ich aber ... nun, ich weiss nicht, was geschah ...*
> *Ich hörte ein Brausen, Glanz umzuckte mich*
> *Und schnitt mit Brand und Marter in mein Herze.*
> *Ich sah nichts! Einer Türe Splitter flogen,*
> *Blut troff von meinen beiden Fäusten, und*
> *Ich schritt – mir schien es – mitten durch die Wand! –*

In diesen Versen steht der geheilte, von Krankheiten des Leibes und des Seele genesene, der große, starke, edle, ritterliche Mann und Held und Fürst leibhaftig so wieder da, wie wir ihn aus Hartmanns Erzählungen kannten.

In der Zeit, als dieses große Drama entstand, hat man sich über Heinrichs unappetitliche Leibesbeschaffenheit entrüstet und über den glücklichen Ausgang lustig gemacht. Oft wurde über beides dieselbe Nase gerümpft, und derselbe unweise Mund sprach bald von Lazarettpoesie, bald vom Benedixischen »Sie kriegen sich«. Den zweiten Einwand abzuweisen, genügt wieder ein Blick auf Grimms Märchen: »Und wenn sie nicht gestorben sind, so leben sie noch heute«. Der erste Einwand trifft nicht dieses Werk allein, sondern den ganzen Dichter, dem seit frühester Zeit das Hiobslos der Menschheit ans mitleidige Herz greift. Nie aber hat er so gewaltig an diesem Elend gerüttelt, wie hier. Nirgends sonst wurde es so offenbar, wie aus physischem Jammer seelischer Jammer entsteht, wie äußere Schicksalsschläge auch den innern Menschen verwandeln. Nie zuvor auch siegte so triumphierend Gerhart Hauptmanns dichterische Sprachgewalt.

Das kleine, schlichte Epos Hartmanns von Aue ist sechshundert Jahre alt. Die Philologen edieren und kommentieren es; ab und zu findet es im deutschen Volke sonst noch einen willigen Leser. Man möchte Schleier der Zukunft lüften, um zu wissen, wie nach abermals sechshundert Jahren Gerhart Hauptmanns »armer Heinrich«

in Deutschland geschätzt wird. Wird man im Volke die Kunst und den Charakter, ja auch nur den Laut seiner Sprache noch verstehen? Wird zunehmende Gelehrtheit Anachronismen aufmutzen oder lieber jenen Geist verspüren, der an der Wende vom neunzehnten zum zwanzigsten Jahrhundert in seiner besondren Weise der Psyche des Menschen auf den Grund zu kommen suchte? Wir ahnen nichts davon und müssen mit dem Begriffe der Unsterblichkeit auch unsern Größten gegenüber vorsichtig sein, aber jetzt darf jeder seine Meinung sagen. Und so sage ich, daß »der arme Heinrich«, 1902 entstanden, die deutsche dramatische Dichtkunst des neuen Jahrhunderts in großer Art eröffnet hat.

XIII

Wieder daheim

Kaum war Gerhart Hauptmann Hand in Hand mit Hartmann von Aue durch die deutsche Legende geschritten, so wurde er in seinem heimischen Landgerichtsbezirk Hirschberg als Geschworner einberufen. Aus dem Weiten rief ihn drängendes Leben wieder ins Nahe. Und nun wird es dem Dichter zur Gewohnheit, wechselweis in der eignen Zeit oder in idealen Fernen seine schaffende Phantasie einzunisten. Wie er immer wieder oft zu monatelanger Abwesenheit seine Riesengebirgsstätte verläßt und im Süden reist oder wohnt, so lösen sich in seiner dichterischen Vorstellung Inland und Weite immer wieder ab. Eine Weile aber hielten ihn jetzt Eindrücke der Heimat und der Jugend wieder fest.

Als Hauptmann 1903 in Hirschberg Geschworner war, standen am 15. April auch Meineid und Kindesmord zur Verhandlung. Hauptmann votierte mit der Mehrheit des Schwurgerichtes auf Freispruch der angeklagten und geständigen jungen Mutter, einer ledigen Landarbeiterin. Dieser Lebenseindruck vergegenwärtigte dem Dichter wieder seine Eleven- und Gutsschreiberzeit im Kreise Striegau. In die fruchtbaren, blumigen, parkartigen Ebenen dieser Gegend verlegte er das fünfaktige Schauspiel »*Rose Bernd*«.

Rose Bernd, die schöne, kräftige, blonde Bauerndirne wird von drei Mannsen umworben. Den einen liebt sie, den anderen haßt sie, der dritte soll sie heiraten.

Der eine ist ein waidgerechter, kriegstüchtiger Gutsherr auf der Höhe des Lebens. Er ist mit einer klugen und gütigen Frau verheiratet, die er liebt und verehrt; aber sie ist älter als er und sitzt im Rollstuhl. Für Rose Bernd war Herr Flamm schon der Mann der Männer, als sie noch mit Puppen spielte. Jetzt strahlt am Maiensonntag die Morgensonne. Zwischen den Äckern, aus denen es sprießt und grünt, wächst bergendes Buschwerk. Während die gottesfürchtige Gemeinde (wir wissen, wie fromm es im Kreise Striegau zugeht) in der nahen Dorfkirche singt und betet, nimmt draußen im Freien Herr Christof Flamm seine Rose auf eigene Art ins Gebet. Das Stück, das mit Kindesmord endigt, beginnt frühlingsfrisch mit dem Gegenteile von Kindesmord. Noch dazu unter einem Kruzifix! Als der Vorhang aufgeht, ist das Tätchen vollbracht. Diese derbe Minnelust gibt sich ländlich-sittlich oder richtiger ländlich-sinnlich. Es ist nicht das, was man in Gesellschaftskreisen ein Liebesverhältnis nennen würde. Es ist alles nur auf Nimm und Gib gestellt. Flamms Heiratsabsichten, falls er frei wäre, sind nicht allzu ernst gemeint. In seinen Kreisen betrügt man die eigne Frau, aber man verläßt sie nicht, am wenigsten einer Magd zuliebe. Mag man aber über das Moralische, wie man will, denken, so ist es eine Freude zu sehen, wie der Dichter des armen Heinrich und seiner Ottegebe noch Kraft, Gesundheit, Lebensgenuß in zwei strotzenden Menschennaturen darzustellen weiß.

Doch während der arme Heinrich aus Kummer zu Wonne gedieh, entwickelten sich Rose Bernds Lebenssachen umgekehrt. Schon als sich die beiden nach jenem Maienmorgen wiedersehen, sind Freud' und Lust dahin. Es ist, als treibe vom Aschenhaufen des armen Heinrich eine Flocke in dieses lebensfrohe Stück. »Du tust ja, als wenn ich aussätzig war,« sagt zur scheu gewordnen Rose Bernd Herr Flamm, und Roses Vater, der jeden Abend ein Fußbad nimmt, stöhnt, als er von der Schuld seiner Tochter hört: »Mir ist, als hätt' ich die Krätze am Leibe.« Beide scheinen den »armen Heinrich« gelesen zu haben. Herr Flamm ist nicht aussätzig, er ist gesund und genußsüchtig wie immer, und Vater Bernd bleibt ein sauberer alter Mann. Aber mit Rose Bernd steht es schlimm.

Jener Zweite, den sie haßt, der aufgetakelte Lokomobilist Streckmann, ein berüchtigter Trunkenbold und Weiberhengst, hat gesehen, was an jenem Sonntagsmorgen unter dem Kruzifix vorging. Seine Erpressernatur geht dieses Mal nicht auf Schweigegeld, sondern auf Minnesold. Er neidet Herrn Flamm sein Glück nicht allzu sehr, aber er fordert für sich das gleiche. Doch Rose Bernd haßt ihn; in seiner plumpen Geckenhaftigkeit ist er ihr widerlich. Sie versagt sich ihm. An sich wäre die Gefahr seiner Angeberei nicht allzu groß, denn die »Unschuld vom Lande« besteht meist darin, daß man den Liebesgenuß für keine Schuld hält. Wie auf der Alm, so gibt es auch unter dem Landvolk der Tiefebene keine Sünd'. Auch Rose Bernd ist an sich nicht zimperlich und spröd. Wenn ihr das Blut in die Wangen steigt, so nimmt sie den einen, der ihr gefällt, fest in die Arme, ohne erst nach Standesamt und Traualtar zu fragen oder nach dem Kruzifix zu sehen.

Auch wenn sich die Liste der unehelich Gebornen im Dorf um eines vermehrte, so käme sie selbst in ihrer kräftigen Naivität und Animalität schon darüber hinweg. Im dritten Akt hören wir den neckenden, gemütlich-schandmäuligen Tratschton der Landarbeiter und könnten uns denken, daß sich die aufrechte Rose Bernd durch solches Gerede so wenig niederwerfen läßt, wie sie sich an erstwen wegwürfe.

Dennoch tritt sie in ein schweres Schicksal ein. Von zwei Seiten droht ihrem innern Frieden Gefahr. Frau Flamm, die Dame im Rollstuhl, war der mutterlosen Waise wie eine Mutter gewesen. Mit dem kleinen Kurtel Flamm hatte die kleine Rose gespielt, und als Kurtel starb, blieb sie wie Kind im Hause. Auch jetzt in ihrem Elend findet Rose bei der grundgescheiten und grundgütigen Frau vorurteilsfreies Verständnis. Um so härter trifft es ihr Gewissen, daß ihr Mitschuldiger der Mann dieser Frau ist.

Schon darum hat sie Streckmanns Denunziantentum zu fürchten. Noch mehr deshalb, weil ihr alter, armer, beschäftigungsloser Vater zu den Frommen im Striegauer Kreise, zu den Stillen im Lande gehört, zu denen, deren Religiosität bei der Moral anfängt, die auch auf der Alm keine Sünde dulden. Seine ernste, strenge, raue Gottesfurcht begegnet in innigster Seelenbrüderschaft der ebenso ernsten, ebenso strengen Gottesfurcht jenes Dritten, den Rose heiraten soll. Das ist der Buchbinder und Traktätchenhändler August Keil, ein ofenhockerisches Männchen mit etwas Veitstanz. Seitdem sie sich Mutter fühlt, wird Rose der Heirat mit dem kümmerlichen Leimsieder geneigter, der gute Rat der lebensklugen Frau Flamm bestärkt sie, und es fliegt sogar eine etwas nervöse Heiterkeit und erzwungne Zärtlichkeit über ihr Wesen. Sie folgt der mütterlichen Gönnerin, die sie aus eignem Herzweh ermahnte: »Freu dich! Man soll sich freuen auf sein Kind!«

Frau Flamm hält das Kinderkriegen unter allen Umständen für des Weibes größtes Glück, und Roses kerngesunde Frauennatur wäre auch glücklich darüber, wenn Streckmann nur den Mund hielte. Kommt sie aber durch Streckmann in der Leute Mäuler, so wird sie von ihrem

Vater verstoßen, von ihrem Bräutigam verschmäht und von Frau Flamm mit der natürlichen Eifersucht des betrognen Weibes gehaßt und verachtet. Das weiß sie.

Streckmann, der mit seiner Maschine auf allen Höfen arbeitet, geht umher und macht Anspielungen. Sie ist vor ihm wie eine gehetzte Maus. In ihrer Herzensangst läuft sie zu ihm hin, bittet und bettelt, bietet Geld, soviel sie hat. Er aber fordert nur eines, und als sie es ihm nicht aus freiem Willen gibt, holt er es sich mit Gewalt. Nun trägt sie Flamms Kind in einem geschändeten Mutterleib, während sie vom Vater ihres Kindes in einer wundervollen Zwiesprach für immer Abschied nimmt. Sie werden sich noch sehen, aber sie sind geschiedne Leute, denn zwischen sie hat Streckmanns Teufelei Mißtrauen und Mißverstehen gestreut. Das Haus Flamm, ihre zweite Heimat, die Wohnung ihres Glücks hat sie verloren.

Aber sie verliert auch ihr Vaterhaus, ihre wahre Heimat, die armselige, frostige, reine Stube der väterlichen Zucht. Streckmanns boshafte Anspielungen führten zur Tätlichkeit zwischen ihm und Roses Bräutigam. Dem armen August wird ein Auge ausgeschlagen. Dadurch wird die Sache gerichtskundig. Flamm und Rose sind Zeugen. Sie werden über ihre Beziehungen zu einander verhört. Flamm, in jenem berüchtigten Konflikt zwischen Ritterlichkeit und Eidesfurcht, entscheidet mehr zu seinen als zu des Mädchens Gunsten und sagt die Wahrheit. Wäre Rose kein Bauernkind, sondern eine Baronesse, so hätte der Landwehrleutnant vielleicht falsch geschworen. Rose schwört wirklich falsch. Sie sagt dem Richter so wenig die Wahrheit wie dem Vater und ihrer Frau Flamm. Wie in Ibsens Nora, so ist auch in ihr das Gefühl stärker als das Gesetz. Nun ist sie eine Verbrecherin. In dem furchtbaren Zustand, in dem sie aus der Kreisstadt ins Dorf zurückkehrt, wird sie unterwegs durch vorzeitige Wehen überrascht und tötet auf der Stelle ihr neugebornes Kind.

Eine doppelte Verbrecherin wankt in die blitzblanke Vaterstube. Was sie so ängstlich verborgen hatte, erfährt ihr Vater nun doch. Der fromme alte Mann kommt sich selbst wie ein doppelter Verbrecher vor. Wie in »Fuhrmann Henschel« und »Michael Kramer« hebt sich der Dichter die tiefsten, innersten Dinge für den Schlussakt auf. Aber Rose Bernd selbst ist vom Schicksal schon erledigt. Den Akt beherrscht Vater Bernd, dessen harte Strenge nicht so tief erschüttern kann, wie Henschels Kampf mit dem Gewissen oder Kramers Abrechnung mit Himmel und Erde. Auch bittert hier der schwurgerichtliche Ursprung des Dramas durch Erscheinen der Dorfpolizei nach. Die Szenen vor Gericht selbst hat uns der Dichter erspart; desto mehr fällt kriminalistischer Mehltau auf die Vorgänge des letzten Aktes. Auch ist das Mitleid mit dem körperlichen Zustande der armen Entbundenen, die sich hier von Bank zu Schemel, von Schemel zu Bank schleppen muss, so überstark, daß daneben ihr seelisches Leid nicht aufkommt. Beim armen Heinrich herrschte das Seelische, hier herrscht das Physische vor. Aber etwas ganz Großes und Schönes wächst auch aus diesem Akt empor. Jener duckrige, muckrige August mit dem einen Auge sagt sich vom Rigorismus seines alten Vorbildes, des Vater Bernd, los. Mitleid mit Rose füllt seine Seele ganz. Aus dieser unschönen Gestalt strahlt plötzlich die menschlichste, die bräutlichste, die brüderlichste Liebe, die christlichste Liebe im Sinne des Heilandes leuchtenden Glanzes hervor, und man denkt an das Erlöserwort: »Den Armen wird das Evangelium gepredigt«.

Die Perspektive aus dem Drama ist bedrückend. Rose Bernd wird, wie jenes Mädchen aus dem Hirschberger Kreise, vor die Geschwornen kommen, und nur ihr offenes Bekenntnis wird ihr nützen. Es wäre besser gewesen, der Dichter hätte den Rest der Gedanken an jenes Schwurgerichtserlebnis getilgt. So bleiben das beste des Stücks im ersten Akt die Naturstimmung eines Frühlingssonntags auf dem Lande und die Szenen des zweiten und vierten Aktes, wo sich Frau Flamms mütterliche Gestalt entfaltet. Wie die kranke Frau entsagungskräftig ihrem lebenslustigen Manne nirgends im Weg ist und sich mit der Rolle der vertrauten alten Freundin begnügt, so lange ihm gleichgültige Weibsbilder zu Diensten stehen! Wie sie allmählich wittert, ahnt, merkt, weiß, daß auch ihre Rose unter den vielen ist! Wie sie nun ein Ekel packt! Wie die tapfere Dame aber doch mit Rose redet, und nicht viel anders redet als zuvor! Am schönsten, wie sie sich mit August Keil über Himmlisches und Irdisches verständigt, die Betrogne mit dem Betrognen! Man könnte an Mutter Vockerat denken, aber Frau Flamms Seelengüte ist nie beschränkt, auch nicht durch religiöse Vorurteile. Man könnte an Henschels erste Frau denken, aber ihr Kranksein macht keinen Lärm, und die Qualen der Eifersucht trägt sie still für sich. Sie geht auch nicht in den Brunnen, wie des Glockengießers Frau. Sie sinnt und sorgt und schafft Gutes, soweit von ihrem Rollstuhl aus die feinen, tätigen Hände reichen. Sähe sie zuletzt mit den klugen Augen ihres Herzens Roses tiefstes Elend, so stände sie nicht beim alten Zeloten, sondern spräche mit August dem Einäugigen das Schlusswort: »Was muss die gelitten han.«

Wenn man ein dichterisches Werk durchaus nach seiner Stofflichkeit beurteilen will, wenn man keinen Sinn für Rose Bernds sinnliche Gesundheit hat, keine Freude darüber, daß der Dichter nach einer stolzen Ausfahrt ins Legendenland wieder heimgefunden hat, so müßten mit allem »Anstößigen« in diesem Stück jene beiden ethisch liebenswerten Charaktere versöhnen. Das war die Meinung, als »Rose Bernd« neben vielen andern Bühnen Mitte Februar 1904 auch auf das Wiener Hofburgtheater kam, das kurz zuvor den »Armen Heinrich« gut vertragen hatte. Auch zur »Rose Bernd« wandte sich das in solchen Fällen immer etwas beängstigte Wiener Publikum mit lebhaftem Zuspruche hin. Dennoch kam es nur bis zur fünften Aufführung. Ein sittlich entrüsteter Machtspruch setzte sich über die Ethik dieses Dramas ebenso wie über viele zuständige, dem Drama günstige Instanzen hinweg, und die weitern Vorstellungen unterblieben. Noch schwerer als den Dichter, der fast alle Proben tätig mitgemacht, noch schwerer als das Theater, das einen Teil seiner karg bemessnen Arbeitszeit verloren hatte, traf dieser Schicksalsschlag die innige und starke Darstellerin der Rose, Frau Medelsky, die nun erst zur vollen Freiheit über ihre Aufgabe, zum eignen Genuße daran gekommen wäre. Stattdessen musste sie es mit ansehn, wie wenige Tage später auf einer Nebenbühne in überhasteter, das Sensationsbedürfnis rasch ausnützender Einstudierung eine drall-drollige Lieblingssoubrette der Vorstadtwiener mit Rose Bernds Glück und Ende unfreiwillige Komik erzeugte. Die ganze Maßregel wirkte, als habe ein verspäteter Besucher jener Berliner Sonnenaufgangsvorstellung sich's fünfzehn Jahre lang überlegt und dann seiner Empörung Luft gemacht. Der Dichter war an solche Erfahrung schon gewöhnt und ließ sich nicht weiter dadurch verstimmen.

Wenn nach »Rose Bernd« trotzdem eine Pause seines Schaffens eintrat, wenn die Jahre 1904 und 1905 wenigstens auf den Markt keine

Früchte brachten, so war lange und schwere Krankheit der Grund. Hanneles schwarzer Engel stand schon vor des Dichters eigner Tür. Aber seine innere Gesundheit siegte. Ärztliche Kunst und Pflege sorgten für das übrige, und nach einem ausgiebigen Erholungsaufenthalt in der italienischen Schweiz konnte Gerhart Hauptmann mit seinem genesenen Heinrich von der Aue rufen:

Und so ergreif' ich wiederum Besitz
Von meinem Grund. Gestorben! Auferstanden!
Die zween Schläge schlägt der Glockenschwengel
Der Ewigkeit. Los bin ich von dem Bann!
Laßt meine Falken, meine Adler wieder steigen!

Wie Heinrich von der Aue zog er mit seinen Falken seinen Adlern wieder heimwärts. Er stieg hoch in die Schneeregionen des Riesengebirges, das der Welt auch seine Winterreize entdeckt hatte. Mehr Schnee und Eis kann es nicht geben, als zu der Zeit, da sich Hauptmanns » Glashüttenmärchen« dort oben zuträgt. Es ist, als wollte der Dichter die weiße Natur zur künstlich aufs äußerste gesteigerten Weißglut der Glasöfen in den schärfsten Gegensatz bringen. Mehr noch lockten ihn wohl die Verwandtschaftszüge zwischen Glas und Eis. Die langen Zapfen an den Bergfichten klingen und klirren ihm wie Glas; aus Wasser Glaskügelchen fertig zu bringen, ist ein schöner Traum, und eine Märchenhoffnung läßt in der »schönen Wasser- und Glasmacherstadt« Venedig das Wasser zu gläsernen Blumen sprießen.

In dieses zweischichtige, aus Phantasie und Wirklichkeit seltsam durcheinander gewirkte Riesengebirgsstück kommen von der Adria her Erinnerungen, ziehen zur Adria hin Wünsche. Venedig ist das Land einer Mignonssehnsucht. Das Reich der Tatsachen liegt unter Schnee und Eis am Gebirgskamm auf der Grenze von Schlesien und Böhmen. Dort steht eine Glashütte, die außer Betrieb gesetzt ist. Wahrscheinlich weil sie zu hoch im Gebirge steckt. Auch Gerhart Hauptmann empfing seine Glashütteneindrücke an kultivierterer Stelle. Freilich flieht vor der Kultur das Märchen, das hier auch dem Dichter nicht so Stand hält wie sonst. Dem Dichter besonders bequem für seine Beobachtungen lag und liegt am obersten Ende von Oberschreiberhau die

Josefinenhütte, deren sozialen und merkantilischen Einfluß man auf der ganzen stundenlangen Wanderung durch die drei Schreiberhauer Dörfer verspürt. Man kommt an Glasmalern und Glashändlern vorbei, man begegnet den hagern bleichen Gestalten der Glasarbeiter in blauer Bluse, und in eleganter Equipage fährt ein hoher Hüttenbeamter durch das Tal. Oben in der Hütte selbst kann jeder zusehen, wie einfach aus dem Fluss einer zähen Masse das zierliche, wasserklare Kelchglas entsteigt. Man hat den Eindruck einer frei schaffenden Kunst, einer zaubernden Phantasie und erkennt auch, daß das Gelingen des Werkes sehr wesentlich vom individuellen Können des Arbeiters abhängt. Er ist schon ein Kunsthandwerker. Er muss genau wissen, wie er mit dem langen eisernen Rohr umgeht; mit dem einen Rohrende greift er äußerst geschickt in die Weißglut, um ein Stück Materie herauszufischen, das andere Rohrende setzt er wie ein Musikus an den eigenen Mund, um in die Form hineinzuhauchen, als sei das Instrument ein Pfeifchen, aus dem Seifenblasen emporspringen. Wirklich nennt er dieses wundertätige Rohr die Pfeife, und wirklich steht im Nu wie eine schön gelungene Seifenblase das kristallene Gebild vor unsern Augen. Während wir es betrachten, hat der emsige Bläser (er verdient diesen musikalischen Namen) schon wieder die Backen voll genommen; seine Lunge hat ein neues Werk vollbracht. Man betrachtet ihn voll Mitleid und fragt, wie lang menschliche Atmungsorgane diese Last in dieser Gluthitze ertragen können.

Neben das Mitleid aber treten ästhetische Empfindungen. Man denkt an den schöpferischen Odem Gottes. Man fühlt, daß diese Arbeit einen Dichter zu ähnlichen Lebensbetrachtungen reizen könnte, wie Schiller sie an das handwerksmäßige Entstehen der Glocke knüpft. Wir sind in der Heimat Gerhart Hauptmanns des Glockendichters, und meinen, er wäre der Rechte, auch das Symbol des Glases zu finden.

Aus dem Gemeinplatz »Glück und Glas, wie leicht bricht das« hatte schon Unland im »Glück von Edenhall« das Beste herausgezogen. Gerhart Hauptmanns Dichtung vom Glas musste eine Glashüttendichtung werden, und sie ist es geworden.

Das Feinste, Zarteste, Schönste in der Glasmacherkunst wurde nicht in Rübezahls Bergen erfunden. Auch dorthinauf kam es aus der

Märchenstadt an den Lagunen. Wie sich der Glockengießer Heinrich die Kunst für sein Handwerk aus Nürnberg geholt hatte, so holten sich die schlesischen Glashütten ihre Kunst aus Venedig. Aus Venedig kam, was ihrer heißen, harten, lebensgefährlichen Tagesarbeit den sonntäglichen Schmuck gab, den leichten Schwung, die liebliche Form, die künstlerische Freiheit, den poetischen Adel. Diese märchenhafte Herkunft war es vor allem, die der Dichter des Glases im Sinnbild zu gestalten hatte. Das Sinnbild wird ein Mädchen aus dem Märchen von Venedig. So entstand *Pippa*, leicht und frei und zart und rein wie aus Glasbläsers Rohr in die Welt hineingehaucht. So entstand Pippa, wie das edle »Zierglas« ihrer venezianischen Heimat, eine »schlanke Winde«, eine »Blüte auf biegsamem Stengel«. So entstand Pippa der »Spuk«, Pippa, der »kleine Geist«; Pippa das »zitternde Salamanderchen in der Weißglut«, das »kleine Fünklein aus dem Glasofen«, die »kleine zitternde Flamme«. So entstand Pippa, wie Rautendelein, eine »kleine rothaarige Nixe«. So entstand Pippa, die »kleine, ans Licht gescheuchte Motte«; Pippa, »das liebliche Kind von Murano«.

Den Namen holte sich der Dichter aus Robert Brownings Drama »Pippa geht vorüber«. Er fand hier wenig mehr als den Namen. Brownings Pippa ist ein segenbringendes Engelskind. Hauptmanns Pippa hat außer ihrer irdischen Tanzlust noch andere sehr weltliche, sehr weibliche Eigenschaften. Sie hat gar kein Beglückungsbedürfnis, gar kein Läuterungsamt. Naiv lebt sie in den Tag und, wenn es sein muss, auch in die Nacht hinein. Ihr zweifelhafter Vater, ein Glastechniker aus Venedig, hat sie nach Schlesien mitgenommen und in einem ziemlich unfreundlichen Wirtshaus hoch am Gebirgskamm untergebracht. Wie alle Italiener scheint er tags fleißig zu arbeiten. Nachts spielt er Hasard, und zwar mit Vorliebe falsch. Bei solch einer Gelegenheit kommt es zum Streit, und er wird erstochen. Nun hat die kleine Pippa allen Zusammenhang mit der Heimat verloren. Sie trauert um ihren Vater keinen Augenblick, aber sie ist allein in der Fremde. Sie bleibt nicht allein. Wie Rose Bernd hat sie mindestens drei Mannsbilder, die sich um das kleine flügge Mädchen drängen. Der eine ist der Hüttendirektor selbst, ein angejahrter Viveur, der sich ihretwegen im härtesten Winterfrost nach Mitternacht zu Sekt und Forellen in die Bergschenke setzt; eine etwas geschliffenere Spielart des Herrn Flamm. Der andere ist ein alter ausgedienter Glasbläser namens Huhn, der seinen Namen wohl eher von Hunne oder Hüne als von unserem friedlichen Federvieh ableiten darf. Der dritte ist Michel Hellriegel, ein wandernder Glasmachergesell, der von Schneidern stammt. Am weitesten vom Ziele bleibt der noble, etwas bedenklich auf Jungfernbraten erpichte Herr Direktor. Er ist die realste Figur im Stück, und doch hebt auch er sich mit seiner Bildung, mit seinen Reisen in eine etwas höhere Sphäre und findet, als ihn der Schnee blendete, das dichterische Bild: »Mein Sehorgan kommt mir vor wie ein Teich, auf dessen Grund ich gesunken bin und über das oben fortwährend farbige Inselchen schwimmen.« Er empfindet das Symbolische seiner Industrie, wenn er auf seinen Dienstfahrten die Arbeit plumper, dumpfer Gebirgsmenschen an Pariser Galatafeln prangen sieht. Aber er bleibt für Pippa nur der »gute Onkel«, der Süßigkeiten mitbringt; sie vergißt ihn, als sie ihr Herz entdeckt hat. Etwas weiter kommt der Hüne Huhn. Während ihr Vater im Streite fällt, verschleppt Huhn das Kind mit Gewalt in seine einsame Spelunke. Aber von hier wird Pippa wiederum entführt, und zwar durch Michel Hellriegel.

Diesmal geht sie gern mit. Michel ist jung, regsam und ein wahrer Tausendsassa an wunderlichen Einfällen. Wie jener kleine Berliner Ballettänzer und Schachmeister Max Harmonist, einer der frühesten und glühendsten Hauptmannenthusiasten, ist Michel Hellriegel der »Sohn einer verwitweten Obstfrau«. Er ist auch sonst ein Muttersöhnchen mit Mutterwitz. Die Vernunft kam bei ihm zu kurz, weil die Phantasie alles überwuchert. Wie der Hüttendirektor, wie Wirt, Kellnerin und Gäste in der Bergschenke, ist auch Michel ganz Wirklichkeit. Dennoch lebt er wo anders. In seinem Hirn fiebert Romantik. Er nährt sich von Illusionen. Aus einem Bilde Moriz Schwinds scheint er herzukommen oder aus dem Märchen von Hans im Glück oder aus der Handwerksburschenpoesie unsrer Volkslieder oder aus Gerhart Hauptmanns eigenster dichterischer Beschaffenheit. Aber er steht mit zerrissnen Stiefeln und beschädigtem Lungenflügel auf irdischem Boden. Wie später Emanuel Quint mit seinen jenseitigen, so lebt Michel Hellriegel mit seinen diesseitigen Glückserwartungen in einer andern Welt; aber körperlich befindet er sich auf der Walze als ein »ergebenst erfrorener Handwerksbursche«, und seinetwegen brauchte das Stück noch kein Märchen zu sein.

Dieser urdeutsche Gesell erblickt mit Augen, die lachen und weinen können, schon in der mitternächtigen Gebirgsschenke die kleine Italienerin zusammen mit dem alten Glasbläser Huhn in einem wilden Naturtanz, der zugleich Verfolgung und Flucht ist. Auch Huhn kann zunächst noch als Realität gelten; ins Riesenhafte, Groteske, Wüste gesteigert, aber doch ein lebendiger Mensch, dem auf Waldwegen des Zackentales unheimlich zu begegnen wäre. Als Gerhart Hauptmann später in Griechenland reist, erinnert er sich an einen alten Knecht, der in seinen Delirien die Welt von schwarzen Ziegen oder Katzen erfüllt sah, wobei er von albdruckartiger Angst gepeinigt war. Das war gewiß der existente Doppelgänger des Glasbläsers Huhn.

Huhn hat Glas geblasen, solange in der benachbarten Glashütte noch die zwei Öfen brannten, und es muss ein mächtiges Fauchen gewesen sein; vor der wilden Lohe ein wilder Mensch! Zusammen mit der alten Glashütte wird auch der alte Glasbläser außer Dienst gestellt, und nun spukt er ohne Daseinsrechte um sie herum, wie eine entthronte Gottheit. Etwas Titanisches, etwas Gigantisches, etwas Zyklopisches, etwas Heidnisch-Höllisches setzt diesen stumpfen Riesen über die Natur, etwas Vorsintflutlich-Tierisches stellt ihn hinter Zeit und Kultur. Mit dem Halbtiere Waldschratt könnte er sich verstehn, wenn er so redegewandt und geistreich wäre wie jener. Seinen ungeheuren Lebenskräften scheint das Alter nichts anzuhaben. Er säuft, er tanzt, er streckt mit Gorillagier seinen Arm nach der Jüngsten aus. Aber daheim mit einer Dohle, einer Ziege, den beiden einzigen Hausgenossen, lebt er friedlicher als mit Menschen, nur das Kind, das er bei sich versteckt, und für das er gutmütig zu sorgen scheint, ist in Gefahr. Wohl dem Kinde, daß ein Michel da ist, der es aus dieser Höhle noch rechtzeitig entführte, denn der alte Huhn hatte hier anderes im Sinn als zu tanzen. Freilich findet dieser junge David keine Gelegenheit, dem Riesen Goliath gegenüberzutreten. Das besorgt eine höhere Macht.

Eine höhere Fügung brachte auch in derselben Nacht, da Huhn mit Pippa verschwunden war, den Michel herbei. Beide vergessen übereinander die Gefahr und halten in Huhns Hütte ein Zwiegespräch, wie es nur große Dichter schaffen können. Wir sahen den deutschen Jüngling und das italienische Mädchen vorher nur mit andern. Jetzt sind sie, die sich erst seit einer Stunde kennen, selbander allein; allein wie zwei verirrte Kinder, allein mit ihrer Jugend, allein mit ersten Regungen ihrer Herzen und ihrer Sinne. Sie erscheint ihm als das Wunder, das er voller Vertrauen gesucht hat, er weckt in ihr den Glauben an seine Träume. Und doch empfinden sie sich als Wirklichkeit und klammern sich fest aneinander. Trotz der Gefahr, in der sie sind, kommt eine selige Lust über sie. Sie hören in der Winternacht die Vögel singen und suchen durch Schnee und Eis den Frühling. Pippas Vater und Hellriegels Mutter spuken durch ihr Geschwätz, der Falschspieler als erledigtes Hindernis, die Obstfrau als kopfschüttelnde Sorge. Mit dem ersten Frühlicht scheint die Macht des Raubtiers Huhn gebrochen; ohne es selbst zu wissen, begleitet er mit einem gewaltigen Naturschrei der Freude den Auszug dieser weinenden, lachenden, küssenden, seligen Kinder. Durch die ganze Szene zieht ein Ton, als redete Shakespeares Humor mit einem Märchen des deutschen Volkes.

Mit diesem Bröcklein reinster und kräftigster Poesie sind wir erst am Schlusse des zweiten Aktes angelangt und haben noch zwei Akte vor uns. Wie wird es uns, wie wird es den Kindern weiter ergehn? Bisher waren wir in einem Märchen der Wirklichkeit, in der Wirklichkeit eines Märchens, und nun sollen wir zum alten Wann. Eine neue Erscheinung! Zur Not und zunächst kann man sich auch ihn bürgerlich konstruieren. Es gibt solche uralte Herren, die sich irgendwo in die Einsamkeit zurückziehen, um sich mit irgendeiner geistigen oder mechanischen Betätigung die Zeit zu vertreiben. Ich kannte einen pensionierten Husarenoberst mit dem eisernen Kreuz der Freiheitskriege, der wie ein Obermeister drechselte. Herr Wann – er wird einmal, nur halb im Scherz, als Major a.D. angesprochen – Herr Wann hat sich auf dem Kamm eine Baude genommen und dort eine Sternwarte eingerichtet. Da er offenbar kein Zunftmensch ist, so würde man es ihm kaum übelnehmen, wenn er gelegentlich in seine Astronomie auch etwas Astrologie einmengte und in den Sternen, die er berechnet und beguckt, auch zu lesen versuchte. Menschlich kommt man ihm dadurch näher, daß er, dem Höhenklima gemäß, Sinn für schweren alten Falernerwein hat. Doch spendet er den edlen Stoff in edelstem Gefäß, und so bleiben wir auch bei ihm im Bereich der venetianischen Glasindustrie. Mit dem allzumenschlichen Hüttendirektor verkehrt er ganz menschlich, zitiert Schillers Wallenstein, philosophiert in anschaulichen Beispielen aus dem Tierreich über das Ignoramus der Menschen und macht sich seine Gedanken über eine musikalisch-kosmische Brüderschaft nach dem sogenannten Tode. Aber er lebt keineswegs bloß in höhern Sphären. Daß sein Freund, der Hüttendirektor, der kleinen Pippa nachstellt, oft in später Nacht durch Schnee und Eis ihr im wahren Sinn des Worts nachsteigt, weiß der getreue Nachbar, der gern durch weithin reichende Ferngläser zum Fenster hinaus auch in die Talgründe schaut, ganz genau. Und nun sehen wir, zum ersten Mal, wie der alte Schalk ein bißchen Scharlatanerie treibt. Der Direktor will von seiner Leidenschaft für das Kind geheilt werden, Wann klatscht in die Hände, sofort erscheint Pippa und verrät ihre Liebe zu Michel. Der Direktor, den wohl nur nach dem Jüngferlein gelüstet hatte, schöpft schnöden Verdacht, ist geheilt und verschwindet auf Nimmerwiedersehen. Man weint ihm keine Träne nach.

Desto frischer, herzhafter, bewegter ist Pippa, die der Alte durch sein Fernrohr längst kommen sah. Wie ein Sturmwind fährt sie herein in die wildfremde Stube zu wildfremden Leuten: »Ihr Männer helft! Dreißig Schritte von hier stirbt der Michel im Schnee!« Wirklich sind die Kinder wie Hansel und Gretel von früh bis spät umhergeirrt. Nun kann der »ergebenst erfrorene Handwerksgesell« nicht weiter. Und wie er am Morgen Pippa vor Huhn rettete, so rettet am Abend Pippa ihn zu Wann. Wie im Reiche Wanns nichts so ganz mit rechten Dingen zugeht, so springt auch Michel, der Ohnmächtige, der Erstarrte plötzlich quicklebendig wieder auf, fängt sofort mit seinen Phantastereien an, und sein Selbstbewußtsein als Schützer einer Mädchenunschuld entwickelt sich zusehends. Mit Pippas Glauben an seine Illusionen steigt ein naiver Größenwahn in ihm auf; er vergleicht sich mit dem Erzengel seines Namens, und doch wandeln ihn menschliche Schwächen an, wie Undankbarkeit gegen den alten »Seelenfütterer« Wann, der ihn auch mit leiblicher Speise labt, wie Angst vor Verfolgung, die immer die Kehrseite des Größenwahns ist. Aber mächtig bleibt in ihm der größte Wahn, sein Märchenkind heimwärts in die Märchenstadt zu führen. Schon morgen Nachmittag will er an der Adria Orangen essen. Diesen Wunsch erfüllt ihm der alte Magus Wann, und zwar ohne Zauberapparat. Michel hält das Spielzeug einer venezianischen Barke in der Hand, Pippas kleiner feuchter Finger singt auf dem Rand des venezianischen Edelglases eine wundersame Melodie. Michel fällt in Hypnose und dichtet sich in schönen Versen die Reise nach Venedig. Als er wieder wach ist, möchte er so weiter träumen, und da die Natur ihr Recht fordert, bringt Wann »der Herbergsvater« die todmüden Kinder zu Bett.

Auch ihn, den Urgreis, ergreift Pippas junges Blut, aber er ist der Weise, der sich zähmt. Bald steht ihm gegenüber das ungezähmte, hitzige Tier. Wann und Huhn, beide alt, so alt wie Maß und Gier, ringen Brust an Brust. Wann siegt, Huhn stürzt. Man deute diesen Zweikampf zweier Stärken wie man will. Wir haben den greifbaren Boden der sinnbildlichen Dichtung verloren. Wir befinden uns vor einer duftlosen Allegorie, die auszulegen, aber nicht zu fassen ist. Wir haben noch einen Akt vor uns. Wir stellen ihm die Aufgabe, das Schauspiel wieder zur Anschauung zurückzuführen. Aber der Akt bringt immer mehr undeutsamen, daher in gewissem Sinn unbedeutenden Fabelkram und erinnert an die blechernsten Klänge der »Versunkenen Glocke«. Huhn lebt noch, aber sein ganzes Wesen ist in einem furchtbaren Aufruhr. In Hauptmanns beliebter Anapästenprosa bezeichnet Wann diesen Zustand Huhns mit der bombastischen Phrase: »Hier keltern typhonische Mächte den gellenden Qualschrei rasender Gotterkenntnis.« Man muss Sätze wie diesen noch einmal lesen. Michel lästert Gott, der hier erkannt werden soll, als den »großen Fischblütigen«, der nur zerstören kann, was er geschaffen hat. Dabei sieht er vor der Tür kuriose furiose Gestalten, die offenbar nach Huhns armer Seele schnappen. Wann geht hinaus, um, wie einen Arzt, den Tod herbeizuholen. Aber Huhn, der plötzlich dem alten Wann ähnlich wird und sogar Pippas weiße Mädchenhaut kriegt, beruhigt sich, als auf seinem Herzen samariterhaft Pippas kleine Hand ruht, diese kleine Hand, die immer wieder auch mit den Extravaganzen des Stückes versöhnt. Auf Suggestion und Trance folgt Handauflegung. Der alte Glasbläser wird nun wieder etwas menschlich-nachweisbarer. Er verfällt in ein sanftes Delirium. Seine Sucht nach Pippa verwischt sich mit seiner Trauer um die verlorne Berufsarbeit. Pippa scheint ihm aus der Weißglut des Glasofens zu kommen wie ein gläsernes Gebilde. Das doppelte Verlangen zerrt an allen seinen Gliedern. Er sieht im Glasofen Funken und Lichter tanzen, seine Knochen tanzen, sein Blut tanzt, sein

Wahn tanzt, auch Pippa soll tanzen. Gerade das aber hatte ihr der alte Wann – ich weiß nicht warum – streng verboten. Nun ist das Kind im heftigsten Kampfe mit sich selbst. Sie muss tanzen und darf nicht tanzen. Der Zwiespalt in ihr steigert sich bis zum äußersten, schließlich tanzt sie, weil Michel Hellriegel es ihr rät. Wann hat es untersagt, Huhn hat es verlangt, Michel entscheidet, Huhn triumphiert. Während er mit seiner Hand ein Glas zerdrückt, stirbt Pippa in Wanns Armen, der draußen jenen Arzt, den er suchte, gefunden hat. Auch Huhn stirbt sofort nach, und zwar mit jenem Naturschrei der Freude, der auch diesmal, wie das erstemal, dem guten Michel durch Mark und Bein geht. Michel erblindet, aber seine innern Gesichte werden immer schöner, immer venezianischer. Wie Huhn seine Pippa mit einem Glase verwechselte, so verwechselt der blinde Michel die tote Pippa mit seiner italienischen Tonpfeife, nach der Pippa tanzen soll.

» *Und Pippa tanzt,*« redet der alte Wann dem Blinden ein. Ein Stummer aber führt den Blinden mit allen seinen Einbildungen hinaus ins Weite, Ungewisse. Wie vor seinem Glutofen aus flüssigem Glas feste Kugeln werden, so will Michel in Pippas Venedig Wasser zu Kügelchen ballen. Dabei stehn ihm schon geballte Wasserkügelchen unter seinen Glutaugen auf den Wangen. Mit einer heitern Schwermut endigt dieses Stück, das voller Schönheit, aber ohne Klarheit ist, wie ein wundervolles Glas, dem der Hauch des Bläsers nicht die letzte Reinheit geben konnte. Mit Recht wollte der Dichter selbst nicht ausdeuten, ist aber in Andeutungen dunkel geblieben und den Weg von der Idee zur Anschauung nicht ganz bis ans Ende gegangen. Was an diesem Stück wunderbar schön ist, legt sich um Pippa und besonders um Michel. Was starr und kalt geblieben ist, trifft den alten Wann, der gar keine »mythische Persönlichkeit« zu sein brauchte. Etwas mehr Major a.D., und alles wäre besser!

So wie das Stück ist, konnte es auch auf dem Theater nur halbe Wirkung tun, denn es wird der Schauspielkunst schwer gemacht, einen Stil zu finden.

Fast gleichzeitig mit dem Glashüttenmärchen beschäftigte sich Hauptmann mit einem andern Drama, das nicht in der sichtbaren Welt zugleich die unsichtbare vor Augen stellen will, sondern die unsichtbare Welt aus der sichtbaren fühlen läßt. Innerhalb seines alten

Realismus fand er die geheimen Sinnbilder, und je weniger er sie ausmalte, desto lebendiger sind sie zu spüren. Wie in »Rose Bernd« die fruchtbare Ebene, in »Pippa« das winterliche Hochgebirge, so ist diesmal das Meer der große Hintergrund, den die Natur stellt. Auch hier knüpft Hauptmann, wenn er diesmal auch schlesischen Boden verläßt, an eignes Erlebnis an. Schon früh hatte er mit seinem Malerfreunde Hugo Ernst Schmidt auf Rügen große Eindrücke geteilt und genossen. Später besuchte er mit seiner zweiten Gattin, einer flotten, frischen Bade- und Schwimmnatur, mehrere Sommer hindurch Hiddensöe, jene Insel, die sich westlich von Rügen wie ein langer dürrer Hecht etwas gekrümmt längs der Küste ins Wasser streckt. Dort mag ihm sein Freund Schmidt oft genug eingefallen sein, dort dachte er über das Schicksal des Frühverstorbenen nach, dorthin legte er den Schauplatz seines Dramas »*Gabriel Schillings Flucht*«, das zusammen mit »Pippa« 1906 entstand, aber erst 1912 erschienen ist. Wie sich »Rose Bernd« in Sachen des Milieus an »Fuhrmann Henschel« knüpfte, so knüpft sich »Gabriel Schilling« an »Michael Kramer«. »Michael Kramer« wurde dem Andenken Schmidts gewidmet, »Gabriel Schilling« spiegelt Schmidts Schicksal wider. Der Dichter tritt noch einmal in jenen jungen Kameradenkreis, zu dem schon Loth und Schimmelpfennig aus »Vor Sonnenaufgang«, Braun aus den »Einsamen Menschen«, Michael Kramers feiner, mitsinnender Schüler Ernst Lachmann gehörten. Gabriel Schillings Arzt Rasmussen wirkt wie ein Gemisch aus Loth und Schimmelpfennig, Ernst Lachmann wie eine Vorstudie zu Gabriel Schilling selbst. Schon Ernst Lachmann war schlimm verheiratet. Wir lernten seine junge Frau auf einer Visite bei Kramers flüchtig kennen. Sie heißt Alwine. Otto Pniower gibt ihr das Zeugnis, daß sie mit einer fast beispiellosen Treffsicherheit hingestellt, daß jede ihrer Bemerkungen von schlagender Kraft ist. Obwohl man sofort erkannte, daß Alwine ihren Mann unglücklich macht, wirkte sie noch humoristisch, halb filia hospitalis aus dem Berliner Quartier latin, halb Kellnerin des Café latin. Die beiden Frauen, die den armen Gabriel Schilling zur Flucht ans Meer und ins Meer treiben, wirken kaum noch humoristisch. Sie kommen auch nicht mehr aus Alwinens Revier, von Alwinens Niveau. Die eine ist eine Gouvernantennatur, die andre eine Zigeunernatur.

Das Stück spielt in frischester Seeluft. Sichtbar sind die Dünen und der Strand, die man von Stralsund oder von Rügen aus erreicht. Die Abendsonne, bald sinkend, bald gesunken, wirft ihren Glanz auf Himmel und schäumende Wellen. Vom Leuchtturm blinkt das auf- und niedergehende Feuer und wirft magische Schatten. Aus Windstille entsteht Sturm. Möwen fliegen, Krähen schreien. Ein Echo hallt schaurig wider. Fischerboote segeln. Ein Badender springt in die Flut. Alles das empfinden wir wie in der Natur. Aber außerdem noch den übernatürlichen, gespenstischen Hauch einer andern Welt, der aus Klosterruinen und Kirchhofsstimmung entgegenweht, jener andern Welt, die hinter der sichtbaren verborgen liegt »mitunter bis zum Anklopfen nahe«; jener andern Welt, die man »durch dunkle Ringe um beide Augen viel genauer und gründlicher sehen kann«. Aus dieser Welt heraus soll auch das Meer zu uns sprechen. Mit Künstleraugen gesehen, soll es Ursprung und Ziel alles Wesens sein: »Dort stammen wir her, dort gehören wir hin.« Man denkt an Ibsens Ellida.

Aber die künstlerischen Seelen lockt noch ein höheres Ideal. Es ist das Land der Griechen, das sie suchen. Wie in »Pippa« zum Riesengebirgskamm Venedig, so verhält sich hier zur Ostsee Griechenland. In dieser Sehnsucht einigt sich der Glückspilz mit dem Pechvogel. Glück und Pech aber hängt weder vom Meer ab, noch von Griechenland. Glück und Pech kommt von Weibern.

Schon das Motto der Buchausgabe deutet auf den Sinn des Stückes. »Einige versichern,« sagt Plutarch, »Eunosthos sei ihnen begegnet, ans Meer eilend, um sich zu baden, weil ein Weib sein Heiligtum betreten habe.« Dieser misogyne Standpunkt bestimmt Gabriel Schillings Flucht. Vor zwei Weibern flieht er ins Meer. Nicht um zu baden, sondern um zu sterben. Die Ehefrau und die Geliebte hetzen ihn wechselweis in den Tod. Sie werden mit Harpyen verglichen. Die Ehefrau ist eins jener unseligen Wesen, von denen man nie weiß, ob sie mehr sich oder andre quälen, eine Frau, die nie bei wirklich guter Laune ist; für jeden Mann die Pein, für problematische Künstlernaturen der Tod. Aber auch die andere, die Geliebte, ist keine Befreierin von solcher Pein. Aus dieser Jüdin von Odessa, die geistige Anregung sucht, ist eine Berliner literarische Nachtcaféschlampe geworden. Sie ist sehr verlogen. Sie lockt und lähmt zugleich. Wenn der Mann, der nicht von ihr loskann, sie haßt, so nennt er sie Vampir, wenn er sie liebt, so nennt er sie euphemistisch seine Braut von Korinth. Diese Frau Hanna Elias und Gabriel haben ein uneheliches Kind; Klein-Gabriel ist gebrechlich und verkümmert wie Ibsens Klein-Eyolf. Auch das Kind kann die Eltern nicht beieinander halten; wie Gabriel vor seiner rechtmäßigen Eveline zur unrechtmäßigen Hanna floh, so flieht er jetzt vor Hanna und Eveline an den Busen, eines Freunds.

So kommt er auf jene kleine, einsame Ostseeinsel, in den Frieden der Natur, zu friedlichen Menschen. Diese Menschen sind edel, hilfreich und gut, wie so oft bei Hauptmann die Nebenmenschen, die bisweilen gar kein andres Daseinsrecht haben, als einem armen körperlich oder seelisch Gebrochnen beizustehen. Wer im Himmel und auf Erden bemüht sich nicht alles um Hanneles Fiebertraum, um College Cramptons Suff, um den Aussatz des armen Heinrich! In diesem Drama ist es ein Vorzug der Charakteristik, daß die Beistände nicht bloß hilfreiche Herzen und Hände haben, sondern auch für sich selbst etwas bedeuten, mindestens als Kontraste zur Gabriel Schilling-Seite. Professor Maurer und sein »Schusterchen« lieben sich, ohne von Staat und Kirche dafür legitimiert zu sein. Er radiert und bildhauert, sie geigt und liest; sie leben in geistig gesunder Luft, ihr Dasein hat Heiterkeit, ihre Nähe ist ein Rettungshafen für Schiffbrüchige. Hier ist Gabriel Schilling auf bestem Wege, sich von seinen Qualen gesund zu baden, von Todesgedanken, von Reue um verschwendete Zeit, von Verpfuschungen künstlerischer Zwecke, vom allgemeinen Weltekel, von jener Ideenverfolgung, die ihn angesichts der Gallionsfigur eines gestrandeten Schiffes auffächzen läßt: »Überall diese wahnwitzigen Weibsbilder!« Gabriel Schilling scheint der Mahnung des Freundes zu gehorchen: »Atme, Mensch, trinke die starke Luft und laß das Gespenst deines Lebens von gestern dein wirkliches Leben von heut nicht mattsetzen«.

Aber das Gespenst von gestern ist schon über ihm, das Skelett schon wieder im Hause, der Vampir lechzt schon wieder nach Blut, Delila greift schon wieder in die Locken dessen, der in seiner Eigenschaft als moderner Dramenheld ach! so gar kein Simson ist. Mitten aus einer großen Austobungs- und Entladungsrede heraus entdeckt plötzlich Gabriel Schilling dort, wo er noch eben mit den Freunden leidlich guter Laune gefrühstückt hat, ein kleines, feines Damenschirmchen. Es ist Hannas Schirm. Hanna Elias ist da, und – wie es in Goethes »Stella« heißt – »Rinaldo wieder in den alten Ketten«. Ihre erste Waffe ist Appell an das Mitleid: ihre kranke Lunge, das kranke Rückgrat des Kindes! Ihre zweite Waffe ist das Bekenntnis ihrer Liebe und ihrer Unschuld. Ihre dritte, die siegende Waffe, ist sie selbst, die Macht ihrer Person auf seine Sinne oder auch nur auf seine Nerven. In der Heimlichkeit der Düne erobert sie sich ihn zurück.

Ihr Sieg ist seine Niederlage. Eine dämonische Raserei kommt ihn an; mit dem Todesgedanken treibt er schauerlichen Scherz, die Zerrissenheit des Gemüts wirkt auf das Nervensystem des Diabetikers, er bricht körperlich zusammen, noch bevor auch das *andre* Gespenst der Vergangenheit, die ehelich Angetraute, wieder in seiner Nähe erscheint. Sie kommt, weil sie hört, er sei erkrankt. Aber als sie den Kranken sieht, fehlt ihr das Auge dafür. Sie wühlt nur im eignen Jammer, den Kranken überhäuft sie mit Klagen und Anklagen. Und nun dringen die beiden Harpyien mit geballter Faust gegeneinander los. Nachdem sich die Beredsamkeit empörter Weiberseelen genugsam ergossen hat, will es zu Taten kommen, dicht vor der Tür, hinter welcher der Kranke liegt, um den sie kämpfen; dann vor dem Kranken selbst, den der Ekel würgt, der vergebens fragt, wie das Doppelpech dieses Schicksals über ihn kommen konnte.

Wir sehn ihn nur noch auf seinem Todesgang, zwischen Kirchhofsmauern und Klostertrümmern, im Gespräch über die letzten Dinge mit einem schwindsüchtigen Sargtischler, der sich auf Vorrat Bretter für einen »hölzernen Schlafrock« holt. Das Leuchtturmfeuer, das auf die Gallionsfigur des gestrandeten Schiffes gespenstischen Schein wirft, weist ihm den Weg ins Meer, den Ausweg aus allen Kalamitäten. So ward doch Gabriel Schillings Flucht vor seinen Weibern eine Zuflucht. So fand er doch auf dem Friedenseiland seiner Freunde den Frieden.

Durch den düstern Schatten dieser gescheiterten, schon vor Beginn des Dramas verlornen, physisch erkrankten Existenz ziehn ein paar liebliche Strahlen. Sie kommen aus den Seelen der Freunde. Hauptmann war in keinem seiner frühern Werke, auch nicht im »Friedensfest«, gegen Frauen so hart wie hier. Man könnte ihn mit Strindberg verwechseln, wenn der Gestalter der Ottegebe und Griselda nicht doch auch hier für den Ausgleich gesorgt hätte. Das »Schusterchen«, die klare, freie, sichre Lucie Heil, nicht unähnlich jener Lucie aus Kellers Sinngedicht, die »Lux, mein Licht« genannt wird, ist vom Dichter mit persönlicher Liebe geschaffen. Daneben steht eine junge Russin, die in das Verhältnis zwischen Mäurer und Lucie zwar auch einiges Wirrsal bringt. Was »endgültig« schien, scheint plötzlich nur »interimistisch«, und der wangenrote Professor droht von einer zur andern ganz sacht hinüberzugleiten. »O, diese Männer!« pflegt man in solchem Falle zu sagen; »Einer ist wie der Andre.« Der gesunden Mannesseele droht dieselbe Gefahr wie der kranken. Aber zum Glück ist diesmal das Schicksal überlegnem Frauengeist anheimgegeben. Sie knebeln das Schicksal nicht, sie fordern keine Rechte, mahnen an keine Pflichten, sie lassen Freiheit und bewahren die eigne Freiheit. Im fünften Akt haben Lucie und die kleine Russin eine Aussprache, die zum feinsten gehört, was Hauptmann gedichtet hat, ohne Eifer, ohne Sentimentalität, ohne Pathos und doch innig, latent bewegt, voll verhaltner Wärme. Jede würde der andern den Besitz lassen, denn Zwang wäre Entweihung. Sie einigen sich in der Erkenntnis, daß, wenn ein Mann unstet ist, er noch nicht der Frau begegnet ist, die ihn bis in die geheimste Regung der Seele versteht. Angesichts des Schrecklichen, das sie bei den andern erlebten, sind sie auch darin einig: »Meistens erschrickt der Mensch vor der Natur, manchmal scheint die Natur vor dem Menschen zu erschrecken«. Und beide bleiben bei der Natur. Das russische Fräulein geht der erschreckenden Menschlichkeit aus dem Wege. Sie erkennt das Bestehende, das Natürliche im Verhältnis zwischen Mäurer und Lucie an. Sie will nicht verwirren, nicht wegnehmen, sie geht ihrer Wege. Lucie aber will nach wie vor an Mäurer durch kein andres Band geknüpft sein, als durch das Band der gegenseitigen freien Harmonie.

Diese beiden Frauen haben sich gut verstanden, und zuletzt hält Mäurer wieder sein »Schusterchen« bei der Hand. Er ist gegen die Ehe, weil das immer für die Männer eine Klippe sei; aber sie nehmen sich vor, beisammen zu bleiben, solang' es in dieser Welt dauert. Sie verstehen sich.

Die andern drei verstanden sich nicht. So kommt es, daß man jetzt Gabriel Schillings Leichnam aus den Wellen fischt. Fischer tragen ihn. Inzwischen liegt Eveline im Morphiumschlaf, durch den sie der hilfreiche, resolut nüchterne Arzt Rasmussen bis auf weitres unschädlich gemacht hat. Dann wird sie einen Witwenschleier kaufen und weiter jammern, aber leben bleiben. Hanna Elias jedoch ist dem Ertrunknen nachgelaufen; völlig verstört. Sie ist doch etwas besser als ihr Ruf. In Gabriel Schillings Flucht liegt auch ihr Schicksal besiegelt. Dieser arme Vampir hat sich verblutet.

Immer wieder wird man an die »Einsamen Menschen« erinnert. Gabriel Schilling ist der um zehn Jahre älter gewordene Johannes Vockerat. Johannes Vockerats Flucht in den Müggelsee war die Befreiung des Knaben, des Jünglings aus gütigen Schlingen von Haus und Heimat. Der erste Schritt in die Freiheit, ins eigne Land, war sein Todessturz. Jetzt hat sich der Binnensee zum offnen Meer erweitert. Seiner eignen Kraft überlassen, stand der Mann im feindlichen Leben. Die beiden großen Gewalten, Kunst und Liebe, bedrängen, verwirren, verjagen den Wehrlosen. Die Vockeratnaturen sind für das große Leben so wenig geschaffen, wie für den häuslichen Tisch. Auch Johannes hätte sich getäuscht. Aber es gibt Naturen, die der Anfechtung widerstehn, die durchdringen. Dazu braucht man kein Mufflinski zu sein, wie das vertrübte Raubein Braun aus den »Einsamen Menschen«; man muss ein Mensch auf der Sonnenseite sein, wie Professor Ottfried Mäurer, der für »das Rinascimento des vierten Jahrzehnts« nicht erst Anregungen brauchte, der in seiner Natur die Kraft fand, immer wieder von neuem den innern Menschen, den Künstler aus sich heraus zu gebären. Trotz Hanna und Eveline ist der Optimismus des Dichters seit den »Einsamen Menschen« gestiegen.

Die beiden ungleichen Brüder Mäurer und Schilling (manchmal wirken sie wie Klinger und Stauffer) sind beide siebenunddreißig Jahre alt. Im Jahre 1900, da das Stück spielt, war Gerhart Hauptmann ungefähr auch so alt. Er erlebte also damals selbst das »Rinascimento des vierten Jahrzehnts«; vielleicht hat er auch einmal Ottfried Mäurers flüchtige Wirrung erlebt. Von diesen Eindrücken, Stimmungen, Erinnerungen, Empfindungen, von diesem Unwägbaren und Unsichtbar-Klopfenden, das viel mythischer ist als Wanns Persönlichkeit, wird das Drama bewegt. Es ist in seiner gehobnen, fast rhythmischen Prosa voller Lyrik. Daß es bei höchst lockrer, kunstloser, zerschnittener Szenenfolge voller Dramatik, sogar kaum ganz frei von Theatralik ist, bewies eine nicht alltägliche Bühnenaufführung.

Als ich im August 1911 den Dichter in Agnetendorf besuchte, sprachen wir viel von dem kleinen alten Goethischen Theaterchen in Lauchstedt bei Merseburg. Zwei Monate zuvor war dort mit Erfolg Kleists »Zerbrochner Krug« und Holbergs »Erasmus Montanus« aufgeführt worden. Hauptmann hatte sich dazu angemeldet, war jedoch über den Termin falsch unterrichtet, und so musste sein höchst willkommner Besuch unterbleiben. Aber er hatte sich von Lauchstedt ganz richtige Begriffe gemacht; beim Gespräch über solch ein kleines Bayreuth zog er aus dem Schreibtisch ein altes Manuskript hervor und meinte, das wäre etwas für Lauchstedt. Es enthielt »Gabriel Schillings Flucht«. Das Stück erschien dann im Januar 1912 in der »Neuen Rundschau« mit einem kurzen Vorwort, das im doppelten Sinn ein Vorsatz war. Es lautete: »Das nachfolgende Drama wurde im Jahre 1906 geschrieben. Ich habe die Aufführung mehr gescheut, als gewünscht, deshalb ist sie unterblieben. Heute würde ich das Werk nicht auf den Hasardtisch einer Premiere legen mögen. Es ist keine Angelegenheit für das große Publikum, sondern für die reine Passivität und Innerlichkeit eines kleinen Kreises. Einmalige Aufführung, vollkommenster Art, im intimsten Theaterraum, ist mein unerfüllbarer Wunsch«.

Dieser Wunsch des Dichters wurde ein halbes Jahr später in Lauchstedt annähernd erfüllt. Die Schauspieler kamen aus verschiednen Theatern Berlins zusammen, das Publikum kam zu allen drei Vorstellungen aus allen Windrichtungen herbei. Seit der »Versunkenen Glocke« hatte der Dichter nie wieder einen so sichtbaren Triumph erlebt und diesmal auf seinem selbsteigensten Gebiete des modernen Seelendramas. Von allen Seiten streckten sich nun Hände aus, die das wirksame Stück auf die ständige Bühne ziehn wollten. Und der Dichter gab nach. Mit Recht gab er nach, ebenso wie jetzt vielleicht in dem müßigen Streit um »Parsifal« Richard Wagner nachgäbe, wenn er noch lebte. Man soll einen Dramatiker nicht auf das festnageln, was er in Stimmungen, die überwunden sind, unter Umständen, die sich inzwischen ganz verändert haben, einmal gefühlt, gedacht und daher auch ausgesprochen hat. Die erste der dargebotnen Hände, die Gerhart Hauptmann nach der guten Lauchstedter Erfahrung mit Freuden ergriff, war die des Dresdner Hoftheaters und seines klugen Chefs, des Grafen Seebach. Wie sich ein vorsichtiger Tourist, der ins Hochgebirge will, erst allmählich ans höhere Klima zu gewöhnen sucht, so sollte sich Gabriel Schilling auf dem Wege von der Lauchstedter Sommerfrische zum Berliner Wintereis erst in der Dresdner Übergangsluft akklimatisieren.

Dieses tiefsinnige Drama, in welchem die Mystik der Seele rein und klar zum Ausdrucke kommt, gleich der Bühne zu geben, widerstrebte dem Dichter vielleicht nur deshalb, weil man »Pippas Tanz« nicht recht hatte begreifen wollen, und weil einige mit dem alten Wann nicht zurechtkommen konnten. So entschloss er sich, dem Theaterpublikum lieber einmal mit leichtrer Ware Konzessionen zu machen, und ihm nicht ohne Ironie zu sagen:

Was ihr wollt, das kann ich auch. Teilt einmal erst gehörig meine Heiterkeit, dann werdet ihr auch wieder meinen Ernst verstehen. So kam 1907 das Lustspiel »*Die Jungfern vom Bischofsberg*«, von dem ich schon andeutete, daß es aus Gerhart Hauptmanns zartesten Liebeserlebnissen geschöpft ist. Das Stück sollte ihn an frühes Langen und Hoffen, an die heiterste, glücklichste Zeit seiner Jugend erinnern. Aber das Lied aus der Jugendzeit klang nicht mehr rein, die hellen freundlichen Gestalten von dazumal gingen im Schatten. So öffnet man bisweilen nach vielen Jahren eine Schachtel mit Angedenken, möchte noch einmal das, woran sie gemahnen, durcherleben und findet die alten Liebeszeichen eingestaubt; die Bildchen sind verblaßt, die Briefe vergilbt, das Kettlein verrostet, die Vergissmeinnicht entfärbt.

Es ist schade um den guten Stoff, den Gerhart Hauptmann so lange im Herzen getragen hatte. Dieses Stück abzulehnen, war die Tageskritik im Recht. Nur hätte sie daraus nicht den voreiligen Schluss ziehen dürfen, daß sich der Dichter der Szenen von Pippa und Michel, der Dichter des »Gabriel Schilling« zum Niedergang wende.

XIV

In die Ferne

Wenn Gabriel Schillings Freunde den armen Lebensmüden werden begraben haben, wenn Lucie Heil und Ottfried Maurer, solang' es dauert, wieder allein beisammen sind, so werden sie ihren alten Plan aufnehmen; der Künstler, den man für einen Großen seiner Kunst, wie Max Klinger, halten darf, wird die kluge, ruhige Geliebte in »das Land des goldelfenbeinernen Zeus« führen.

Und wirklich stehn im nächsten Frühling, Ende März, zwei Menschen wieder am Meere, dem die Begleiterin des Künstlers so sehr zugetan ist. Aber dieses Mal ist es nicht die Ostsee, sondern Pippas Adria. Im Hafen von Triest steigen sie auf einen Lloyddampfer; es geht die dalmatinische Küste entlang hinüber nach Brindisi. In Korfu wird längerer Aufenthalt genommen, bis tief in den April hinein; dann erst beginnt die eigentliche Pilgerfahrt: Patras, Olympia, Athen. Die Stätte, wo »der goldelfenbeinerne Zeus« gestanden hat, sucht ein Bildhauer vor allem auf. Aber der Bildhauer ist zum Dichter geworden. Im Kampf zwischen zwei Künsten hat er schon längst die »Frau mit Kranz und Leier« gewählt. Auch noch eine andre Frau hat er schon längst gewählt und sich ihr angetraut, sobald der Weg freigegeben war. Auch ein blonder feiner Knabe ist schon da, der den griechischen Frühling, den olympischen Spielplatz in seine Kinderspiele mitnehmen darf. Denn diese deutschen Menschen in Griechenland sind Gerhart Hauptmann selbst mit Frau und Kind. Ihr »*Griechischer Frühling*« ist der Frühling des Jahres 1907.

Der Dichter steht mitten im fünften Jahrzehnt seines Lebens. Mit dieser Reise erfüllt sich sein Jünglingstraum. Der schulwidrige Schlesier, der verschriene Gegenwartsmensch und Plebsbeschauer, der ewige Nager am christlichen Problem, der regellos Erzogne hatte von frühester Jugend an einen unbezwinglichen Trieb ins Land der Antike, nicht wie sie im Lehrbuch steht, sondern wie sie einst mag lebendig gewesen sein. Schon als sich ihm ganz jung die Mignonsehnsucht nach Italien erfüllte, lockte ihn eine Hyperionsehnsucht weiter nach Griechenland. Nun endlich ist er da. Es begleiten ihn die Liebsten und Nächsten, aber es begleitet ihn auch Homer; von Insel zu Insel der odysseische Homer. Der Philologenstreit, ob Homer gelebt hat, kümmert ihn nicht. Er kennt ihn kaum. Der Dichter fühlt den Dichter; er läßt sich führen, wie Dante von Virgil durch die Unterwelt geführt wird.

Etwas besitzt der moderne Dichter, was Homer nicht besaß: einen Bleistift, mit dem er im Gehn Notizen macht. Wie der Maler sein Skizzenbuch, so führt auch er etwas Ähnliches bei sich. Eindrücke, die er empfängt, faßt er gleich in Worte. So macht er nicht bloß eine Reise, sondern zugleich auch ein Buch.

Mehrfach ist im Buch von Goethe die Rede. Alles Sinnen, Grübeln, Wirken, Dichten und Trachten dieses »Magiers« sei dem Endzweck rastlos untertan, den Menschen mit Göttersinn und Menschenhand zu bilden und hervorzurufen. Auch Gerhart Hauptmann empfand Goethe durch Griechenland und Griechenland durch den Dichter der Iphigenie und der Nausikaa. Verführerisch scheint ihm der Gedanke, Goethes Nausikaafragment zu ergänzen. Dennoch entdeckt er Griechenland auf seine eigne Art. Der »Griechische Frühling« ist keine Nachahmung von Goethes »Italienischer Reise«. Am wenigsten in seinem impressionistischen Stil. Eindrücke der Natur, Eindrucke des Lebens in dieser Natur führen zu phantastischen Erwägungen, wie aus diesem Volksboden, aus dieser Natur ein großer Mythos, aus dem Mythos eine große Kunst entstehn konnte.

Der Dichter sieht die schwarzen attischen Böcke schreiten, die Tragoi, und begreift den Bocksursprung der attischen Tragödie. Nichts von dem, was er vielleicht erst zur Vorbereitung für diese griechische Reise gelesen und gelernt hat, ist verkalkter Gedächtniskram. Ihm selber neu und frisch, verkehrt er damit wie mit einem Lebewesen. Diesem Urrealisten wird das Entfernteste real; er hält es für eine reale Entdeckung, wenn man eine abgestorbne Empfindung wieder beleben kann. Einmal beklagt er – Wasser auf die Mühle unsrer Humanisten –, daß er den Diodor nicht im Urtext lesen kann; denn er weiß von seinem Heimatsdialekt her, was für Aufschlüsse über den Menschen seine Sprache gibt. Niemals wird er von etwas, dessen Lebensspur er wittert, sagen: »Was ist mir Hekuba?« Mit Penelope und ihren Freiern beschäftigt, kommt er zu der Vermutung, daß Zaudern schon damals eine Schwäche des edlen Weibes gewesen sei; vielleicht wendet er hier eine Erfahrung, die er jahrelang im Allerpersönlichsten zu machen hatte, auf die Königin von Ithaka an, die auch jahrelang wartet, ob ihr nicht doch der Gatte wiederkehrt. So vergleicht der Dichter Vergangenheit mit Gegenwart, Fremdes mit Eignem, Ferne mit Heimat.

Im »Griechischen Frühling« liegen Keime einer »Dichtung und Wahrheit«. Kaum hat er den Triester Hafen verlassen, kaum ist er auf hoher See, so gedenkt er jener Reise über den Ozean, die er einst ganz plötzlich von Paris aus antrat, um Frau und Kinder aus Amerika zurückzuholen: »Ich erlebte damals stürmische Wochen auf zwei Meeren, und ich wußte genau, daß, wenn wir mit unserem bremensischen Dampfer auch wirklich den Hafen erreichen sollten, dies für mein eignes gebrechliches Fahrzeug durchaus nicht der Hafen sei.« In Sparta fühlt er sich in Onkel Schuberts Obstgarten versetzt, nach Lederose bei Striegau, wo der fünfzehnjährige Junge zum ersten Male verliebt war. Immer ergreift es ihn, wenn er im Lande der griechischen Götter an Deutsches erinnert wird. Sogar bei Lykurg scheint er an die Rassenhygiene seines Freundes Alfred Ploetz zu denken. Am Fuße des Parnaß begegnet ihm seine Rose Bernd: »Sie ist frisch und derb und germanisch kernhaft. Die Art ihres übermütigen Grußes ist zugleich wild, verwegen, ungezogen und treuherzig. Sie würde sich von der jungen und schönen Bauernmagd, wie ich sie auf den Gütern meiner Heimat gesehen habe, nicht unterscheiden, wenn sie nicht doch ein wenig geschmeidiger und wenn sie nicht eine Tochter aus Hellas wäre.« Schon in Pelleka begegnete ihm mitten unter brünetten Südländerinnen solch ein blondes Mädchen, blauäugig und von zarter weißer Haut; der große, vollkommen deutsche Kopf erinnert ihn an Leibl, und ihn beschleicht eine Traurigkeit, die er sich mit dem Verstande nicht recht erklären kann, denn das Mädchen ist die vergnügteste von allen. Was ist dieses Unerklärliche? Ist es mitten im Genuß der großen Fremde das alte deutsche Heimweh? Mindestens das Heimatgefühl verläßt ihn auch im Lande der Größe nicht; froh glaubt er dort zu erkennen, daß die Seele des Griechen auch seinen Gott an den Landboden, an die Landstraße, an die Heimat bannte, so wie er, der deutsche Dichter, die Muse. Hier in Griechenland findet er das Kernwort seiner ganzen Poesie: »Was wäre ein Dichter, dessen Wesen nicht der gesteigerte Ausdruck der Volksseele ist?«

Was Humanisten und Klassizisten griechische Kultur nennen, empfindet der ungelehrte Dichter auf griechischem Boden als natürliches Ergebnis nackter Urzustände. Etwas geschraubt erklärt er Kultur als »eine *fleischliche* Bildung zu kraftvoll gefestigter, heiterer, heldenhaft freier Menschlichkeit«. Das Fleischliche bedeutet ihm das Animalisch-Unschuldige, Nackte, Naive, Urwüchsige, Ursprüngliche. Er rühmt sich seines starken und gesunden, ihm eingebornen Bergglücks, das ihn jene Urzustände eines Volkes der Hirten und der Jäger finden läßt. Gerade ein solches Volk aber findet er überall auf klassischem Boden. Hirten und Götter werden ihm eins. Das Stärkste, Größte, Erhabenste ist zugleich das Einfachste, das Schlichteste, das Bedürfnisloseste, also Freiste. Keine homerische Heldengestalt interessiert ihn mehr als der Sauhirt Eumaios.

Unter dem Glockengebimmel weidender Ziegen und Schafe erneuert sich ihm der Mythos, ersteht ihm das griechische Drama, das Drama überhaupt, und wie er nie etwas gedichtet hat, in das nicht irgendwie der Nazarener hineingezogen wurde, so erscheint dieses Krippenkind, dieser Sohn der Armut, der unter Hirten geboren ist, der selbst eine Art Hirt geworden ist, auch unter den Hirten des Parnasses. Diese Gestalt, die unserm Dichter durchs ganze Leben überallhin folgt, begegnet ihm hier, wie ihm Rose Bernd und das Mädchen aus Onkels Obstgarten begegnen. Vor der Bucht von Eleusis denkt er mit einer Art von Sehnsucht an das galiläische Meer, und der griechische Demeterkult gemahnt ihn an jene andre Legende, »die mit einer Kraft ohne gleichen heute Zweifler wie Fromme beherrscht«. Bisher durfte er über Jesus nur das aussprechen, was dramatische Personen von ihm dachten oder fühlten. Jetzt zum ersten Mal kann der Dichter sein persönliches Bekenntnis ablegen. Auf demselben klassischen Boden, den »die verderbte Weltanschauung der christlichen Zeit« entgöttert hat, fällt sein innres Auge immer wieder auf den Schatten eines einzelnen Mannes: »Es ist unumgänglich, daß ein bis ins tiefste religiös erregter, christlich erzogener Mensch doch immer auf die Gestalt des Heilandes treffen muss: und dies war mir und ist mir noch jetzt jener Schatten. Etwas wie Unruhe, etwas wie Hast und Besorgnis scheint ihn den gleichen Weg zu treiben, und etwas wie der gleiche, immer noch ungestillte Durst«.

Aus diesen Sätzen, die wie so vieles im »Griechischen Frühling« das seelische Schaffen Gerhart Hauptmanns erklären, steigt ein Wegweiser empor, der über Griechenland hinaus noch östlicher, noch südlicher zeigt. Einen Frühling in Palästina ist Gerhart Hauptmann sich selbst schuldig. Dieser Kreuzzug wäre kein Kriechen zu Kreuze vor dem, was aus den christlichen Bekenntnissen mit der Zeit geworden ist, aber um jenes Schattens willen wird sein Kreuzzug zur Pflicht gegen das eigne Selbst. Wenn der Dichter schon in Athen und Sparta an Eigenstes erinnert wurde, Eigenstes sich ihm dort neu belebte, so wird er um Bethlehem und Golgatha den Schwerpunkt seiner Seele entdecken. Dann scheue er sich nicht, auch in dieser neu erschlossnen Welt sich selbst zu fühlen, wie er es in Griechenland getan hat.

Man könnte darüber spotten und hat wohl auch gespottet, daß der Dichter, als er durch die klassischen Gelände ging, immer den eignen Puls in der Hand hielt, immer am eignen Blute die Temperatur der Umgebung maß. Und doch erhöht es den Reiz und Wert dieses autobiographischen Reisetagebuches, daß er es nur für sich allein scheint geschrieben zu haben. Wenn ihm Tausende und Abertausende dabei über die Schulter sehen, so ist das Sache der Tausende, denen dieser Dialog zwischen Hellas und Hauptmann eingeleuchtet hat. Ein andrer als Hauptmann dürfte ähnliches allerdings kaum wagen. Besonders unsere Reisefeuilletonisten seien gewarnt. Die Außenwelt mit sich selbst so eng zu verbinden, wird nur einem. Dichter gelingen. Unter den Lebenden aber gibt es niemand, der so eindrucksfähig wäre wie Gerhart Hauptmann, der so tief alles erleidet, im schlimmen und im schönen Sinn erleidet, was auf ihn zukommt. Seine Sinne sind der Außenwelt zugänglich wie die Poren unsrer Haut der atmosphärischen Luft. Es ist ein ganz unmerklicher Vorgang. Er vollzieht sich ohne jede Bewegung, lautlos. Aber die Luft, die niemand greifen kann, dringt in den Organismus ein und stärkt ihn.

Es wäre wunderbar, wenn das Frühlingstagebuch die einzige dichterische Frucht dieser griechischen Reise geblieben wäre. Schon unterwegs regte sich der Schaffenstrieb wie ein Fieber. Ein alter Jugendplan fällt ihm wieder ein, die Tragödie des Lykophron, der seinem Vater

Periander dahinter kommt, daß dieser sein Weib Melissa, Lykophrons Mutter, getötet habe. Lykophron, ein umgekehrter Orest, ein Zauderer wie Hamlet, irrt durch die Gassen seiner väterlichen Hauptstadt Korinth als obdachloser, verwahrloster Bettler, und dieser Eindruck war für Gerhart Hauptmann entscheidend, sich für den Stoff zu erwärmen. Die Probleme, durch die der Mensch ein Bettler ist oder zum Bettler wird, haben ihn immer am tiefsten ergriffen.

Als Bettler kehrt auch Odysseus nach Ithaka zurück. Der erste, den er trifft, ist ein Schweinehirt. Den König labt und beschenkt sein eigner niedrigster Knecht. Von der tiefen Naivität dieses Idylls fühlt sich der moderne Dichter entzückt und angeheimelt. Von dieser Empfindung aus möchte er dem ewigen Gegenstand ein neues lebendiges Dasein gewinnen. Im Zusammenhang damit nennt der griechische Reisende plötzlich den Namen Murillo. Er wird also aus dem Sauhirten und seinem geheimnisvollen Gaste gewiß nichts im Stile Corneliusscher Kartons schaffen. Zu Eumaios und Odysseus tritt in seiner nachschaffenden Phantasie der junge, vaterlos aufgewachsene Telemach, und es will scheinen, als ob den Dichter auch hier, wie bei Lykophron, das Motiv reizte, das den Sohn zwischen die beiden getrennten Eltern stellt. Im Gedanken an Lykophron mit Telemach beschäftigt, spricht der Dichter, wie aus selbstdurchlebtem Schmerz, die Überzeugung aus, daß tiefe Zwiste naher Verwandter unter die grauenvollsten Phänomene der menschlichen Psyche zu rechnen seien. »In solchen Kämpfen kann es geschehen, daß glühende Zuneigung und glühender Haß parallel laufen – daß Liebe und Haß in jedem der Kämpfenden gleichzeitig und von gleicher Stärke sind: das bedingt die ausgesuchten Qualen und die Endlosigkeit solcher Gegensätze. Liebe verewigt sie, Haß allein würde sie schnell zum Austrag bringen. Was könnte im Übrigen furchtbarer sein, als es die Fremdheit derer, die sich kennen, ist.«

Wer das im Reisetagebuche las, mochte denken, daß der Dichter nun im größern Stil unter höhern Menschen eine »Familienkatastrophe« dichten würde, wie es im engsten Räume das »Friedensfest« und »Michael Kramer« waren; vielleicht auf dem Hintergrunde Griechenlands, das ihn so oft an Heimisches und Eignes erinnert hatte.

Als er aber aus Griechenland zurückkehrte, ließ er Antikes ebenso weitab liegen wie Heimisches. Auf der Spur des »armen Heinrich«

wählte er wieder das Mittelalter und holte ein paar weltliche Legenden hervor, die nicht von familiären Konflikten handeln, sondern von zwei sonderbaren Fällen der Geschlechterliebe. Beide haben etwas Anekdotisches.

Zuerst erschien »*Kaiser Karls Geisel*«, angeregt durch eine Notiz des Italieners Erizzo aus dem sechzehnten Jahrhundert.

Es ist bekannt, daß der allerchristlichste Kaiser Karl der Große einen Harem hatte, wie nur je sein Zeitgenosse Harun al Raschid. Noch im Greisenalter macht ein ganz junges, halbwüchsiges Mädchen auf ihn Eindruck. Aber sie ist weder willig noch keusch. Der kleine Racker hänselt den großen alten Herrn, den hier zum letzten Male vielleicht eine echte reine Liebe erfüllt; etwa wie sie Goethe zur Ulrike v. Levetzow hatte. Aber Gersuind ist kein zartes züchtiges Edelfräulein wie Ulrike. In ihrem »köstlichen Goldelfenbeingehäus« wohnt ein Dämon, mindestens ein Luder. Als sie mit mehr kindischen als weiblichen Gefühlen am Halse des alten Kaisers hängt, muss er sie »kleine Hure« nennen. Den ersten besten jungen Kavalier ruft sie an wie eine Straßendirne: »Schöner, nimm mich mit«. Sie, um deren Herz der Kaiser wirbt, gibt ihren Leib dem ärgsten Schenkenpöbel preis. Dem Pöbel eine Wollust, wird sie dem Volk eine Plage, denn der große Kaiser versäumt seine Herrscherpflicht. Alles in der Welt geht drunter und drüber, weil ihm das Kind im Sinne liegt. Sie ist wie eine kleine Stechfliege, die wieder und wiederkehrt, sich nicht fangen läßt und immer beunruhigt, immer ablenkt. Wie das Tier steht sie jenseits von Gut und Böse. Scham kennt sie nicht. Aller moralische Einfluß versagt. Da nimmt sie derselbe Volkshaufe, dem sie sich nackt gezeigt hat, bei den goldenen, von Kaiser Karl so sehr geliebten Haaren und verprügelt das »Königsliebchen«. Nun hat Kaiser Karl über sie Gericht zu halten. Er droht mit dem Henkerstod; sie aber fragt ihn nach ihrer Schuld, nennt ihm seine Schuld. »Was hebst du Wegwurf auf?« Ihrer jungen Begehrlichkeit kam er nicht als Liebhaber entgegen, sondern halb väterlich als Bildner, als Erzieher; nicht sinnlich, sondern seelisch; nicht naiv gebend und verlangend, sondern sentimental und langsam werbend. Sein hohes Alter, das zum Jungbrunnen die warmen Quellen von Aachen braucht, machte wohl aus Not eine Tugend. Und doch flattern alle seine Sinne um das süße junge Geschöpf. Der weise Fürst, vom weisern Alcuin beraten, dringt auf den tiefern Grund dieser Dinge. Er gibt sich selbst die Schuld. Vor sich selbst spricht er Gersuind frei. Gegen seinen Willen erreicht sie statt des Henkerbeils der Meuchelmord. Wie einer Ratte ward ihr Gift gestreut. Des Kaisers eigner Kanzler tat es. Das todkranke Wild darf bei frommen Klosterfrauen und Krankenschwestern sterben. Die Oberin hält ihr den Nachruf: »Der Pöbel nannte sie eine Hexe! Er, der Kinderfreund, der Heiland, nur ein Kind«. Im Sterben wird ihr klar, daß sie den großen alten Kaiser geliebt hat. Sein hohes Bild verklärt sich ihr über alle Jünglingsschönheit und Jünglingskraft hinaus. Ihrer Torheit letzter Schluss lautet: »Karl ist ein Gott! Wir andern sind nur Menschen!« Auch der hübsche Junge, dem sie als erstem nachlief, der freilich kein Geisteskind zu sein braucht, setzt ihr eine etwas verzagte Grabschrift: »Mag der dies Kind durchschaun, der es erschuf«.

Graf Ricco von Maine meint damit nicht unsern Dichter, sondern den lieben Gott. Unser Dichter aber hält es für nötig, dieses Kind durch eine Rede Alcuins zu erklären. Alcuin ist in das Drama zu ähnlichen Zwecken eingeführt, wie Hartmann von Aue im »Armen Heinrich«. Er ist Vertrauter des Kaisers; leider jedoch muss er auch Deuter des Dichters sein. Die Vorgänge selbst, die Taten, bleiben hinter legendarischem weißlichem Nebelschleier zart, aber unklar liegen. Daher muss einer vortreten und erklären, wie es gemeint war. Niemand kann das auf bessere Art sagen, als mit Alcuins, mit des Dichters eignen Worten:

> *War dieses Kind unschuldig, keusch und treu,*
> *Wär es gegangen, wie es immer ging:*
> *Ein Kaisersöhnlein mehr! und damit gut!*
> *Was weiter? Nichts! Nun aber kam es so;*
> *Sie blieb ihm fremd, und er bezwang sie nicht!*
> *Und dort, wo seine Sinne bettelten,*
> *Hielt ihn, unbeugsam, eigner Stolz zurück. –*
> *Und eines Tages stieß er sie von sich: sie,*
> *Die jetzt erst recht verderblich in ihm herrscht.*
> *Und nun schlug die verhaltne Glut zurück,*
> *Gepaart mit dem enttäuschten Herrscherwillen,*
> *Und steckte Tenn und Scheuern uns in Brand …*
> *Das heißt: ihn selbst, von innen aus, den König.*

Daß es dieser langen Erklärung bedarf, daß Alcuin den Dichter selbst im Drama anwaltschaftlich vertreten muss, ist eine dramatische Schwäche des feinen und wehevollen Spieles, das im Balladisch-Lyrischen bleibt, obwohl es von schroffsten Kontrasten lebt: Karl alt, das Kind jung; Karl der große Weltbeherrscher, das Kind eine Gefangene; Karl ein gebildeter Franke, das Kind ein rohes Sachsenkind; Karl ein Apostel des Christentums, das Kind ein Heidenkind; Karl ein raffinierter Welt- und Lebemann, das Kind ein Tierchen der Wildnis. Über alle diese Gegensätze, durch diese Gegensätze haben beide sich geliebt, ohne es voneinander zu wissen. Auch der Kaiser bekennt es und erklärt es durch Zwang eines Dämons, durch einen Dienst der Finsternis. Da er ihren Mord erfährt, tobt noch einmal alles in ihm auf. Das eine Wort Mord rüttelt ihn wie hundert Fieberschauer. Es klingt wie hundertfaches Wehgeschrei. Dann aber rettet ihn seine Größe, seine Tatkraft, und er hebt wieder das Schwert Karls des Großen. Im Leben des großen Frankenkaisers war Gersuind, die Sachsengeisel, nur eine Episode, wohl die letzte Episode seines Herzens. Die Geisel stirbt an diesem Drama, Kaiser Karl gehört ohne dieses Drama der Weltgeschichte, mit der dieses Drama so gut wie nichts zu schaffen hat. Bei der Berliner Aufführung im Brahmschen Theater wurde die Geisel höchst verständnisvoll dargestellt durch eine junge, schlanke und geschmeidige Schauspielerin, Ida Orloff, die schon Hauptmanns gläserne Pippa gewesen war.

Wie Gersuind als eine weitere und kühnere Dämonisierung der tanzenden Pippa zu denken wäre, so sieht »Griselda« einer sagenhaften Rose Bernd gleich. Seitdem Gerhart Hauptmann seiner Rose von Striegau sogar auf hellenischem Boden begegnet war, konnte ihn ihre Versetzung in eine mittelalterliche Legende nicht schrecken. Diese Legende zieht durch die Weltliteratur noch weitere Kreise, als jenes Märchen vom verwandelten Bauer. Auch hier begegnen als ihre Interpreten große Dichter. Am unbekannten Ursprung stehen Boccaccio und Petrarca. Bei Boccaccio heißt der Name, wie jetzt bei Hauptmann, Griselda; bei Petrarca und fast allen späteren heißt er Griseldis. Dann kam die Sage nach England zu Chaucer und nach Frankreich zu Perrault. Sie ging bis hinauf nach Island und bis hinaus nach Russland. Sie taucht in Böhmen, in Holland, in Dänemark, in Schweden auf. Sie wird international und populär, denn sie handelt, wie Petrarca schon im Titel sagt, von der mythologischen Unterwürfigkeit und Treue einer Ehefrau.

Unsrer modernen Frauenemanzipation muss diese Sage sehr zuwider sein. Denn hier ist allein der Mann der Herr, das Weib ist ihm leibeigen. Er kann sie zerbrechen und wegwerfen wie irgendeine Sache, die er neben ihr besitzt. Auch wenn er sie mißhandelt, verstößt, ihr die Kinder nimmt und Magddienste von ihr fordert, bleibt sie gehorsam und treu. Alles erdenkliche tut der Marchese von Saluzzo – so heißt er schon bei Boccaccio – seiner Griselda zu Leide, und er tut ihr auch noch das äußerste an: sie muss seiner angeblichen Braut als Kammerfrau dienen. Alles das geschieht nicht aus angeborner Rohheit, sondern nur um ihre Treue und ihren Gehorsam auf die härteste Probe zu stellen; um zu sehen, wie weit weibliche Ergebenheit in einen männlichen Willen zu kommen vermag. Denn als Griselda auch noch die letzte, schmerzlichste Bedingung erfüllt hat, zieht der Markgraf sie an sich, begnadet sie wieder, seine Gemahlin zu sein, und wenn sie nicht gestorben sind, so leben sie noch heute.

Je weiter dieser Stoff in die Kunstdichtung vorrückte, desto dringender wurde die Frage: Was veranlaßte den Markgrafen zu solchen Forderungen, was veranlaßte die Frau zu solcher Standhaftigkeit? Der Antworten auf diese Frage gibt es die verschiedensten, und je mehr sich ein Dichter psychologisch in die Motive versenkte, desto freier gestaltete er den überlieferten Stoff.

Schon *Friedrich Halms* dramatisches Griseldisgedicht, das am Artushofe spielt und der Griseldis den Parzival zum Gatten gibt, hat mit den alten Geschichten kaum noch etwas zu tun. Am wenigsten paßt der Schluss. Denn zwar bleibt Halms Griseldis gehorsam und treu, aber nur bis zu dem Augenblick, da Percival sie wieder zu Ehren und Rechten annimmt. Nun gibt *sie ihm* den Laufpaß. Er hat ihre Liebe verscherzt, weil die ganze Quälerei nur das Ergebnis einer frivolen Wette war, die er in der Tafelrunde um jeden Preis gewinnen wollte. Einer so banalen Lustspiellösung mit eheschiedlichem Ausgang konnte Gerhart Hauptmann nicht zustimmen. Der moderne Seelenrealist musste tiefer in den Grund der Herzen schürfen, als der seicht-spielerisch-wienerische Romantisierer.

In der »Zähmung der Widerspenstigen«, derselben Shakespeareschen Komödie, aus der er sich Schluck und Jau geholt hatte, konnte er lesen, wie Petrucchios ironischer Hohn sein Kätchen schildert: »Im Dulden kommt sie gleich Griseldens Vorbild«; und ob nun dadurch angeregt oder nicht, Hauptmanns Griselda ward eine gezähmte Widerspenstige. Aber Hauptmanns Griselda ward auch Bäuerin, und dafür bot ihm die Überlieferung einen Halt.

Seit etwa sechzig Jahren kennt man eine volkstümlich-tirolerische Fassung des Märchens. Hier ist Griseldis die jüngste und schönste der drei Töchter eines alten Bäuerleins. Ihren Namen erklärt die treuherzige Volksetymologie daraus, daß die Nationaltracht der Landmädchen von »griselter«, d. h. grauer Farbe war. So wird das »Griseldele« eine Art Aschenbrödel. Aber während das Aschenbrödel des Königssohns Gemahlin bleibt, wird »das Griseldele« wieder in ihre Dürftigkeit zurückgestoßen. Denn derselbe junge Graf, der sie ihrer Schönheit, ihres Fleißes, ihrer Sittsamkeit wegen zur Frau genommen hatte, der ihr »griseltes Kittele« mit den prächtigsten Gewändern vertauscht hatte, nimmt ihr die Kinder weg, läßt sie im Glauben, er habe diese Knäblein im Ziehbrunnen ersäuft, und schickt sie schließlich zu ihrem Vater heim. Der Vater aber spricht:

Leg nur an das griselte Kittele
Und iß mit mir ein Überschüttele.

Auch der Tirolerin bleibt die letzte Prüfung nicht erspart. Zu den Vorbereitungen einer neuen Hochzeit muss sie als Aufwaschweib wieder ins Schloss, muss frisch vom Abspülen weg im schmutzigen Gewand Speisen auftragen und die Schönheit der angeblichen Braut preisen. Dann aber schlägt ihre Erlösungsstunde. Sie erhält nicht bloß ihre gräflichen Gewänder wieder, sondern auch ihre Kinder und den Mann.

Gewiß nicht unbekannt mit dieser urdeutschen Form des Märchens machte Gerhart Hauptmann aus Griselda eine widerspenstige Bäuerin, die sich der Markgraf von Saluzza erst zähmen muss. Dem Urstoff bricht er damit ebenso das Genick, wie in seiner anderen Art Friedrich Halm. Während Halm die geprüfte Frau am Schlüsse nein sagen läßt, sagt Hauptmanns Griselda am Anfange nein. Dennoch hat der neue Dichter den Geist und besonders das Herz des Stoffes im Tiefsten erfaßt.

Die erste der zehn Szenen zeigt Griselda als tüchtige, kräftige Bauerndirne im Gehöft wirtschaftend. Vater und Mutter füllen ein stumpfsinniges Alltagsleben mit Alltagsgespräch, und ihre schöne Tochter kommt über der schweren Tagesarbeit nicht zu eignen Gedanken und Empfindungen. Der Graf, der ein wunderliches Troglodytendasein führt, fern von Welt und Damen, will mit ihr gradehin handeln, als sei sie eine Straßendirne. Sie aber trotzt den Eindringling kräftig ab, nicht bloß mit Worten. Da hebt er sie auf und schleppt sie mit Gewalt ins Haus hinein. Es ist das Haus ihrer Eltern, aber die Eltern sind Hörige des Adels, und was drinnen geschieht, sagt nachher weder er noch sie. Die armen guten Alten haben nichts vom Vater Bernd, der mit Gott um die Wette zu richten und zu strafen kommt. Das starke Weib hat die Überkraft des Mannes verspürt. Den übersättigten Mann reizte ein Weib aus der unmittelbaren Hand der Natur.

In der dritten Szene holt er sie ab. Er bändigt sie körperlich, aber als sie wehrlos ist, drückt er ihr den Brautkuß auf den Mund. Schon in der nächsten Szene ist Hochzeit im Schloss vor dem gesamten Adel des Landes. Griselda in Brokat und Seide. Sie trägt es, als hätte sie nie was »griseltes« getragen, und sogar ihr schöner Mund redet schon Brokat und Seide. Sie scheint die derbe Bauernprosa des väterlichen Gehöftes verlernt zu haben und weiß schon ganz genau, wie man mit Fürsten spricht. Weil es ihr neu ist, übertreibt sie sogar den noblen Ton, und wenn ich ihr Markgraf wäre, der selber kein derbes Wort scheut, so würde ich ihr raten, sich weniger geschwollen zu äußern. Der Gatte will auch durchaus nicht das Urwüchsige an ihr unterdrücken. Der Damen überdrüssig, war ihm die Volksmagd gerade recht. Zum Sinnbild dessen gibt er ihr noch einmal die Sichel in die Hand, damit sie auf der Wiese das Gras mähe. Mit diesem erquicklichen Eindruck könnte das Lustspiel schließen, wenn es sich nur um Zähmung einer Widerspenstigen gehandelt hätte.

Doch diese gezähmte Widerspenstige heißt Griselda. Sie hat ihren Leidensweg noch vor sich. Auch ihr bleibt die Prüfung nicht erspart. Aber von dem kalten und rohen Zuchtmeister der Sage, von dem Mann, der ein Unmensch wird, damit sich die Frau in ihrer Übermenschlichkeit glorienhaft entfalten kann, wollte Gerhart Hauptmann nichts wissen. Sein Markgraf von Saluzza hat mit jenem mythologischen Urbilde nur den einen Zug gemeinsam, daß er sie allein besitzen und ganz beherrschen will. Er eifert auf sein Sonderrecht an sie. Er trennt sie von Vater und Mutter. Niemand sonst darf sie beim Vornamen nennen. Kein Arzt darf sie besehen. Kein Haustier darf sie anrühren. Aus übergroßer Liebe ist ihm jeder zuwider, der zwischen sie kommt. Er leidet am Wahnwitz der Zweisamkeit. Er duldet kein Drittes.

Nun ist ein Drittes unterwegs. Es kommt ein Kind. Er spürt mit Argwohn, mit Grauen schon zum Ungebornen die Zärtlichkeit der Mutter. Zu diesem Ungebornen wütet er sich in einen blinden Haß hinein. Wie Tolstois Lewin fühlt er in der schweren Stunde alle Wehen der Mutter im eignen Leibe. Es gibt gewiß noch Menschen, die bei dieser wundervollen Szene wieder die Geburtszange heben möchten. Aber man wird hinter solche Poesie schon kommen. Diesem unbekannten Stückchen Menschenfleisch, das der Geliebten so viel Qual schafft, noch bevor es da ist, das ihr Leben gefährdet, soll er gut sein? Mit ihm soll er die Liebe der Geliebten teilen? Es gibt Menschen, die nichts teilen können. Darum schafft er seinen neugebornen, wohlgestalteten, kerngesunden Erbprinzen aus dem Hause. Die Mutter weiß nicht, wohin. Mitten im innigsten Allein zwischen Mann und Weib fragt sie ihn nach dem Kinde.

Damit hat sie ihre Schicksalsfrage gestellt. Nicht wie der Sagengraf, verjagt er sie, aber er selbst läuft auf und davon. Der arme Heinrich konnte nicht wilder, nicht unheimlicher verschwinden. Nun ist sie ohne Mann und Kind in seinem Schloss allein, während er sein altes einsames Troglodytenleben weiterführt. Diesen Zustand erträgt sie nicht lange; während ihre mythische Schicksals- und Namensschwester alles auf Befehl tun musste, faßt sie eine Reihe freiwilliger Entschlüsse. Der angeborne Bauerntrotz erwacht. Sie zieht »das griselte Kittele« wieder an und geht, wie sie gekommen war, aus freien Stücken, auf freien, festen Füßen zu den Eltern an die Tagesarbeit. Wieder ist das Drama bei einem vorläufigen Ende.

Um die Handlung fortzusetzen, knüpft der Dichter an ein Bild aus der Sage an. Er erinnert sich des Aufwaschweibes im schmutzigen

Kleid. Seine Griselda schwört, daß sie nie anders als zu solch niedrigster Dienstleistung der Hörigen das Schloss wieder betreten werde. Sie kommt mit Besen, Lappen, Eimern ins Schloss, zwar nicht zur neuen Hochzeit ihres Gemahls, wohl aber zu seiner angekündigten Heimkehr. Sie liegt auf den Stufen der großen Eingangsstiege und scheuert so heftig, als scheuerte sie die Schmach von den Stufen, die sie in diesem Hause erduldet hat. Da trägt man das Kind an ihr vorüber, da fällt ihr das eigne Kind in die Arme, da schreit ihr Herz, und diesen Herzensschrei seines Weibes hört der Mann. Es war der Schrei der Lösung von aller Last. Das neue Märchen von Griselda endet so glücklich wie alle frühern.

An vielem Tiefergreifenden musste dieser Bericht vorübergehen. Wie der alte Bauer seiner Gräfin Tochter in schuldiger Ehrfurcht das Wochensüppchen und Mutters gute Ratschläge bringt, gehört zum Allerschönsten, was wir von Hauptmann haben. Diese innige Dichtung zeigt, daß er sein deutsches Gemüt an Griechenland nicht verloren hatte. Der griechische Frühling ist ihm gut bekommen.

Die Rose von Striegau und die Rose vom Parnassos sprießen selbander auf dem ewigen Grunde deutscher Märchen. Der Dichter aber kehrt gehoben und gefestigt wieder heim in sein eignes Land und sein eignes Leben. Hieraus entsteht Etwas, für das alles Frühere nur Vorbereitung zu sein scheint: der große Roman vom »Emanuel Quint, dem Narren in Christo«.

XV

Der Narr in Christo

Gerhart Hauptmann stand dichterisch nie höher. Vielleicht nie so hoch. Aber der Roman gehört nach keiner Richtung hin zu jenen Phänomenen, die heute blenden und morgen für immer im Dunkel verschwunden sind. Was der Dichter hier auf den Tisch seines Volkes legte, davon wird sein Volk langsam vielleicht, aber sicher Besitz ergreifen. Dieses geistige Besitztum wird nie zu veräußern sein. Man wird nie aufhören, sich mit dem Romane zu befassen.

Wer die ersten Kapitel las und sich sofort in eine ganz abgesonderte Welt versetzt sah, dem mag diese Welt fremd erschienen sein, fremder als Griechenland und Mittelalter, entfernt vom eignen Kulturleben, das nur gelegentlich diese wunderlichen Kreise stört. Man denke sich den Schäfer Thomas, den Maler Diefenbach, den armen Peter Hille, einen Vegetarier oder »Kohlrabiapostel«, jemanden von der Heilsarmee, Antialkoholiker und Antivivisektoren, Missionare und Sektenbrüder, man denke alles, was sich absondert und doch zur Vereinigung strebt, in einem Kehrichthaufen gesammelt und man wird von Emanuel Quint und seiner »Gemeinschaft des Geheimnisses« einen ungefähren Begriff erhalten. Zu absonderlich, zu entlegen, zu fremd unsern eigensten Interessen konnte es der gebildete Weltstädter noch finden, solange Leo Tolstoi sein Leben nicht beschlossen hatte. Seitdem kann er es nicht mehr. Gerade, als sich dieser Roman des »Narren in Christo« an die ganze große Öffentlichkeit wandte, wurde diese Öffentlichkeit von Ereignissen bewegt, deren tieferer Sinn oder Unsinn mitten in die Probleme der kleinen Welt führt, die um Emanuel Quint liegt. Diesem schlesischen Romane starb Tolstoi sehr gelegen. Wie vor zwei Jahrzehnten den jungen Schlesier zu seinem sozialen Drama nichts stärker ermutigte, als das Beispiel von Tolstois »Macht der Finsternis«, so war es jetzt, als legte der abgeschiedne Geist des russischen Urchristenapostels eine heilskräftig segnende Hand auf seinen armen, gleichgesinnten Bruder Emanuel Quint, der das Urchristentum der vier Evangelien und der Apostelgeschichte hienieden noch einmal durchleben will, der bei diesem wunderbaren Unternehmen seiner reinen Seele mit der Folgerichtigkeit eines umfangnen Geistes dergestalt bis ans letzte Ende geht, daß ihn die Menge einen Narren, einen Toren schilt, gerade so wie der alte, der älteste Tolstoi mit dem Gassenausdruck eines Grundwieners »Tepp« genannt worden ist.

Aber nicht nur die Menge schilt, spottet, tobt oder wehklagt über den Toren und Narren – und diese Menge würfelt sich aus den verschiedensten Elementen zusammen, aus Bauernburschen und adligen Gutsherren, aus evangelischen Pastoren, katholischen Klerikern und manchem selbst ganz wunderlichen Heiligen. Sogar der Dichter gibt sich den Anschein, als sei er vom Narrentum seines Helden, dieses heldenmütigen Dulders, durchdrungen. Freilich scheint der Dichter mit künstlerischer Feinheit und Freiheit nicht nur von seinem Dulderhelden, sondern sogar vom Erzähler dieses Dulderheldentums persönlich abzurücken. Es wird nie auf einen andern Erzähler hingewiesen, aber aus dem Stile scheint bisweilen ein andrer sprechen zu wollen als der Dichter. Man könnte einen sehr humanen, rationalistischen und doch gefühlsstarken Emeritus imaginieren, der zu seiner eignen Beruhigung auf die leeren Blätter einer alten Chroniktreu und wahrhaftig aufregende, ungewöhnliche Vorgänge aus seiner Gegend verzeichnet, manchmal etwas breit wird und besonders zu liebevoll am biblischen Worte haftet, das im Geist des närrischen Gottsuchers seine tieftragische Parodie findet. Dieser imaginäre Chronist steht frei über Quints religiösen Wahnvorstellungen, mitleidig, ohne Eifer, ohne Zorn; hin und wieder flicht er eine mehr oder minder weisheitstiefe Betrachtung ein, im ganzen aber stellt er nur schlicht und sachlich den Tatbestand fest; denn er weiß, daß gerade daraus die zwingendste und erschütterndste Seelenkraft spricht. Man könnte sich weiter einbilden, Gerhart Hauptmann habe diesen pfarrherrlichen Chronikenbericht gelesen, und weil er selbst davon auf das tiefste ergriffen wurde, in der begründeten Meinung, es könnte auch andern so ergehen, nun der Öffentlichkeit übergeben. Was besonders ihn zu diesem Leben Quints mag hingezogen haben, ist zweierlei: ein rein persönliches Moment und ein andres, das geeignet wäre, die Gemüter der ganzen Christenheit aufzuwühlen.

Das persönliche Moment liegt darin, daß der Dichter in Emanuel Quint einen Bekannten aus seiner frühen Jugend wiedererkennt, einen Menschen, der zeitweilig starken Einfluß auf sein Empfinden hatte. Mit besondrer Überraschung wird er entdecken, daß der ehrliche Chronist auch ihn selbst nicht vergessen hat; Gerhart Hauptmann findet sich in jenem jungen Landwirt wieder, der hier Kurt Simon heißt, und nimmt mit Erstaunen wahr, wie tief der Chronist das Gefühlsleben seiner jugendlichen »Stromtid« durchschaut, die er einst bei Onkel und Tante als Eleve verbrachte; bei Onkel und Tante, die in Frömmigkeit und Güte so hart gegen den »Narren in Christo« verfuhren.

Der »Narr in Christo« selbst ist das andre, das aufrüttelnde Moment. Gerhart Hauptmann entdeckt – und wir entdecken es mit ihm – daß sich nicht nur die Lehre Christi, sondern fast das ganze Leben Jesu, wie es die Evangelisten überliefern, in Emanuel Quints Walten und Wallen wiederholt. Der vaterlose Tischlerssohn aus Schlesisch-Giersdorf hat sich in den vaterlosen Zimmermannssohn aus Nazareth mit Leib und Seele so innig hineingefühlt, daß ihm die biblische Welt näher rückt als die wirkliche; er redet nicht nur Christi Worte, er zieht nicht nur aus Christi Weisheit die äußersten Konsequenzen, sondern, indem er Christi Wort in Tat, Christi Lehre in innres Sein verwandeln will, gestaltet sich ihm auch das äußere Erleben nach dem großen Alterego des Neuen Testamentes. Es sammelt sich um ihn eine Schar armer Leute, die ihm jüngerhaft ergeben sind, unter denen aber doch die Verleugner und auch der Verräter nicht fehlen. Ein Herrnhutischer Wanderbruder wird ihm zum Täufer Johannes; Kranke werden unter seiner milden Hand gesund; eine Magdalena neigt sich über diese Hand; unter den andächtigen, ihm anhangenden Frauen findet sich bald eine Martha, bald eine Maria; er teilt das Abendmahl mit den Jüngern und wäscht ihre Füße; er läßt die Kindlein zu sich kommen; er wird gefangen, bespien, gesteinigt, gezüchtigt, aber er küßt die Faust, die in sein Gesicht schlug.

Es wäre unschwer und unschön, das heilige Original abzuklatschen. Dieser schlesische Roman aus dem Ende des neunzehnten Jahrhunderts ist aber nichts weniger als ein Abklatsch. Die Kraft und Lieblichkeit der biblischen Bilder und Berichte, durch den untheologischen Eindruck einer jungen Poesie noch gesteigert, wächst aus des Dichters

Heimaterde; so tief der arme entrückte Handwerksbursch unter dem Gekreuzigten steht, so hebt ihn auch die Dauer der zwei dazwischenliegenden Jahrtausende von ihm ab und gibt ihm eine ganz andere Prägung. Dieser inbrünstige Gottsucher, der nie etwas andres als die Bibel gelesen hat, verwirft zuletzt die Vermittlung des Gebetes und der Bibel, wie er alles Menschenwerk verwirft, und begrüßt die Offenbarung seines Gottes in der aufgehenden Sonne. Er sieht Gott im Wunder der Natur und findet das Gotteswunder überall; diese Wahrnehmung erfüllt ihn so, daß der sanfte, gütige Mensch unter dem Einfluß einer persönlichen Erregung (er ist bei seinem leiblichen Vater, einem Kleriker) zum bilderstürmenden Kirchenschänder wird. Diese pantheistische Vorstellung, daß Gott im Weltall stecke, tritt ihm von selbst nahe und bestärkt sein naives Gefühl, sich selbst, als einen Teil des Alls, mit dem Gottessohne zu identifizieren. Hier liegt sogar die Wurzel dieses Wahns. Aus dem schlichtesten Glauben an einen höheren Sinn, Zweck und Ursprung des Erdendaseins wird in diesem beschränkten Hirn, diesem Herzen ohne Falsch, dieser Seele voll Andacht und Güte, in diesem Sinnierer, der die Tagesarbeit scheut, langsam, allmählich, nach und nach der Wahn, der Heiland lebe in der Menschheit fort, endlich zum Wahnwitz, der wiedergekommne, wiedergeborne Heiland sei er selbst; durch die Gläubigkeit der wundersüchtigen, ein besseres Dasein erwartenden Jünger, durch die Verzücktheit anbetender Frauen und andrerseits durch weltliche Gewalten, die ihn bis ins Martyrium hineinschleppen, findet dieser herzliche Größenwahn auch von außen her verderbenbringende Nahrung. Alles das ist vom Dichter mit einer bildnerischen Meisterschaft entwickelt, an der man nicht nur das Studium der Bibel, sondern auch das Studium Homers zu erkennen glaubt. Wir machen jeden Schritt auf dieser abschüssigen Bahn begleitend mit, wir folgen dem armen Narren durch Not und Pein und verweilen nur allzu flüchtig auch in dem irdischen Paradiese, das sich ihm gerade in der höchsten Not und gerade durch die höchste Not öffnet. Dieser Erdenfriede schuf aus dem zerlumpten Landstreicher für ein Weilchen das freundlich anzuschauende, auch von außen her gesittete, innerlich heitere, herzgewinnende Menschenbild, dem der Zugang ins Glück noch frei stände, wenn sich die Mächte seines heiligen Wahnes noch bezwingen ließen.

Wie Gerhart Hauptmann bei der Schilderung des menschlichen Elends in Hütten und Höhlen der Berge seine alte naturalistische Kraft bewahrt, wie er zuletzt das Bohemetreiben einer großen Stadt, in das Emanuel Quint äußerlich versinkt, aus den Lebenserfahrungen der eignen Jugend darstellt, so flimmern ihm die lieblichsten Farben für das mitten drinliegende ländliche, menschlich reine Idyll, das dem Leser wie dem Dulderhelden einen wohligen Ruhepunkt, eine Erholung des Auges und des Herzens gibt. Dieser Ruhepunkt, auf dem sich die realistische Phantasie des Dichters behaglich ausbreitet, ist umso nötiger, als sich zum Schluss Furchtbares zusammendrängt. Emanuel Quint wird eines Lustmordes geziehen, den er bekennt, obwohl ihn ein abtrünniger Jünger begangen hat. So jammervoll unterscheidet sich das Schicksal des armen, verwirrten, in Welt und Zeit verirrten Gottsuchers von der erhabnen Aufopferung dessen, dem er sich näher und näher fühlte, bis er sich zuletzt eins mit ihm glaubte. Verlassen von seinen Getreusten; unerkannt von denen, die ihn kannten, vergeblich gesucht von Frauenliebe wandert er, ähnlicher dem Ahasverus als dem Christus, unstet durch die Welt, und wenn er zur Nachtstunde irgendwo um Brot und Obdach bittet, so entzieht sich ihm überall auch die hilfreichste Hand, sobald er seinen Namen nennt; denn dieser Namen heißt nicht Quint, sondern Christus. Der Dichter oder vielmehr der »Chronist« gibt über seinen Ausgang keine Gewißheit, sondern nur eine Vermutung. Danach sei er auf dem Gotthard bei armen Hirten, denen es gleichgültig war, ob er so oder so hieß, im Schneesturm verendet.

So wandelte Emanuel Quint auf Erden. Niemandem wird es einfallen, ihn an die Seite des Nazareners zu stellen, so wie dessen Bild in die Jahrtausende wirkt. Dennoch brennt unter dem greifbaren Bild unseres Altersgenossen Emanuel Quint eine Frage, die geeignet wäre, alle Gemüter nicht bloß der Christenheit, sondern der ganzen lebenden Menschheit aufzurütteln. Der Dichter wirft die Frage nirgends auf, aber unsichtbar bewegt sie sich durch alle Begebenheiten und macht über den Begebenheiten die Luft erzittern: Wie würde es heute dem echten Jesus Christus auf unsrer Welt ergehn, wenn er selber mit den idealen Forderungen seiner Bergpredigt unter die heutigen Menschen träte? Würd' es ihm anders ergehn als dem armen, überspannten und übergeschnappten Emanuel Quint, der ihm in der Herzensreinheit und in der schrankenlosen Hingebung an den unweltlichen Urgeist seiner Lehre doch ganz nahestand? Diese Frage zu beantworten, ist meine Sache noch weniger, als die des Dichters. Aber Theologen, Juristen, Mediziner sollten sie erörtern und eine Antwort suchen. Keiner der vier Fakultäten kann es schaden, sich mit diesem Roman zu befassen.

Dem Dichter haben die philosophischen Fakultäten von Oxford und Leipzig honoris causa den Doktorhut aufgesetzt. Den drei andern Fakultäten könnte es nicht schaden, wenn auch sie ihm und durch ihn der modernen deutschen Dichtkunst die gleiche Ehre erwiesen. Die Wissenschaften, die in diesen Fakultäten abgegrenzt sind, hat er freilich nicht »durchaus studiert mit heißem Bemühn«. Aber ihrem Wissensdurst hat er Quellen des Lebens geöffnet.

XVI

Bis auf weiteres

Emanuel Quint, ein Höhenzug der modernen deutschen Dichtkunst, steht auch im Schaffen seines Dichters so überragend hoch, daß die beiden Werke, die unmittelbar darauf gefolgt sind, schon durch diesen Abstand zu leiden haben. Mit der Berliner Tragikomödie » *Die Ratten* « wollte Gerhart Hauptmann 1911 noch einmal beim konsequenten Naturalismus seiner Jugend einkehren; bei jenem angeblich längst überwundnen, längst abgewirtschafteten Naturalismus; der, wie jede andre künstlerische Daseinsformation, ewig bereitsteht und bloß von der geeigneten Dichterhand aus dem Arsenal geholt zu werden braucht, *wenn* man ihn braucht. Man braucht ihn, wenn man im Nächsten das Höchste, im Gemeinsten das Reinste, im Niedrigsten das Tiefste finden will.

Es ist nicht gerade das Berliner »Scheunenviertel«, wo diese mehr tragische als komische Tragikomödie vor sich geht. Aber es ist einer jener Winkel Berlins, wo ehrbares Handwerk, Dirnenschaft, Verbrechertum eng beisammen wohnen. Es ist das Milieu einer Anekdote, die Theodor Fontane seinem Freunde Lucae gern nacherzählte. Ein junger Arzt hilft der Frau eines armen Kerls. Der Mann: »Na Herr Doktor, wat is et denn?« Doktor: »Ein Mädchen.« Der Mann: »Een Mächen? Na, denn schieben set man wieder rin; et wird doch man ‚ne Hure.« So hätte auch Hauptmanns Maurerpolier John, eine Art Fuhrmann Henschel, sprechen können, dessen Frau die Schwester eines ziemlich schweren Jungen ist. Sie hat ihr Adelbertchen verloren und diesen Verlust des Mutterherzens so wenig verschmerzt wie ihr Mann, der brave Polier. Nun hatte sie sich zum zweiten Male Mutter geglaubt, aber ihre und des Mannes Vorfreude war umsonst. Da faßt sich die herzhafte Frau ein Herz und bringt dem Mann, der von auswärtiger Arbeit heimkehrt, ein angenommnes Kind als ihr eignes dar. John schwelgt im Vaterglück. Vollends der Frau wird das kerngesunde, kräftige Bübchen wie ihr eignes. Denn mit Frau Flamm teilt sie das Gefühl, daß es für ein Weib kein größeres Glück gibt, als Mutter zu sein. Aber der fromme Betrug rächt sich. Auch in der wahren Mutter des Kindes, in der Straßendirne regt sich der Muttersinn. Zuerst will sie das Kind sehn, dann haben. Es kommt dazu, daß das Kind auf dem Standesamt doppelt gemeldet ist; als unehelicher Knabe und als Kind der Johnschen Eheleute.

Hier steht der Konflikt der beiden Mütter am Scheideweg zu Komik und Tragik. Der Dichter wählt den Weg zur Tragik und wühlt mit der ihm eignen psychologischen Gewalt und Wärme alles auf, wessen Mütter im Löwinnenkampf um ein Kind fähig sind. Vor allem Mutter John! Ihr ganzes tiefes, heißes, inniges Gemüt beherrscht der eine Gedanke: das Kind behalten! Dieser Zweck heiligt die bösesten Mittel. Sie will der rechten, der schlechten Mutter ein fremdes, degeneriertes, kaum lebensfähiges Nachbarskind unterschieben; dieser Wechselbalg stirbt unter den Händen derer, die um ihn streiten. Sie geht weiter: sie veranlaßt ihren verbrecherischen Bruder, die Rivalin auf gute Manier zu beseitigen. Er beseitigt sie auf schlechte Manier: er schlägt sie tot. Nun hat der Muttertrieb zum Kind einen Mord bewirkt. Nun beginnt die Kriminalpolizei zu forschen, zu verhören, und alles kommt ans Licht der Sonnen.

Aber alles das ist vom Dichter wenig fein gesponnen. Die gute Absicht, Kriminalistisches im Hintergrunde zu lassen und aus seelischen Symptomen, aus dem Verrate des bösen Gewissens die Tat der Frau ruchbar zu machen, führt hier zu Unklarheiten im Tatsächlichen. Diese Unklarheiten steigern sich noch durch etwas Fremdes, das sich breit und anspruchsvoll in den Gang der Müttertragödie eindrängt. Der Dichter wollte auf den Weg der Tragik die Komik zurückzwingen. Zu jener Zeit, da Gerhart Hauptmann im Übergang von der Bildhauerkunst zur Dichtkunst Schauspieler werden wollte, nahm er dramatischen Unterricht bei Alexander Hessler. Dieser damals in Berlin vazierende Straßburger Theaterdirektor war »vieux jeu«, und der junge Naturalist lief bald wieder aus seiner Schule. Aber der Mann selbst scheint ihn ergötzt zu haben. Vielleicht, weil er ihn damals nicht weit von den »Scheunen« und »Ratten« Berlins getroffen hatte, setzte er nun sein gelungnes Ebenbild dick ausgepinselt mitten in die Berliner Tragikomödie vom Muttertrieb zum Kinde. Im dritten Akt, wo die tragische Heldin, die »tragische Muse« der Mulackstraße, nur vorübereilt, macht sich sein liebenswürdiges, aber hohles Komödiantentum besonders breit. Harro Hassenreuter hätte ein besonderes Lustspiel verdient; er könnte ein Seitenstück zum »Collegen Crampton« werden. In den »Ratten« ist er bald Räsoneur, bald Statist, bald störend. Seine Beziehung zur Familie John ist erkünstelt. Frau John bewacht seinen Theaterfundus, der in einer Dachkammer untergebracht ist und dort von den Ratten angefressen wird. Ratten und Plunder, das ist die Signatur des Milieus der großen Mietskaserne, in der unter vielen andern auch der kaltgestellte Komödiant und das gute Ehepaar John aus der Höhe in die Tiefe, aus der Tiefe in die Höhe steigen. Harro Hassenreuter hatte bei der Berliner Aufführung in Brahms Theater das vorletzte Wort.

Das vielumkämpfte Wickelkindchen liegt in seinem blühweißen Steckkissen auf dem Kaffeetisch und schläft; die rechte, schlechte Mutter fand man ermordet am Spreeufer, die falsche, gute Mutter stürzt sich gerade zum Fenster hinaus. Da spricht der alte Schauspieler, der sonst immer die Tragik gewöhnlicher Leute leugnete, mit edler Gebärde im Tone Delobelles das naturalistische Bekenntnis aus: »Wir haben das Haupt der Gorgo gesehen!« Das letzte Wort aber hatte damals seine dicke, asthmatische, appetitliche weißhaarige Frau, die er gern betrügt: »Was weiß der Mann, was eine Mutter ist!«

Es war einleuchtend, daß dieses Wort, welches der Schluss der Buchausgabe nicht kennt, ausgesprochen wurde. Denn in diesem Worte liegt alles Schöne, alles Dichterische des Stückes, das schwach, hart, ungefügig gezimmert ist, mit buckelnden Anbauten und weitläufigen Nebenbauten. Um Jette John herum stehn viele, zu viele Figuren. Nicht von jeder führt eine sichtbare Linie nach dem Mittelpunkt. Das hängt mit der Hyperepisode des Theaterdirektors zusammen, der noch einige Schüler, Kollegen und sogar einen dicken Landpastor nach sich zieht. Die Komik drängt sich oft vor, wo sie nicht am Platze ist. Aber in dieser Schwerfälligkeit wohnt eine Fülle des Herzens, und gerade hier hatte sich dem Dichter wieder mit der Wucht ihrer starken Seele seine älteste und treuste Verbündete in den Arm gehängt: Frau Else Lehmann. Vom strahlendsten Mutterglück durch alles Bangen, Sorgen und Ängsten, durch, seliges Erinnern an längst vergangne schöne Jugend- und Liebeszeit, aber auch durch eine herbe Anklage gegen den Mann, dem seine Arbeit näher war als sein Weib, durch allen

Trotz gegen das Feindliche, der auch handgreiflich werden kann, durch einen bitterzarten Lebensabschied vom verkommnen Bruder, durch alle Verwirrungen des Gefühls, die schließlich zur halluzinatorischen Verirrung des Geistes führen, bis zum allerletzten Verzweiflungsschritt ging diese Frau unentgleisbar den Weg der Wahrheit und der Menschlichkeit. Jette John war Else Lehmann, und Else Lehmann war wieder eine schöne Dichtung Gerhart Hauptmanns.

»Die Ratten« stammen aus des Dichters epischer Zeit. Vielleicht wäre auch ihnen die erzählende Kunstform erspießlicher gewesen. Alles, was jetzt als unzusammenhängend empfunden wird, hätte sich enger aneinander geschmiegt, wäre in deutlichere Kontraste getreten. Das Rattensymbol, das ganz unklar blieb, hätte sich durch breitere Darstellung gelichtet und doch verdichtet. Die Willkürlichkeiten der Ortseinheit, die das Drama hier fordert, wären vermieden. Gerhart Hauptmann sah vor sich einen Zolaschen Stoff, der zur Zolaschen Behandlung drängt. Doch der Dichter wollte es anders. Zwar verweilte er noch bei der Romanform, aber zum Romanstoff wählte er Eindrücke seiner Fahrt über den Atlantischen Ozean, die sich ihm auf der Reise nach Griechenland wieder erneuert hatten. Und da ihm der griechische Frühling noch in der Seele blühte, so nannte er den Roman, dessen großes Hauptstück die meisterhafte Schilderung eines Schiffbruches ist, »*Atlantis*«.

Von der Rieseninsel Atlantis, die im Ozean versunken sei, fabelten die Griechen. Der moderne Dichter, den schon früh die Vinetasage bewegte, dem die versunkene Glocke zum Sinnbild versunkenen Lebens ward, steigt auf einen der großen Amerikadampfer, sieht darauf eine Welt für sich, eine fahrende Rieseninsel und träumt von Atlantis. Wie Atlantis, wie Vineta, wie Meister Heinrichs Glocke, so versinkt, kurz bevor die Titanic auf das dichterische Exempel eine Probe der Realität geben konnte, der Lloyddampfer Roland, auf dem der gescheiterte Arzt Friedrich von Kammacher die Überfahrt nach Amerika machen wollte. Auf ähnliche Weise und aus ähnlichen Gründen, wie 1892 Gerhart Hauptmann selbst, unternimmt Friedrich die Reise. Beide zwang eine Herzensangelegenheit, plötzlich in Paris alles stehn zu lassen, mit erster bester Gelegenheit nach Southampton hinüberzufahren und dort auf den fälligen Bremer Riesendampfer zu steigen. Das Schiff, auf dem Hauptmann fuhr, war damals in Gefahr und ging später wirklich unter. Das Schiff, auf dem Friedrich von Kammacher fährt, scheitert, und nur wenige werden gerettet. Zu den Geretteten gehört Friedrich.

Hauptmann selbst wurde durch einen Zwang des Schicksals über das Meer getrieben. Er hatte Pflichten und Rechte zu wahren. Er lag im Kampf um den Bestand seines Hauses. Die Romanfigur Friedrich von Kammacher hingegen läßt sich durch ein Irrlicht locken. Eine Verwandte Rautendeleins, Pippas, Gersuinds lag ihm in den Sinnen. Ihr Name klingt an Gersuind an: sie heißt Ingigerd. Sie ist eine jener Kunst-, Poesie- und Programmtänzerinnen, wie sie sich seit Isidora Duncan in den berückendsten Formen sehn lassen. Mit Vorliebe und besondrer Begabung geben sie sich kindlich, sodaß gereifte Männer zu ihnen sprechen: »Mir ist als ob ich die Hände aufs Haupt dir legen sollt«. Auch Friedrich hatte bei Ingigerds Kunstproduktion die hinreißende Empfindung, daß dieses arme Kind einen Beschützer, daß Mignon einen Wilhelm Meister brauchte. Als er hört, sie sei mit dem Roland unterwegs nach New York, um dort öffentlich aufzutreten, kommt es über ihn. Er holt das Schiff in Southampton ein. Als das Schiff sinkt, rettet er sie und sich. Ohne ihn wäre sie mit der großen Mehrzahl der Passagiere, zu denen auch ihr Vater und ein dicker wienerischer Brakenburg gehörte, untergegangen. Das kleine Weltwunder nicht für sich, sondern der Welt zu retten, war die höhere Bestimmung seiner übereilten Reise. Obwohl er immer wieder, wie Kaiser Karl von seiner Geisel, von ihr neu angelockt wird, so war er doch schon vor dem Schiffbruch und der Lebensrettung widrigsten Enttäuschungen ausgesetzt. Statt der »Blume so hold und schön und rein« findet er ein höchst raffiniertes Biestchen, statt des gequälten Tierchens eine kleine Tierquälerin; nicht kindlich, sondern kindisch; in ihrer Lebensart wenig wählerisch; gutherzig, aber ohne Herzenstakt; ihre eigne angeborne Grazie unfein und unzart entstellend. Er, der ihr wie ein girrender Schäfer nachgezogen war, fühlt sich bald durch sie kompromittiert und hängt sich schon gleich auf dem Schiff eine Jüdin von Odessa an den Hals: Hanna Elias in jungen Jahren. Das ganze Liebesabenteuer trägt seitens des Mannes einen Zug von Albernheit und ist nicht Selbstzweck. Wie Gerhart Hauptmann so etwas ernst nimmt, bewies »Kaiser Karls Geisel«.

Im Romane dient der erotische Handel zum Vorwand, um einen Schiffbruch zu schildern. Wir erleben ihn mit Friedrich von Kammacher. Nur was dieser sieht und hört, fühlt und denkt, findet und träumt, wird von uns nachempfangen. Er ist der klassische Zeuge dieses großartig jammervollen Elementarereignisses. Deshalb konnte ihn der Dichter, der ihn durch eine so tragisch-»kosmische« Situation führt, nicht mit jenem überlegnen Humor behandeln, den der dumme Streich eines klugen Menschen verdient. Dieser ganze Friedrich von Kammacher mit seiner unwahrscheinlichen Generalsherkunft und bakteriologischen Laufbahn, mit seiner geisteskranken Frau und seiner knabenhaften Leidenschaft für das Tanzweibchen wäre nur durch sympathisierende Ironie menschlich zu nehmen gewesen. Doch so, wie er ist, wirkt er nicht als Person an sich, sondern als Instrument, auf dem der Dichter die gewaltige Symphonie der Ozeane und Orkane zwar mit höchster Virtuosität spielt, aber nicht ohne an Lederstrumpf zu denken. Was unsre Jugend bei Robinson Crusoe und Masterman Ready so sehr aufregte, das zeigt sich hier gleichsam im Zustande der Erwachsenheit.

Hauptmanns Kraft der Anschauung und Phantasie, die aufeinander wirken, verleugnet sich nirgends. Man findet sich auf dem ganzen Schiffskoloß zurecht und sieht, wie jeder seiner Teile zerstört wird. Man überblickt das ganze Gewimmel der Mitreisenden, aller Passagiere aller Klassen, der Offiziere, Matrosen und Schiffsjungen, der Stewards und der Heizer. Man nimmt in der Stunde des Endes mit Schrecken von jedem Abschied, weil man ihn auch bei flüchtigen Begegnungen gut gekannt hat. Mit dem Elementaren und Kosmischen verwirkt sich das Gesellschaftliche, das Gemeinsame, das Persönliche, das Berufliche, das Mechanische einer solchen in sich geschlossenen, von Gegensätzen durchfurchten Welt, der plötzlich der Weltuntergang droht. Daß sich aus dieser Sintflut eine Hand voll guter Bekannter in die Arche Noah rettet, daß dazu unser Gewährsmann Kammacher gehört, ist ein Zufall, wie es ein Zufall ist, der diese ganze bunte Menge zusammengewürfelt hat. In den fürchterlichsten Augenblicken erschien der Untergang des Schiffes ein Symbol für den Untergang der Welt. Aber die Geretteten bleiben in der Welt, sogar in der Neuen Welt, in der weltlichsten aller Welten, und zuletzt kehrt unser verunglückter Amerikafahrer Friedrich von Kammacher reumütig in sein altes Europa zurück. Das Ganze war ein Abenteuer, eine Laune des Schicksals, eine kleine Irrung mit großen nicht ganz zur Sache gehörigen Folgen.

Aus dieser Missstimmung zwischen Wesen und Wirkungen erklärt es sich, dass nach der übermächtigen Sensation des Schiffbruchs der Menschlichkeitsgehalt des Romans verblasst. Diese Geretteten, die auf hoher See ein gigantisches Schicksal gepackt hielt, laufen in Amerika wieder als Alltagsmenschen durch den Werkeltag, und kaum einer trägt die Spur der großen Stunde, die er durchlebt hat. Es ist, als seien sie für eine tragische Erfüllung bestimmt gewesen, und der Dichter habe sie plötzlich wieder zu Speise und Trank verurteilt. Man wird ihrer zuletzt überdrüssig und preist das Los derer, die mit dem Roland, wenn auch nicht in Schönheit, so doch in Größe starben, wie jener Kapitän des Schiffes. Ein Schiffsjunge, der ihn vergöttert, bringt ihm auf die Kommandobrücke einen Rettungsgürtel. Mit stummem Dank lehnt er den Liebesdienst des Burschen ab, dann aber wirft er ein paar Bleistiftzeilen aufs Papier, den Abschiedsgruß an seine Schwestern. Damit rettet er zugleich den Jungen, denn nun fühlt dieser die Pflicht, sich selbst zu retten, um den letzten Wunsch seines Kapitäns zu erfüllen. Wir sind beiden, dem Kapitän wie dem Schiffsjungen, immer nur im Vorbeigehn begegnet, und doch gebe ich für diesen letzten Befehl und Gehorsam den ganzen zu einem Typus aufgeblähten Friedrich von Kammacher und seinen Ingigerdrummel hin. Auch daß sich Friedrich von Kammacher zuletzt statt des Tanzmädchens eine jener modernen Frauen heimführt, die man maskulinisch als »tüchtiger Mensch« zu bezeichnen pflegt, kann seine Werte nicht mehr erhöhen.

In die zweite, überbreite Hälfte des Romans hat der Dichter offenbar viel von seinen amerikanischen Erlebnissen hineingestopft, aber diese Erlebnisse wachten zu keinem neuen Leben auf. Der Dichter ist mit diesem Romane zu schnell fertig geworden, und fast muss ich es bedauern, daß gerade bei diesem Werke bis auf Weiteres Halt zu machen ist. Der »Griechische Frühling« und besonders »Emanuel Quint« wären als Schlusssteine monumentaler gewesen. Allerdings wäre Gerhart Hauptmann kein Dichter, über den sich's verlohnte, ein Buch zu schreiben, wenn er sich nicht überall, wo er steht, als solch ein Dichter bewiese. Die große Konzeption der »Atlantis« verrät ihn doch, und nur die Ausführung läßt jenes nobile officium vermissen, das Gerhart Hauptmann sich selbst schuldig ist. Vielleicht wird der filmreife Roman gerade deswegen umso gespanntere Leser finden.

Wie es heißt, habe sich der Dichter in seinem Schaffen von der Neuen Welt nun wiederum zur ältesten gewandt und beschäftige sich mit Gestalten wie Eumaios, Odysseus und Telemach. Aus den Blüten des »Griechischen Frühlings« wollen Früchte reifen.

Als diesen Modernen im Hafen von Patras das Griechenland von heute einigermaßen alltäglich berührte, erklärte er ausdrücklich: »Wir sehnen uns nach dem Unmodernen«. Diese Sehnsucht könnte man im Romantitel »Atlantis« wiedererkennen. Noch genauer erkennt man aber aus dem amerikanischen Roman, wie sehr viel weniger ihm der Amerikanismus zu sagen hatte als das alte Hellenentum, von dem seiner Phantasie das Land erzählte. Sogar seinen ewigen Geleiter Jesus von Nazareth fand er nicht in Amerika, sondern in Hellas. In Hellas gingen ihm die tiefsten Probleme seiner dramatischen Kunst auf.

In Hellas empfand er, was an den höchsten Gebilden der Kunst mehr als Kunst ist. In Hellas ergriff ihn ein segensreiches und fruchtbringendes Gefühl der Unzulänglichkeit. Unser erster lebendiger Dichter gesteht, daß nicht seine eigne Kunst die wahrhaft dionysische Kunst sei. Er bedauert, daß ihm der musikalische Ausdruck verschlossen sei, um sagen zu können, was Worte nicht besagen, denn »das am tiefsten Stumme ist es, was der erhabensten Sprache bedarf, um sich auszudrücken«. Man denkt an den alten Crampton, der den Naturlaut malen wollte, aber ihn höchstens dichterisch beschreiben konnte. Man denkt daran, mit welchen Empfindungen erhabenster Selbsterniedrigung der Maler Michael Kramer die Maske Beethovens in der Hand hielt; sogar er verlor darüber den Mut zur Arbeit nicht. Auch Gerhart Hauptmann holte sich vom Antaioskusse der griechischen Urerde Lebensmut, Lebenslust und Lebenskraft.

Auf dem Wege von Eleusis nach Athen hörte er, nicht anders als in den Wäldern des Riesengebirges, einen Kuckuck rufen: »Heiter gefragt schenkt er mir drei Jahrzehnte als Antwort. Es ist mir genug.«

Der Kuckuck ist ein guter Prophet. Das deutsche Volk, das jetzt weit über politische Grenzen hinaus den fünfzigsten Geburtstag Gerhart Hauptmanns feiert, wird am 15. November 1937 diesen Dichter noch unter sich haben. Dafür bürgen Ähnlichkeiten mit Goethe und die Weissagung des klassischen delphischen Kuckucks.